Tyrtaeus

Tyrtaeus

ΤΥΡΤΑΙΟΥ ΤΑ ΣΩΖΟΜΕΝΑ

TYRTAEI
QVAE SVPERSVNT OMNIA

COLLEGIT

COMMENTARIO ILLVSTRAVIT

EDIDIT

CHRISTIANVS ADOLPHVS KLOTZIVS.

ALTENBVRGI,

EX OFFICINA RICHTERIA CIƆ IƆ CCLXVII.

VIRO ILLVSTRI
QVINTO ICILIO
S. P. D.
CHRIST. ADOLPH. KLOTZIVS.

Cum ante aliquot annos in castris inter
victrices Borussorum aquilas eo consilio versarer, vt tot fortissimorum ducum, qui-

* 2

bus

bus nullus hoftis formidolofus, non labor in-
folitus, non locus vllus arduus erat, quorumque animus acer et praefens nil metue-
bat, praeter turpem famam, egregia facinora admirarer propius, eosque in prima fronte
concurrentes, aduerfa vulneribus pectora fe-
rentes, immo, qui terror hoftium et virtu-
tutis imago erat, *Winterfeldium* pulchram
per vulnera mortem quaerentem his oculis
confpicerem, excitauit animum rerum, quae
Fridericä M. aufpiciis gerebantur, magnitudo, nec hominem vmbraticum atque folitudi-
ni antea adfuetum otiofum effe paffa eft. Accidit tum mihi idem, quod de *Diogene* memoriae proditum effe nofti, *Vir illuftris.* Cum
enim, rumore de aduentu *Philippi* Corin-
thum allato, omnes timerent et trepidarent,
alii arma capefferent, alii muros reficerent,
alii alia facerent, ille, hoc tumultu cognito,
fuccincto palliolo, quem iam tum philofophi
grauitatem decere credebant, ftudiofe admodum dolium, in quo degebat, furfum deorfum
in area voluere coepit et amico, quorfum haec
facis

facis Diogenes? interroganti, voluo et ipse dolium, respondit, ne otiosus solus inter tot occu-
patos videar. Vobis igitur pro iusta causa
Friderici, nullum bellum suscipientis, nisi aut
pro fide aut pro salute, pugnantibus et Germaniae libertatem armis asserentibus, lubuit,
aeternam, quos antiqua aetas celebrauit, heroum virtutem cum praeclaris huius aeui
facinoribus saepe comparare, iuuitque non
omnino imbelli lyra, quamque mihi Musas, nescio an Iouis illas toto orbe celeberrimas fi-
lias, certe ingenuas puellas et nemini spe aut
mercede se addicentes, dedisse putabam, summi
regis res gestas canere Borussorum castra se-
quentem et inuictum exercitum. Hinc primum nata fuit Tyrtaei notitia, mox fami-
liaritas, cuius carmina nunquam legebam,
quin incalescere pectus sentirem. Illos igitur versus ego ediscere, saepiuscule recitare,
immo, quoniam in quamplurimos eosdem sensus transfundere cupiebam, vulgare noua
editione. Quam pace humano generi a Rege
nostro reddita, qui nulla re propius princi-

pes

pes ad Deum accedere sibi persuasit, quam salute hominibus danda, pulcherrimumque censet et vere regium

Orbi quietem seculo pacem suo

donasse, ad Te, Vir Illustris, misi, cum ob fortitudinis summae, elegantissimi ingenii, copiosae doctrinae, qua florebas, famam, tum vt gratum, quem Tibi pro iis, quae in me collata a Te esse nunquam obliuiscar, debeo, animum ostenderem. Licet enim satisfaciendi meae pietati respondendique Tuis de me meritis facultatem beneuolentiae magnitudo eripuerit, nunquam tamen non me plurimum Tibi debere agnoscam et profitebor vbique. Isto libello a Te humanissime excepto (qui enim Tu aliter poteras, quem Graecarum litterarum studiis vehementer delectari immortale opus testatur?) additus est animus iniectaque cupiditas luculentiorem priore editionem adornandi, inprimis posteaquam nobis optatam in his terris sedem fortunatumque inter Friderici ciues locum benignioris fortunae

fortunae indulgentia concesserat. Delatus enim eram eo, vbi non inferiora Tyrtaeo cecinit Gleimius, superioraque non solum Spartanis, sed iis quoque, qui orbem terrae subigere tentauerant, militibus, egerunt omni armorum disciplina et arte bellandi excellentes Borussi. Hinc, quae omnis posteritas admirabitur, incredibilis virtutis exempla contemplatus quotidie animus facile dignos Tyrtaei interprete spiritus concipere potuit. Cogitanti vero eidem de Tua humanitate perpetuaque erga me beneuolentia non potuit non totus ille labor, quem in explicandis et illustrandis poetae versibus popebam, iucundissimus reddi. Nouam igitur hanc Tyrtaei editionem lubenter ad Te misi, animique Tibi addicti, dediti, obstricti, testimonium aeternum (nam dum virtuti, constantiae, patriae amori Suus erit honos, Tyrtaei versus legentur,) esse iussi. Seruare enim debebat liber meus illius viri nomen, qui, quae Graecus poeta magnifice cecinit, manu fortiter egit, cuiusque amicitia et fauore nihil habeo quo lubentius veriusque

* 4   gloriari

gloriari possim. Illum vero si Tu eadem beneuolentia susceperis, qua soles omnia mea,
fructum me amplissimum retulisse iudicabo e
diuturno Graecarum litterarum studio, quae
licet mirificam semper mihi attulerint voluptatem, nunquam tamen poterunt maiorem ea,
quae Quinti Icilii beneuolentiae adiuncta est.
Vale nostrum decus.

CAR-

CARMEN

PRIORI EDITIONI PRAEFIXVM.

Nuper reuisit Pax niueis equis
    Terram gementem diruta et oppida,
        Tuque arma reddebas Gradiuo
            Sanguinolenta, manuque eadem,

Quae mille mortes hostibus intulit
Et mille caedes, vndique quae fugam
        Disperfit et diros pauores,
            Dulcem iterum citharam petebas:

Praecincte lauro tempora duplici,
Et quam virentem femper et integram
        Dî, QVINTE, bellorum artiumque
            Impofuere Tuis capillis.

* 5   *Vidi*

Vidi cateruas ducere et hostium
Te instare tergis: tum gladium tuum
  Fulgere vidi, caede summa
  Qua rubuit madefacta tellus.

O! ruga frontem Martia masculam
Quae tum occupauit! qua calidae genae
  Arsere flamma! quae minaeque
  Emicuere oculis et ore!

O! si dedissent armisonis lyram
Filis decoram rebus et arduis
  Aptam Camoenae! si docerent
  Magna modis celebrare magnis!

Non, quas perennis Rumor eburneo
Curru per auras vexit, et aetheris
  Mars inter ignes collocauit,
  Egregias animas tacerem:

Cum per trementes, par supero Ioui,
Vrbesque terrasque et gelidas metu
  Gentes tonans, FRIDRICE, cuncta
  Fulmine concuteres potente:

           Inuictus

Inuictus vnus forte ruentibus
Pectus Gradiui fluctibus offerens,
    Iris et Europae, inftar vnus
      Innumerabilium cohortum.

Tunc dicerem te carmine, regie
HENRICE, digno: tunc valida manu
    SCHWERINIVM longe ante turmas
      Armipotentem aquilam ferentem.

Extollerem te, cui lacrimis fuis
FRIDRICVS aeternum addiderat decus,
    Omagne WINTERFELDE, KEITHI
      Vulnera SEYDLITIIque robur:

Et quem Gradiui ferrea dextera,
Ceu faeuus Eurus purpureos rapit
    Pratis honores vere, KLEISTIVM
      Eripuit viduis Camoenis.

Nec praeterirem, quae bene geſſeris
Cum Te, trifulci fulminis impetu,
    Circumtonantes per cateruas
      Abriperet memoranda virtus.

Sed

Sed sanguinem, sed strata cadauera,
Vocesque vultusque et gladios ducum
  Et puluerem expallens, in antris
  Aut gelido in nemorum recessu

Blandos amores concinit et iocos
Et Gratiarum munera, non sine
  Risu, puellarumque ludos
  Musa rosis redimita crines.

At, QVINTE, pectus di memor et pium
Nobis dederunt: qui timidus Tuam
  Cantare virtutem refugi,
  Semper amore Tui calebo.

PRAE-

PRAEFATIO.

In tanto Graecarum litterarum contemtu, atque etiam in tanta opinionum peruersitate et iniquitate hominum, quorum alii, quicquid est litterarum et antiquae doctrinae, spernunt, alii nihil probant, nisi quod ipsi fecerunt. nihil laudant, nisi quod facile assequi posse atque etiam superare sibi videntur: miselli profecto homines et infelices: quis enim negat? sed tamen multi, quique sibi et aliis satis beati videntur, neque aliud quidquam, nisi, Mihi pulchre est! et Ego eruditissimus sum! cogitant, quoque minus doctrinae sibi comparauerunt, eo plus a natura nacti sunt impudentiae; haec igitur cum ita sint, quomodo ego aut propriam fortunam aut praecipuam postulare, aut communem recusare possum? Verum et natura, si me ipse bene noui, et ratione atque doctrina semper ab inani laude et vulgi sermonibus remotus fui. Quare neque commouebor animo, neque perturbabor aliorum de Tyrtaeo nostro sententiis,

PRAEFATIO.

tentiis, qui ad meum iudicium, non ad alieni fensûs coniecturam, scribere didicerim. Quibus verbosior videor, ii rescindere non necessaria poterunt : quibus Critices specimina displicent, ii ne legant, oro, illam particulam : quibus in eo peccaui, quod nostrorum quoque hominum ingenia cum antiquis comparare ausus sum, ii me errare patiantur, aut, vt in republica antiquariorum mihi aqua et igni interdicatur, ferant. Quibus omnino hic libellus displicet, iis, quid agere debeant, dicam. Dicam aperte et ingenue. ne emant illum. nihil melius noui. Parum, ais, amice, artes calles, quibus gratiam lectorum aucupari solent ét debent scriptores. Vbi elegantia, qua te insinues in eorum animos? vbi vultus, qui vltro arridere debeat iis? Recte mones, o! bone, sed quid faciam? ὅ γέγραφα, γέγραφα. Goettingae, sub aduentum veris, a. 1764.

His scriptis non equidem existimaui, mihi iterum quidquam de Tyrtaeo scribendum aut ad illius interpretationem conferendum fore. Nam, qui huius aetatis mores et doctrinam nosse mihi videbar, sufficere arbitrabar cupiditati hominum tot exempla, quot formis describi iusseram. Sed

nunc

nunc plures horum carminum lectione de-
lectatos fuisse video, quam speraui, subdif-
fisus ingeniorum nostrorum venustati, quibuscum parum abest quin in gratiam redeam. Incipiuntne fortasse homines intelligere, nunquam Lessingios, Gleimios,
Hagedornios, Kleistios nostros ad eam famae magnitudinem peruenire potuisse,
qua ingeniorum et carminum diuino-
rum praestantia celebratur, nisi antiquae
doctrinae adiumenta quaesiuissent, cum
Graecorum Latinorumque poetarum lectione imbuti, tum plurimarum rerum sci-
entia instructi? an Francogalliae, quae supercilio posito, quo, vt Atlante coelum,
totius orbis eruditionem et elegantiam niti
credebat, ad aenigmata, logogryphos simi-
lesque ineptias pueriliter descendit, exemplo discit Germania, neglecto antiquae doctrinae studio ipsum litterarum florem paul-
latim extingui, eumque nunquam laetius
enituisse, quam dum auctorum veterum
honos vigeret? Hinc igitur factum est, vt
prioris editionis exemplis venditis ad nouam adornandam animum adiicerem, prae-
sertim cum non deessent mihi, quibus illa
et elegantior redderetur et vtilior lectoribus. Primum enim commentarium exhi-
bui copiosiorem multis in locis, cum ver-
bosius

bosius rebus quibusdam explicitis, tum additis non paucis carminibus, quae ex Anthologia Graeca nondum edita depromere licuit. Huius Anthologiae codicem seruat bibliotheca Senatus Lipsiensis, illiusque vsum mihi concessit illustris illius ciuitatis consul, Bornius, vir non solum virtutis, doctrinae et ingenii praestantia clarus et amabilis, sed etiam ob humanitatem et suauitatem morum dignissimus, quo Lipsia consule laetetur. Describendi codicis laborem suscepit Vir Cl. Loesnerus, qui Philonianarum lectionum specimine edito ante aliquot annos non vulgare in se litterarum Graecarum studium esse optimarumque artium laudabilem scientiam, ostendit. Illa vero carmina a nemine antea vulgata et nouitatis habebunt gratiam et ob venustatem valde placebunt iis, qui his studiis delectantur. Morosorum hominum iudicia me non curare, iam alio tempore dixi. Praeterea libellum addidi, cuius antea primas tantum lineas duxeram, de carminibus bellicis, quia nullum hoc argumento coniunctius esse censebam cum Tyrtaeo, reique vberiorem explicationem non iniucundam fore credebam iis, qui historiam ingenii humani atque adeo poeseos cognoscere cupiant. Denique adspersi vbique quaedam, quae ad

rem

rem pertinere viderentur, copiosius etiam
poetae vita descripta, vno verbo, operam
dedi, vt Tyrtaei carmina eo habitu appa-
rerent, qui deceret poetae ingenium et famam. Toto vero in hoc negotio nihil spe-
ctaui aliud, quam vt Graecarum litterarum
studio inseruirem illiusque ardorem in Germania accenderem; aut, si nefas est haec dicere altera Graeci libelli editione adornata,
augerem certe. Constitueram olim apud
animum meum, plurium poetarum atque
inprimis, quorum fragmenta molesto saepe
labore collegi, Lyricorum Graecorum interpretatione et emendatione bene de iis litteris mereri, e quarum amore me incredi-
bilem semper voluptatem cepisse nunquam
obliuiscar. Sed mutata rerum conditione
auocatoque animo ab his criticis studiis nihil me eiusmodi posthac susceptrum esse
profiteor. Iuuat ex hac quoque sapientia
modum retinere, nec litterarum intempe-
rantia me laborasse fore credo qui dicat.
Excedo igitur castris, in quibus, nisi feliciter et cum gloriola, fortiter tamen, vt decere aiunt Criticum, immo fortius, quam
nunc, posteaquam adolescentia deferbuit
multaque aetas et dies mitigauit, vellem
ipse, militaui, et, quae diutius calidiusque,
quam sperarem, quam iucundum esset,

**   Diuae

PRAEFATIO.

Diuae Criticae feci facra, relinquo, nifi palmis laureisque condecoratus, certe rectae voluntatis mihi confcius. Licebitne vero huic homini, ab illo theatro recedenti, vbi cruenti faepe ludi eduntur non fine clamore et eiulatu, eadem, qua olim folebant in fpectaculis, voce atque fpe plaufum poftulare? Δότε κρότον καὶ πάντες ὑμεῖς μετὰ χαρᾶς κτυπήσατε. Scripf. Halae Sax. a. 1766. Kal. Octob.

EXPO-

EXPOSITIO
MONIMENTORVM ANTIQVORVM.

Quibus libellum noftrum non male exornari poffe credidimus, gemmarum, antiquis ab artificibus fculptarum, figna debeo humanitati et amicitiae Lipperti, cuius nomen nemo eorum ignorabit, qui liberalium artium ftudia curant, quique et *Dactyliothecae vniuerfalis* editione meritam famam confecutus eft, et eruditiffimo opere de gemmis annulorum veterum, fere iam abfoluto, omnes antiquae doctrinae ftudiofos magno beneficio fibi deuinciet. Certe optimi viri diligentia et ingenio magna ex parte enitefcens laetius in Germania humanitatis elegantiaeque antiquariae ftudium mirifice adiutum fuiffe, nunquam obliuifcetur patria noftra. Ne vero quisquam haereat in interpretatione fignorum, quae illae gemmae exhibent, paucis ea explicabimus.

I. in fronte libri quae collocata eft, gemma Achillem exhibet citharam pulfantem. vid. Iliad. I. v. 186. et Drelincurtii Achillem Homericum p. 85. Illam mirando artificio incidit amethyfto Pamphilus. Eandem et Mariettius, et Stofchius dederunt. v. *Pierres antiques gravées expliquées par M! de Stofch.* t. XLVII. p. 66. Sequenti proxime tabula elegantiffimus Piccartus imaginem dedit alius gemmae antiquae, quae eundem Achillem citharoedum, licet alio corporis ftatu, exhibet.

* ** 2   II. Epi-

EXPOSITIO MONIMENTORVM ANTIQVORVM.

II. Epiftolae ad ill. Quintum Icilium praefixa gemma habet Herculem laboribus difficillimis fuperatis geftantem non, vt Maffeius et alii putant, Amorem, fed vt ex capite et alis figurae verius coniicit Lippertus, Victoriam humeris. Figura igitur allegorica eft. Huius fententiae veritas clare apparet, huius gemmae comparatione inftituta cum alia, quae datur in opere infcripto: *A Collection of Gems — taken from the Claffics by George Ogle.* (Londin. 1741.) tab. XXXVI. In illa Hercules Cupidinem, humeris infidentem, longe alia ratione fuftinet.

III. haec gemma memoriae dicata eft fortiffimi Spartani, Othryadis, cuius laudes et hiftoriam petes ex Herodot. I, 82. Plutarch. Parall. p. 306. et Lucian. Contempl. 24. Eadem gemma exhibetur elegantius, quam nobis licuit, accuratiusque etiam, in opere: *Traité de la Méthode antique de graver en pierres fines* — par *Laur. Natter.* t. XI. p. 19. Qui artium et elegantiae ftudio tenetur, comparabit proxime ibi fequentem gemmam, quae idem argumentum habet, cum illa.

IV. Herculi coronam imponit Virtus. Gemmam fervat Mufeum Farnefianum. conf. Conftantii Landi *Selector. Numifm. Expofit.* p. 61.

V. Perfeus, artificiofa Diofcoridis manu fcalptus, fortem animum adumbrat. Eadem gemma apparet in laudato Stofchii opere tab. XXX. vid. p. 38.

VI. Gemma a Marietto ex Mufeo regis Galliae prolata, exhibet Herculem, Diomedem Thracem interficientem. v. *Recueil des pierres gravées du Cabinet du Roy.* t. LXXVII.

VII. Victoria, vt Nemefis, facinora heroum lancibus examinat.

VIII. haec gemma elegantiffime fculpta fpeciem Gloriae exhibet pulchram.

CAR-

CARMINA TYRTAEI.

A.

Τεθνάμεναι γὰρ καλὸν ἐπὶ προμάχοισι πε-
                   σόντα

Ἄνδρ᾽ ἀγαθὸν, περὶ ᾗ πατρίδι μαρνάμενον.
Τὴν δ᾽ αὐτοῦ προλιπόντα πόλιν καὶ πίονας
                   ἀγροὺς

Πτωχεύειν πάντων ἐς᾽ ἀνιηρότατον,
Πλαζόμενον σὺν μητρὶ Φίλῃ καὶ πατρὶ γέ-
                   ροντι

Παισί τε σὺν μικροῖς κουριδίῃ τ᾽ ἀλόχῳ.

                                 Ἐχθρὸς

Ἐχθρὸς γὰρ τοῖσι μετέσσεται, οὕς κεν ἵκηται,

    Χρησμοσύνῃ τ᾽ εἴκων καὶ συγερῇ πενίῃ·

Αἰσχύνει τε γένος, κατὰ δ᾽ ἀγλαὸν εἶδος ἐλέγχει,

    Πᾶσα δ᾽ ἀτιμία καὶ κακότης ἕπεται.

Εἰθ᾽ ὅτως ἀνδρὸς τοι ἀλωμένου οὐδεμί᾽ ὤρη

    Γίνεται, ὅτ᾽ αἰδὼς εἰσοπίσω τελέθει.

Θυμῷ γῆς περὶ τῆσδε μαχώμεθα καὶ περὶ
                 παίδων

    Θνήσκωμεν, ψυχέων μηκέτι Φειδόμενοι.

Ὦ νέοι, ἀλλὰ μάχεσθε παρ᾽ ἀλλήλοισι μένον-
                 τες,

    Μηδὲ Φυγῆς αἰσχρᾶς ἄρχετε, μηδὲ Φόβου.

Ἀλλὰ μέγαν ποιεῖτε καὶ ἄλκιμον ἐν Φρεσὶ θυ-
                 μὸν,

    Μηδὲ Φιλοψυχεῖτ᾽ ἀνδράσι μαρνάμενοι.

Τοὺς δὲ παλαιοτέρους, ὧν οὐκέτι γούνατ᾽ ἐλαφρὰ

    Μὴ καταλείποντες Φεύγετε τοὺς γεραιούς.

Αἰσχρὸν γὰρ δὴ τοῦτο, μετὰ προμάχοισι πε-
                 σόντα

    Κεῖσθαι πρόσθε νέων ἄνδρα παλαιότερον

Ἤδη λευκὸν ἔχοντα κάρη πολιόν τε γένειον,

    Θυμὸν ἀποπνείοντ᾽ ἄλκιμον ἐν κονίῃ,

                           Αἱμα-

Ἁιματόεντ᾽ αἰδοῖα φίλαις ἐν χερσὶν ἔχοντα,
(Ἀισχρὰ τάγ᾽ ὀφθαλμοῖς καὶ νεμεσητὸν
ἰδεῖν)

Καὶ χρόα γυμνωθέντα· νέοισι δὲ πάντ᾽ ἐπέοι-
κεν,

Ὄφῤ ἄρα τῆς ἥβης ἀγλαὸν ἄνθος ἔχη,
Ἀνδράσι μὲν θνητοῖσιν ἰδεῖν ἐρατὸς δὲ γυναιξὶ
Ζωὸς ἐὼν, καλὸς δ᾽ ἐν προμάχοισι πεσών.
Ἀλλά τις εὖ διαβὰς μενέτω ποσὶν ἀμφοτέροισι
Στηριχθεὶς ἐπὶ γῆς, χεῖλος ὀδοῦσι δακών.

COMMENTARIVS.

Conferuauit nobis hoc carmen Lycurgus in orat. contra Leocrat. c. 27. p. 227. editionis Cl. Taylori, e qua nos feriem orationis defcripfimus. editum quôque ab Henr. Stephano inter princ. her. carm. p. 473. et Idyll. p. 27. ab Hertelio, l. c. p. 219. Wintertonio, l. c. p. 441. Lectio l. c. p. 732. De illius elegantia vide quae dicit Robert. Lowth in libro praeclaro de facra poefi Hebraeorum p. 20. edit. Goetting.

Τεθνάμεναι] Vtrum integra ad nos peruenerit haec elegia, an aliqua defint, haud facile dixerim. Sed nihil puto fere deeffe. Caue enim ideo carmen truncatum initio cenfeas, quoniam ftatim ab initio particula γὰρ occurrit: Pulchre obferuauit attulitque Hoogeveen ad Viger. de idiot. p. 360. fimilem locum ex Herodoto, ybi in l II. Dionyfius Phocaeenfis fic orationem orditur: Ἐπὶ ξυροῦ γὰρ τῆς ἀκμῆς ἔχεται

ται ἡμῖν τὰ πράγματα, ἄνδρες Ἴωνες, ἢ ἀναι ἐλευθέροισι, ἢ δούλοισι κ. λ. quanquam de hoc Herodoti loco lege quae Longinus περὶ ὕψ. S. XXII. notauit. Potest enim fortaſſe Tyrtaei carmen, quod ad ſententias attinet, eodem modo conſtrui, quo Herodoti locus a Longino ordinatur. Apud Homerum memini non ſemel τὸ γὰρ orationis initio poni. E multis pauca dabimus. Il. A. 122.

Ἀτρείδη κύδιϛε, φιλοκτεανώτατε πάντων,

Πῶς γάρ τοι δώσσσι γέρας μεγάθυμοι Ἀχαιοί.

Odyſſ. I. 523. ἐγώ μιν ἀμειβόμενος προσέειπον. Ἁ γὰρ δὴ — σε δυναίμην — πέμψαι. Κ. 501. προσέειπον. Ὦ Κίρκη τίς γὰρ ταύτην ὁδὸν ἡγεμονεύσσι. V. 382. προσέειπον. Ὦ Κίρκη τίς γὰρ κεν ἀνὴρ τλαίη κ. λ. vid. v. 337, 226. et 174. Ὦ φίλοι, ου γὰρ πως καταδυσόμεθ᾽ — Ἀλλ᾽ ἄγετ᾽ — Μνησόμεθα· vbi parum abeſt, quin aſſentiar Euſtathio, ſcribenti: ὁ ποιητὴς ἀρχόμενος ἀπὸ τοῦ γὰρ ἆτα ἐπάγει τὸν, ἀλλὰ, σύνδεσμον, ταυτοδυναμῶντα τῷ δή. etſi hoc loco Clarkius hanc particulam, ad id, quod eleganter reticeatur, referri dicat. quam obſeruationem, licet non contemnendam, vbique, nec ſatis recte ſemper, ille inculcat. Barneſius tamen, qui hic et alibi ἀκ ἀρ reſcribit, non ferendus eſt. Atque etiam Aelianus in V. H. L. IV. cap. 29. ſic orditur: ου γὰρ δὴ δύναμαι πάϛαν ἐμαυτὸν μὴ γελᾶν. confer quae habent Lambertus Bos de Ellipſ. Gr. p. 593. (ed. Schweb.) et Petr. Moll ad Longi Paſtor. p. 116. quanquam quae hic de emphaſi dicit, non temere probanda ſunt, certe a me, qui illam de emphaſi doctrinam lubenter ſoleo concionatoribus relinquere, qui ſoli ſcire videntur, quae vis lateat in verbis διάκονος, σπλαγχνίζομαι etc. ἐρευνᾶν, κολάομαι, μάχην μάχεσθαι, κινδυνεύειν κίνδυνον, de quibus bene diſputat Clericus in Art. Crit. P. II. S. I, 4. adde Clarkium ad Il. O. 201. et lege ea, quae diſputat eleganter Io. Tob. Krebſius in obſeruation. in Nou. Teſtam. e Ioſepho, p. 71. et 238. qui dicit τὸ γὰρ elegantiſſime

in

in principio orationis paullo vehementioris et conci-
tatioris poni, et multa exempla e Iosepho profert,
e quibus memorabile eft illud B. I. III, 8, 5. vbi Io-
fephus veritus, ne Iudaei impetum facerent, eos
ab hoc confilio auocare conatur, orationemque his
verbis orditur: τί γαρ τοσοῦτον σφῶν αὐτῶν, ἑταῖρσι, φο-
νῶμεν; quorfum, o Socii, propriae caedis tam auidi
fumus? — τὸ γὰρ in interrogationibus orationem ordiri notum eft. Eurip. Ion. 971. τί γὰρ με χρὴ δρᾷν.
confer Budaeum in Comment. Gr. L. p. 931. (ed.
Steph.) Sic folent etiam Latini, Virgil. Georg. IV,
445:

> *Nam quis te iuuenum confidentiſſime noſtras*
> *Iuſſit adire domos?*

etfi me non lateat, hunc locum aliter explicari. vide
Donatum ad Terent. Phorm. V, 1, 5. Aen. II, 373:

> *Feſtinate viri, nam quae tam fera moratur*
> *Segnities?*

Denique apud Plautum in Aulul. V, 4. vbi nihil antea praeceffit, Lyconides ait: *Certo enim ego vocem*
hic loquentis modo me audire viſus fum?

καλὸν] idem eft quod πρέπει, decet, honeſtum, prae-
clarum eft. vt apud Sophocl. Antig. 72. καλόν μοι
τᾶτο ποιέσῃ θανᾶν. et in Aiac. 1332. ἐπεὶ καλὸν μοι τῶδ'
ὑπερπονουμένῳ θανᾶν. vide late de hac verbi vi agentem Alberti in Obferu. Philolog. p. 107. quemadmodum in vniuerfum καλῶς θανᾶν effe honefte mori
oftendit Cl. Weffelingius in Qbferu. II, 7. p. 167. vt
in Sophol. Aiac. 482. Ἀλλ' ἢ καλῶς ζῆν ἢ καλῶς τεθνη-
κέναι τὸν εὐγενῆ χρῆ. adde Scherpezeelium ad Il. A.
131. et Cuperum in Obferu. I, 8. Caeterum fimilis
fententia eft apud Homerum Il. O. 496. Οὖ οἱ ἀεικὲς
ἀμυνομένῳ περὶ πάτρης τεθνάμεν. et plura contulerunt
Clarkius ad Il. M. 243. Εἷς οἰωνὸς ἄριστος, ἀμύνεσθαι περὶ
πάτρης, atque Cerda ad Aen. II, 317. XI, 24. et IX,
286. Prope ad noſtri verba accedit elegans locus

apud Polybium XV, 10. p. 973. οἱ μὲν ἀποθανόντες εὐγενῶς ἐν τῇ μάχῃ κάλλιστον ἐντάφιον ἔξουσι τὸν ὑπὲρ τῆς πατρίδος θάνατον. οἱ δὲ διαφυγόντες αἴσχιστον καὶ ἐλεεινότατον τὸν ἐπίλοιπον βίον. Pariter Simonides de caesis ad Thermopylas Spartanis pro patria, apud Diodorum Sic. L. XI. T. I. p. 412. ed. Weſſel. Τῶν ἐν Θερμοπύλαις θανόντων εὐκλεὴς μὲν ἁ τύχα, καλὸς δ' ὁ πότμος, βωμὸς δ' ὁ τάφος, προγόνων δὲ μνᾶσις, ὁ δ' οἶτος ἔπαινος. ἐντάφιον δὲ τοιοῦτον οὔτ' εὐρώς, οὐδ' ὁ πανδαμάτωρ ἀμαυρώσει χρόνος ἀνδρῶν ἀγαθῶν' ὁ δὲ σηκὸς οἰκετᾶν εὐδοξίαν Ἑλλάδος εἵλετο. μαρτυρεῖ δὲ Λεωνίδας, ὁ Σπάρτας βασιλεὺς, ἀρετᾶς μέγαν λελοιπὼς κόσμον, ἀέναόν τε κλέος. Quintus Cal. X, 43.

Εὐκλεῶς μέγ' ὀλέσθαι ἀμυνομένους περὶ πάτρης.

Βέλτερον, ἢ μείναντας οἰζυρῶς ἀπολέσθαι.

Illud Horatii III, 2, 13. *Dulce et decorum eſt pro patria mori*, notum eſt. Noſter quoque Lotichius cecinit: I, 9, 25.

Iamque tubae lituique ſonant, lacrimoſa valete
Omina: pro patria dulce piumque mori.

Ἀνὴρ ἀγαθὸν] explico *virum fortem, ſtrenuum* etc. nám hanc vim habet verbum ἀγαθὸς. vid. Abreſch in Dilucidat Thucydid. p. 543. Aelianus V. H. IX, 38. ὁπόθα γὰρ κτῆμα ἀγαθὲ ςρατιώτε ᾧ συνῇδεν ἐκεῖνος τὰ τῶν ἀγαθῶν ἀνδρῶν κλέα. copioſe hanc ſignificationem etiam adſtruit Perizonius ad V. H. VII, 8. καὶ τὰς πολεμικὰς καὶ ἀγαθὰς· vbi recte refutat Fabrum eiicientem hanc vocem, et probat Vulteii interpretationem: *viros bellicoſos et fortes.* vide praeter Bern. Martini Var. Lect. I, 12. p. 27. (ed. Kemp.) Indicem Aeliani, atque Weſſeling. ad Diodor. Sic. L. XV. p. 27. συναναγκάζειν τοὺς ἐναντίους ἄνδρας ἀγαθοὺς γίνεσθαι πρὸς τὸν ἐκ χειρὸς κίνδυνον. Quemadmodum etiam Latinis *meliores* ſunt fortiores, notante Lambino ad Horat. I, 15. 28. *Tydides melior patre*, ita quoque κρέσσονες Graecis,

cis, docente Rittershuſio ad Oppian. p. 342. Non
ſolum vero ἀγαθὸς ſic vſurpatur, vt apud Lyſiam II.
p. 56. οἱ μὲν αὐτοὶ πολλαχῆ ἀγαθοὶ γεγεννημένοι, *cum illi*
plurimis in locis rem ipſi fortiter geſſiſſent; et Polybium XV, 10. p. 972. Ἠξίου γὰρ μνημονεύοντας τῶν προ-
γεγονότων ἀγώνων ἄνδρας ἀγαθὸς γίγνεσθαι, σφῶν καὶ τῆς
πατρίδος ἀξίους, ſed etiam καλὸς. vt Aelian. V. H. VI,
2. τὰ μὲν πρῶτα ἐμάχετο ἐυ καὶ καλῶς· *bene et ſtrenue.*
Apud Latinos *bonus* eandem ſignificationem habet.
vid. Seruius ad Aen. I, 195. et *pulcher* dicitur pro
forti, quod docet Burmannus ad Aen. VII, 656. Contra κακὸς vſurpatur de timidis et ignauis: Sic apud
Sophocl. Aiac. 458. εἰ δέ τις θεῶν βλάπτοι, φύγοι γ᾽ ἂν
χὠ κακὸς τὸν κρείσσονα: in Philoctet. 1349. κακοὺς ὄντας
πρὸς αἰχμήν, ἐν δὲ τοῖς λόγοις θρασεῖς. Il. Δ. 299. κακοὺς
δ᾽ ἐς μέσσον ἔλασσεν Ὄφρα καὶ οὐκ ἐθέλων τις ἀναγκαίῃ πολε-
μίζῃ. et Il. B. 365. Γνώσῃ ἔπειθ᾽ ὃς θ᾽ ἡγεμόνων κακὸς, ὅς τε
νυ λαῶν Ἠδ᾽ ὅσκ᾽ ἐσθλὸς ἔῃσι· vbi Scholiaſt. κακὸς· δειλὸς,
ἀσθενής· ἐσθλὸς· ἀγαθὸς, ἀνδρεῖος· Pariter idem ad v. 190.
οὐ σε ἔοικε κακὸν ὣς δειδίσσεσθαι, notat, ὡς κακὸν καὶ ἄναν-
δρον, et ad v. 368. ἀνδρῶν κακότητι, ſcribit: κακίᾳ, δει-
λίᾳ. Sic etiam κάκη eſt ignauia notante Steph. Berg-
lero ad Ariſtoph. Aues, 542. Hinc deinde deſcendit
compoſitum verbum ἀνδραγαθία: quod Car. Girardus
ad Ariſtoph. Plut. 191. exponit per ſtudium et vo-
luntatem rerum honeſtarum viriliter et ſtrenue pera-
gendarum: ſaepe ſimpliciter indicat fortitudinem:
vt apud Thucyd. II. 42. τὴν ἐς πολέμας ὑπὲρ τῆς πατρίδος ἀνδραγαθίαν προῦθεσθε· et apud eundem III, 40. eſt
ἀνδραγαθίζεσθαι. Apud Plutarchum in Apophth. Lac.
p. 221. Senex Laconicus inquit: ἀλλ᾽ οὗτοι κάλλιον
θάνατον ἀποθανέμαι ὑπὲρ Σπάρτης ἀνδραγαθῶν· Eſt enim
ἀνὴρ ſaepe idem, qui vir fortis, bellicoſus, et intre-
pidus, Inde apud Thucyd. III, 14: γίγνεσθε δὲ ἄνδρες·
vbi Schol. ἀνδρεῖοι, πρόθυμοι, et idem ad VI, 69. ἀνδρείαν νῦν λέγει τὸ θάρσος. et frequenter apud Homerum: ἀνέρες ἔστε, καὶ ἄλκιμον ἦτορ ἕλεσθε. vid. Euſtathium ad Il. Δ. p. 1058. et E. p. 1242. ed. Polit. Gatakerum ad Antonin. IV, 3. p. 129. (qui non ſemel

fic, vt II, 5. Φρόντιζε στιβαρῶς ὡς Ρωμαῖος καὶ ἄρρην, et
III, 5. ὁ ἐν σοὶ θεὸς ἔςω προςάτης ζώου ἄρρενος, καὶ πρεσ-
βύτε, καὶ πολιτικοῦ καὶ Ρωμαία, vbi eadem vis eſt verbi
Ρωμαῖος.)   Steph. Berglerum ad Ariſtoph. Equit. 178.
et 391. Io. Vptonum ad Epictetum p. 13. et Weſſeling. ad Herodot. L. VIII, 88. p. 660. vbi narratur
Xerxis vox: οἱ μὲν ἄνδρες γεγόνασί μοι γυναῖκες, αἱ δὲ γυναῖκες ἄνδρες.   Pariter Latini verbum *vir* hoc ſenſu
ponunt.   Exempla quaerentibus dabunt Barthius in
Aduerſar. p. 108.   Cortius ad Salluſt. B. C. XL, 3.
Snakenburg ad Curt. IX, 7, 17. Freinshemius in Ind.
h. v. Drakenborch. ad Liu. III, 67, 3. Aug. van Staveren ad Fulgent. p. 746. et Valkenarius ad Herodot.
L. VII. p. 604.   Contra vt Petrus Petitus in Miſcell.
Obſeru. III, 15. bene obſeruat, ἄνθρωπος ſaepe de hominibus vilibus admodum et contemtis dicitur.

περὶ ᾗ πατρίδι] Sic ſaepe Homerus, etſi noſter et infra, 14. γῆς περὶ τῆσδε μαχώμεθα, et alio loco μάχεσθαι γῆς περὶ.   Euſtathius quidem ad Odyſſ. P. 471.

Ὅππότ ἀνὴρ περὶ ᾗσι μαχειόμενος κτεάτεσσι
Βλήεται, ἢ περὶ βεσὶν,

notat: κακῶς δὲ ἡ περὶ πρόθεσις μετὰ δοτικῆς λέγεται ἐν
τῷ περὶ κτήμασι καὶ περὶ βεσὶν ſed vide ibi Clarkium,
et ad Odyſſ. B. 245. ἀργαλέον δὲ — μαχήσασθαι περὶ
δαιτί. confer Abreſchium in Diluc. Thucyd. p. 483.
et inprimis p. 600.   Graeci etiam hoc ſignificatu ponunt πρὸ pro ὑπὲρ. vt II. Θ. 57. μέμασαν δὲ καὶ ὡς ὑσ-
μῖνι μάχεσθαι πρότε παίδων καὶ πρὸ γυναικῶν vid. Barneſium ad Eurip. Alceſt. 326.

Πτωχείαν] De differentia inter πτωχείαν et πενίαν vide
Ariſtophan. in Plut. 549. et Kuhnium in Indic. Aelian.
ſ. v. πενία.

ἀνιηρότατον] Propriam verbi ἀνιηρὸς vim explicat Valkenarius ad Herodot. L. III. p. 251. Praeterea notum
                                                             eſt

eſt cuiuis, ni fallor, illud Homeri in Odyſſ. O, 342.
πλαγκτοσύνης δ᾽ οὐκ ἔςι κακώτερον ἄλλο βροτοῖσιν. Similis
ſententia eſt apud Euripidem in Phoeniſſ. 391. Τί
τὸ ςέρεδαι πατρίδος ἢ κακὸν μέγα; Μέγιςον, ἔργῳ δ᾽ ἐςὶ
μεῖζον ἢ λόγῳ· et in Electr. 1314. Καὶ τίνες ἄλλαι ςο-
ναχαὶ μείζους ἢ γῆς πατρίας ὅρον ἐκλιπεῖν; vbi laudat Barneſius ex Oppian. Halieut. I, 277.

Οὐδ᾽ ἀλεγεινότερον καὶ κύντερον, ὅσκεν ἀνάγκῃ
Φυσίπολιν πάτρης τελέσῃ βίον ἀλγινόεντα
Ξεῖνον ἐν ἀλλοδαποῖσιν ἀτιμίης ζυγὸν ἕλκων·

ad quem locum video plura contuliſſe Conr. Rittershuſium, quibus tantum duo loca e Quinto Calabro
addam, qui II, 38. inquit:

ἐπεὶ πολὺ λώιον ἐςὶ

Θαρσαλέως ἀπολέδαι ἀνὰ κλόνον, ἠὲ φυγόν-
τας

Ζώειν ἀλλοδαποῖσι παρ᾽ ἀνδράσιν αἴχε ἔχοντας,

et 59.

Μήτε πόληος ἑῆς ἀπὸ τῆλε φυγόντες
Αἴσχεα πολλὰ φέρωμεν ἀναγκείῃ ὑπὸ λυγρῇ,
Ἀλλοδαπὴν περόωντες ἐπὶ χθόνα.

quae pulchre exprimunt Tyrtaei ſententiam. Elegantiſſime cecinit quoque ille, qui Muſis charus et
iucundus omnibus, pulchram petiit per vulnera mortem, Kleiſtius:

Den, der fürs Vaterland den Tod nicht ſcheut',
Erwartet dort ſein Himmel, hier ſein Ruhm:
Und Schand erwartet jeden feigen Mann.

κουριδίη] Euſtathius ad Il. A. p. 127. ed. Polit. Κουριδίη
δ᾽ ἄλοχος, ἥν τις κόρην ἔτι οὖσαν ἠγάγετο, ἢ μὴν ἢ ἑτέρῳ
προσυζευχθεῖσαν ὡς γάμον, ἢ καὶ ἄλλως γραῦν.

Ἐχθρὸς

Ἐχθρὸς] Quid poteſt propius ad verba et ſententiam Tyrtaei accedere, quam illa Theognidis, cuius verſus, vt multis exemplis apparebit, ſaepe quam proxime accedunt ad Tyrtaeanos: v. 209.

Οὐδείς τοι φεύγοντι φίλος καὶ πιςὸς ἑταῖρος,
Τῆς δὲ φυγῆς ἐςὶν τῶτ' ἀνιηρότερον·

Pertinet huc etiam egregium σκόλιον, quod ſeruauit Athenaeus L. XV. c. 14. p. 695. Ἀδμήτου λόγον, ὦ ταῖρε μαθὼν, τὶς ἀγαθὶς φίλει, τῶν δειλῶν δ' ἀπέχου, γνοὺς ὅτι δειλοῖς ὀλίγη χάρις. Vnde quoque Nic. Damaſcenus de moribus Graecorum dicit: in (Theſ. Gron. T. VI. p. 3855.) Αἰχρὸν δὲ ἐςι δειλῶν φύσκηνον ἢ συγγυμναςὴν ἢ φίλον γενέθαι.

Ἐχθρὸς γὰρ] Varie tentarunt et legerunt viri docti hunc locum. Steph. Hert. Wint. Ἐχθρὸς μὲν γὰρ, quibus Taylorus etiam accedit, addita ſimul alia lectione, quaeque mihi omnium optima videtur: Ἔχθιςος γὰρ τοῖσι. Certe magis haec placet emendatione Scaligeri, ab eodem notata, Ἐχθρὸς γὰρ τούτοισι μετέσσεται. Melanchthon legit γὰρ δὴ. Oſius edidit: Ἐχθρὸς γὰρ καὶ τοῖσι —

Ἐκων] H. N. 224. οὔτε τις ὄκνω ἔικων ἀνδύεται πόλεμον. Od. Ξ. 158. Ὃς πενίῃ ἔικων ἀπατήλια βάζει. Thucyd. VIII. 27. Οὐδέποτε τῷ αἰχρῷ ὀνείδει ἄξας ἀλόγως διακινδυνεύσειν. Alio verbo, ſed pari ſententiâ, rem' elocūtus eſt Theognis v. 177. πᾶς γὰρ ἀνὴρ πενίῃ δεδμημένος οὔτε τι ἐπεῖν — δύναται quem totum locum cum hoc comparabis, et addes v. 649. ſequ. Sed clariſſime v. 388.

Τολμᾷ δ' οὐκ ἐθέλων αἴσχεα πολλὰ φέρειν
Χρησμοσύνῃ ἔικων, ἢ δὴ κακὰ πολλὰ διδάσκει.

adde Euſtath. ad Il. Ω, 42.

Αἰσχύνα

Ἀισχύνα κ. λ.] ad illuſtrandum hunc locum faciunt, quae attulit Berglerus ad Ariſtoph. Aues, 1451.

ἀτιμία] Steph. Hert. Wintert. Melanchth. ἀθυμία. Scal. ἀθυμίη. Ald. ἀτυμία forte pro ἀθυμία. etiam in edit. Lycurgi, edita Vitebergae a Io. Luſft a. 1568. ἀθυμία. Sed omnes, quantum iudico, minus recte. Sermonem eſſe apparet de turpitudine et ignominia, quae perferenda ſit homini ignauo, timidoque, non de deſperatione animi. Et ipſa res noſtram opinionem confirmat. Erat enim legibus iis, qui ſtationem reliquerant turpiterque aufugerant, ἀτιμία conſtituta, vid. Taylorum in Lect. Lyſiac. p. 716. et 715. ἄτιμον ἀναγ τὸν τὰ ὅπλα ἀποβεβληκότα, atque Spanhemium ad Iulian. Orat. p. 239. Facit etiam huc inprimis Andocides in Orat. I. p. 207. ed. Hanou. Οἱ δὲ ἄτιμοι ἦσαν, καὶ τίνα τρόπον ἕκαςοι ἐγὼ ὑμᾶς διδάξω — οἱ μὲν ἀργύριον ὀφείλοντες τῷ δημοσίῳ — ἂς μὲν τρόπος οὗτος ἀτιμίας ἦν ἕτερος δὲ, ὧν τὰ μὲν σώματα ἄτιμα ἦν, τὴν δὲ οὐσίαν ἔσχον καὶ ἐκέκτηντο· οὗτοι δ' ἂν ἦσαν ὁπόσοι κλοπῆς ἢ δώρων ὄφλοιεν· τούτους ἔδει καὶ αὐτὸς καὶ τὰς ἐκ τούτων ἀτίμους ἀναγ. καὶ ὁπόσοι λίποιεν τὴν τάξιν, ἢ ἀςρατείας, ἢ δειλίας, ἢ ναυμαχίας (ſed ſine dubio legendum eſt ἀμαχίας) ὄφλοιεν, ἢ τὴν ἀσπίδα ἀποβάλοιεν· — οὗτοι πάντες ἄτιμοι ἦσαν τὰ σώματα. Porro Xenophon de rep. Laced. p. 684. narrat quaecunque apud Lacedaemonios mala ſint ignauo, vt ἐν δὲ τῇ Λακεδαίμονι πᾶς μὲν ἄν τις αἰσχυνθείη τὸν κακὸν σύσκηνον παραλαβεῖν, πᾶς δ' ἄν ἐν παλαίσμασι συγγυμναςὴν, et tandem, recenſitis infamiae generibus, concludit: Τοιαύτης τοῖς κακοῖς ἀτιμίας ἐπικαμένης. Deinde etiam, quid poteſt noſtram opinionem melius firmare iis, quae Herodotus dicit L. VII, 229. de Ariſtodemo, qui ignauiter apud Thermopylas rem geſſerat: ἀπονοςήσας δὲ ἐς Λακεδαίμονα ὁ Ἀριςόδημος, ὄνειδός τε ἄχε καὶ ἀτιμίην· πάσχων δὲ τοιάδε ἠτίμωτο· οὔτε οἱ πῦρ οὐδεὶς ἔναυε Σπαρτιητέων, ἔτε διελέγετο, ὄνειδός τε ἄχε ὁ τρέσας Ἀριςόδημος καλεόμενος. vbi vide Valkenarium p. 614. Quae quidem ſufficere arbitror

arbitror ad receptam lectionem stabiliendam. consule Wesselingium ad Diod. Sic. II. p. 372. Ceterum cum de crimine λιποταξίας, tum de ἀτιμία, confer Lysiae oration. contra Alcibiadem, κατ' Ἀνδοκίδου ἀσεβέας. et Taylorum pag. 107. Marklandum ad Or. XII, p. 560. Harpocration. f. v. ἄτιμος, et Saluinum ad Eustath. T. I. p. 150. copiofissime verbum ἄτιμος explicat Taylor ad Demosthen. T. II. p. 310. Quid vero sit ἀθυμία oftendit Georg. d'Arnaud in Specimine Animaduerf. Criticar. p. 176.

ἀλωμένου] male Ald. Of. Hert. ἀλαμένου.

ὥρη] — Of. οὐδὲ μί — Harpocration p. 261. ὀλιγωρήσετε ἀντὶ τῶ ἀμελήσετε. Δημοσθένης Φιλιππικοῖς· ὀλιγωρεῖν γὰρ λέγεται τὸ ὀλίγην ὥραν ἔχειν — ὥρα δ' ἐςὶν ἡ φροντίς· Hesiodus in ἔργ. 30. ὥρη γὰρ τ' ὀλίγη πέλεται νεικέων τ' ἀγορέωντε, pro quo male vult Clericus ὥρη. vide Graevium Lect. Hesiod. p. 6. et Annam Fabri ad Callimach. H. in Del. 314.

Γίνεται] Steph. Hert. Wint. γίγνεται, vt semper, quod semel monuisse sufficiat. Moeris: γίγνεται ἀττικῶς· γίνεται ἑλληνικῶς· vid. Valkenarium ad Eurip. Phoeniff. v. 743. et 1396.

Θυμῷ] id eft, animoso, alacri impetu, strenua virtute, fortitudine, ardore. fere vt Latini vsurpant verbum *animus*. vid. Burmannum, ad Virg. Aen. II, 617. et 261. *Nunc animis opus, Aenea, nunc pectore toto.* atque Barthium ad Statii Silu. II, 1, 169. et Theb. III, 8. sed nunc subsistamus in Graecis. Thucydides II, 11. οἱ λογισμῷ ἐλάχιστα χρώμενοι θυμῷ πλᾶςα ἐς ἔργον καθίςανται; *summo animi impetu rem aggrediuntur.* Hinc verbum θυμομαχεῖν, de quo praeter Budaeum in Comment. Gr. L. p. 1179. qui interpretatur: animose et ad internecionem vsque dimicare, confule Raphelium in Annot. ex Polyb. et Arr. ad Act. XII, 20. vbi recte eos refutat, qui explicant, animo bellum meditari, et hoc verbum de ipso pugnandi

gnandi ardore, et animi vel ad vincendum, vel ad moriendum obſtinatione vſurpari docet, eandemque vim verbi ψυχομαχᾶν eſſe oſtendit. Omnium, puto optime de illo verbo egit Alberti ad Heſych. ſ. v. Ῥυμοσδὴς: et Raphelii ſententiam inprimis ſtabilire mihi videtur Diodor. Sic. L. XVII. p. 184. οἱ δὲ καὶ μέχρι τῆς ἐσχάτης ἀναπνοῆς Θυμομαχῶντες, τὸ ζῆν πρότερον ἢ τὴν ἀρετὴν ἔλαπον. in eiusdem fragmentis p. 639. legitur: ὁ γὰρ ἐν αὐτῷ τῷ Θυμομαχᾶν ἐμφρόνως ὑπομένων τὸ δανόν. Apud Quintum Calabr. IX, 205. eſt:

Οὐδὲ μὲν ἐθλοῖς
Τρώων ἡγεμόνεσσι δέος πέλεν ἀλλὰ καὶ αὐτοὶ
Ἐκ θυμοῖο μάχοντο.

adde Abreſch. in Animadu. ad Aeſchyl. p. 147. De formula hac ἐκ θυμοῦ vide Stanleium ad Aeſchyl. Agamemn. 48. pro quo etiam dicunt ἐκ ψυχῆς· quod explicat Scholiaſtes Theocriti ad Id. VIII, 35. βόσκοι τ᾽ ἐκ ψυχᾶς τὰς ἀμνίδας, ſic: ἐξ ὅλης τῆς προθυμίας· ἐκ ψυχῆς ποιῶ τις τόδε, ἤγουν ἑκὼν καὶ ἀφ᾽ ἑαυτῦ κινούμενος· οὐκ ἐκ ψυχῆς δὲ ποιῶ, ἤγουν, ἄκων καὶ σὺν βίᾳ τινὶ, καὶ ἐκ ἀφ᾽ ἑαυτῦ κινέμενος· Apud Antoninum frequenter occurrit ἐξ ὅλης τῆς ψυχῆς· vid. Gatakerum ad eum, IV, 31. p. 157.

ψυχέων] Duplici modo videtur mihi hic locus exponi poſſe: Siue, ne parcite vobis, ſiue, ne parcite vitae veſtrae. Vtraque tamen interpretatio eodem redit. verbum ψυχαὶ pro hominibus ipſis ſaepe ponitur, vt in Lyſiae orat. II. p. 51. τὰς δ᾽ αὐτῶν ψυχὰς ὀλίγας οὔσας ἀντιτάξαντες τῷ πλήθα τῷ τῆς Ἀσίας et Euripid. Androm. 611. ψυχὰς δὲ πολλὰς κἀγαθὰς ἀπόλεσας: quemadmodum etiam Latini ſic dicunt, vt Lucanus I, 447.

Qui fortes animas belloque peremtas
Laudibus in longum vates dimittitis aeuum.

Virg. Aen. XI, 24. *Ite, ait, egregias animas — decorate ſupremis muneribus.* Statius Theb. VIII, 666.

Ille

Ille ego inexpletis folus qui caedibus hauß
Quinquaginta animas.

vid. Rappoltum ad Horat. c. 16. p. 142. Stollbergium
ad Sophocl. Aiac. p. 198. Gatakerum ad Antonin. V,
32. p. 214. Barnefium ad Eurip. Herc. Fur. 452.
Ἤ τίς ταλαίνης τῆς ἐμῆς ψυχῆς φονεύς. Schwarzium ad
Olear. de ftilo N. T. p. 26. et Burman. ad Virg.
Aen. III, 67. fed altera potius hoc loco fignificatio
mihi placet, qua ψυχὴ fumitur pro ζωῇ. vt Il. Ω. 168.
ψυχὰς ὀλέσαντες· X. 161. περὶ ψυχῆς θέον Ἕκτορος ἱπποδά-
μοιο. Eurip. Heracl. 14. πόλις μὲν οἴχεται, ψυχὴ
δ᾽ ἐσώθη· Aelianus V. H. X, 6. ὀφθαλοσι καὶ ἐκεῖνοι τὴν
ψυχὴν πᾶσιν, et XIV, 43. ὑπὲρ ἀνθρώπου ψυχῆς διαλογί-
ζεσθαι. de hominis vita decernere. vid. Barnefium ad
Eurip. Alceft. 301. nam Euripides frequenter hoc
verbum hoc fenfu pofuit, vt in Heraclid. 984. Ion.
1498. Troad. 899. γνῶμαι τίνες Ἕλλησι, καί σοι, τῆς
ἐμῆς ψυχῆς περί. et alibi. add. Alberti in Obferu.
p. 59. Elsnerum ad Act. Apoft. II, 41. Trillerum
in Obferu. Crit. p. 351. et Marklandum ad Lyfiae
Or. VI. p. 546.

ἀλλὰ μάχεσθε] Notent tirones h. l. ἀλλὰ effe idem quod
itaque, igitur, vimque adhortandi excitandique habere, docentibus hoc Kuftero ad Ariftoph. Equit.
201. Vigero de Idiot. C. VIII, S. I, 12. qui laudat
e Dionyf. Halic. οἱ μὲν ἄντικρυς ἐπίοντες, οἱ δὲ κατόπιν,
ἀλλ᾽ ἴτε σὺν πολλῇ καταφρονήσει ἐπ᾽ αὐτούς, et Elsnero ad
Act. XI, 20. vbi praeter alia adfert locum Arriani,
Exped. V, 26. Ἀλλὰ παραμείνατε, ἄνδρες.

ἄρχετε] Inferuit hoc verbum tantummodo periphrafi.
Senfus idem eft, ac fi fimpliciter poeta dixiffet: ne
fugiatis, ne timeatis. vid. Abrefch. in Dilucid. Thucyd.
p. 614. Eadem ratio eft apud Latinos τῦ coepi. veluti apud Cornelium in Pauf. IV, 6. *Tanto magis —*
orare coepit, ne enuntiaret. Con. V, 2. *clam dare operam*
coepit, vt reftitueret. vid. Cortium ad Salluft. B. C.
VII, 1. Erhardum ad Petron. 6. p. 41. Fr. Pithoeum
ad

ad eundem 7. p. 43. atque Barthium 79. p. 508. et
Munckerum ad Hygin. Fab. IV, p. 26. adde Hutchin-
fonium ad Cyropaediam. I. p. 5. Ἀνηγήσατο δὲ το-
σαῦτα φῦλα ὅσα καὶ διελθᾶν ἔργον ἐσὶν ὅποι ἂν ἄρξηταί τις
πορεύεσθαι ἀπὸ τῶν βασιλέων, ἤν τε πρὸς ἔω, κ. λ. vertitur: *Tot autem nationes fibi deuinxit, quot vel percur-*
rere operofum fuerit, quocunque quis ire a regia coepe-
rit. non recte. nam illud καὶ clare indicat, διελθᾶν
effe reddendum: *recenfere, enarrare, oratione perfe-*
qui. vt Graeci etiam διεξιέναι vfurpant. vide Godofr.
Olearium ad Philoftr. de Vit. Soph. I, 20, 2. nam
fermo non eft de arduo negotio, quale fufcipit vel
exiguam regionem peragraturus, fed de leuiore. quale
eft, fi quis oratione tantum enarret vrbes et regna.
vnde dixit: *vel:* fed obftat huic meae interpretationi
verbum πορεύεσθαι, cui nefcio an tribui poffit fignificatio: *mente percurrere.* quanquam fcio poetica verba
faepe vfurpaffe Xenophontem, vt (Cyrop. p. 172.)
βροντὴ ἐφθέγξατο, (ibid. p. 194.) παιᾶν συμμάχων,
(Exped. p. 265.) ἐκκυμαίνειν, de phalange, et alia.
fed neque poetice fic dici poffe arbitror. Quare fe-
quor editionem Aldinam, in qua deeft verbum πορεύεσθαι, et locum intelligo non de itinere, fed de
enarratione.

ἐν φρεσὶ θυμὸν] Graecorum poetarum propria dicendi
formula, quae faepe apud Homerum occurrit, vt
Il. I, 624. Ἀχιλλεὺς ἄγριον ἐν σήθεσσι θέτο μεγαλήτορα
θυμόν. et 635. σὺ δ᾽ ἵλαον ἔνθεο θυμόν, Homerique ad
imitationem apud Quintum Cal. VIII, 15. ἀρήιον ἐν
φρεσὶ θυμὸν θέντες. quam bene illuftrat Graeuius in
Lect. Hefiod. cap. 8. p. 41. comparatque cum formula
Catulli:

Nec potis eft dulces Mufarum exponere foetus
Mens animi.

quanquam nefcio an recte. Sic Graeci καρδία et θυμὸς faepe iungunt; multis exemplis datis a Schradero ad Mufaeum, c. 9. p. 192. Ad rationem formulae ποιεῖτε — θυμὸν — plenius intelligendam faciunt, quae notauit Valkenarius ad Herodot. L. III.

p. 206. αὐτίκα ὁ Καμβύσης ὀργὴν ποιησάμενος (id eſt, ὀρ-
γισθεὶς) ἐστρατεύετο ἐπὶ τοὺς Αἰθίοπας.

φιλοψυχεῖν] apud Iohan. XII, 25. eſt φιλεῖν τὴν ψυχὴν
αὐτῦ de qua formula vid. Ier. Marklandum Coniect.
ad Lyſiae Orat. II. p. 437. quod notent defenſores
puritatis ſtili Noui Teſt. viri ſumme reuerendi, et mehercle! acutiſſimi, certe oculis auribusque ſani.   Sed
obſeruaui etiam illud verbum apud alios. vt apud
Eurip. Heraclid. 519. αὐτοὶ φιλοψυχῶντες et 534. Φι-
λοψυχῶ ἐγώ qui tamen etiam in Alceſt. 703. νόμιζε
δ᾽ εἰ σὺ τὴν σαυτῦ φιλεῖς ψυχὴν, φιλεῖν ἅπαντας. apud Lyſiam, Or. II, 44. ἄνδρες δ᾽ ἀγαθοὶ γενόμενοι καὶ τῶν μὲν
σωμάτων ἀφειδήσαντες, ὑπὲρ δὲ τῆς ἀρετῆς ἐ φιλοψυχήσαν-
τες ἔστησαν μὲν τρόπαια κ. λ.   Diodorum Sic. L. III.
p. 199. de Troglodytis: μέγιστον τῶν κακῶν ἡγῦνται, τὸ
φιλοψυχεῖν τὸν μηδὲν ἄξιον τῦ ζῆν πράττειν δυνάμενον. et
XX. p. 430. ὑπομεῖναί τι παθεῖν ἄτοπον, ἕνεκα τῦ φιλοψυχεῖν, et Antoninum X, 8. λίαν ἐστὶν ἀναισθήτε καὶ φι-
λοψύχου, et VII, 46. μὴ γὰρ τοῦτο μὲν, τὸ ζῆν ὁπόσον δὴ
χρόνον, τόνγε ὡς ἀληθῶς ἄνδρα ἐυκτέον ἐστὶ καὶ ὀ φιλοψυχη-
τέον, quod comparat Gatakerus cum Act. XII, 24, et
Apocal. XII, 11.

Τὰς δὲ παλαιοτέρες] non probo interpret. Latinam: Ve-
teranis grandaeuis relictis. puto potius ita hunc locum
eſſe capiendum: quod autem ad ſenes attinet etc. et
hanc dicendi rationem cognoſcere cupientes ablego
ad notas Duckeri ad Thucyd. II, 62. Perizonii ad
Aelian. V. H. II, 13. Lamb. Boſii ad Luc. II, 43. Dor-
villii ad Chariton. p. 464. 642. 669. Weſſelingii ad
Herodot. L. IX. p. 691.   Sic in Dialogo Aeſchinis,
Axiochus inſcripto, S. 5. νόσες δὲ καὶ φλεγμονὰς τῶν
αἰσθητηρίων, ἔτι δὲ τὰς ἐντὸς κακότητας, recte operoſiſſi-
mum Fiſcherum dicere, bene ſe habere lectionem
hanc, nec ordine feciſſe Wolfium, τί λέγω e coniectura in textum verborum recipientem, iam alio
loco notauimus.

γυῖα τ᾽ ἐλαφρὰ] II. N. 61. Γυῖα δ᾽ ἔθηκεν ἐλαφρά. ſed γυῖα de
omnibus dici membris docere poteſt Erneſti ad Callimach. H. in Dian. 177. p. 127. vide nos paullo poſt.

H δη

Ἤδη x. λ.] Similiter fere apud Homer. Il. Ω. 516. οἰκ-τείρων πολιόν τε κάρη πολιόν τε γένειον: Ouidius autem in Metam. VIII. 528.

> Puluere canitiem genitor vultusque seniles
> Foedat humi fusus.

Αἱματόεντ'] valde mihi hic locus placet, elegantissime-que poeta summum pudoris verecundiaeque studium in ipsa morte indicare videtur. De hoc decori in moribundis studio plura collegerunt viri doctissimi, Cortius et Gesnerus ad Plin. Ep. IV, 11, 9. de virgine Vestali Domitiani iussu misero supplicio affecta, quae-que, *quum in illud subterraneum cubiculum demittere-tur, haesissetque descendenti stola, vertit se ac recollegit.* Pariter de Olympiade, Alexandri matre, Iustinus XIV, 6, 12. memoriae prodidit: *insuper exspirans ca-pillis et veste crura contexisse fertur, ne quid posset in corpore eius indecorum videri.* vide plura apud Ritters-husium ad Oppian. Hal. II, 641. et Stanleium ad Aeschyli Agamemn. 241. et adde Iac. a Cruce ad Ouid. Met. XIII, 479.

> Tunc quoque cura fuit partes velare tegendas
> Cum caderet, castique decus seruare pudoris.

quibus tantummodo duo loca addemus: vnum e Quinto Calabro, qui I, 620. de Penthesilea vulne-rata inquit:

> Εὐσαλέως ἐριπᾶσα κατ' ἔδεος· οὐδέ οἱ αἰδὼς
>
> Ἤχυνεν δέμας ἠύ: τάθη δ' ἐπὶ νηδύα μακρὴν:

alterum e recentiori poeta, (nam quid imitemur eo-rum siue morositatem, siue stultam ignorantiam, qui vetera tantum legunt, recentiora, eaque fortasse non deteriora, spernunt et negligunt?) Ita igitur La Fon-taine:

> Elle tombe, & tombant range ses vétemens,
>
> Dernier trait de pudeur, même au dernier moment.

Denique erudite obseruauit magnus Casaubonus ad Sueton. Neron. c. 49. qui carnificis manu puniendi

fuerint,

fuerint, quique aliqua necessitate coacti se intereme-
rint, in scrobibus praeparatis saepe solitos sedere,
vt post vulnus acceptum casus ἀσχήμων euitaretur.

Φίλαις] hoc verbum cum hoc, tum aliis locis nihil
significat aliud, quam *suis*. vide omnino Dan. Heinsium in Lect. Theocr. cap. V. vbi dicit φιλὸν et ἐμὸν
siue ἴδιον esse saepe παράλληλα, atque praeter alia addit: *cuius rei ignoratione saepe in Homero peccatum est*.
Vere profecto. vt Il. Υ. 412. ἕως φίλον ὤλεσε θυμόν.
Φ. 201. ἐπεὶ φίλον ἦτορ ἀπηύρα. 389. ἐγέλασσε δὲ οἱ φίλον ἦτορ. 425. λύτο γούνατα καὶ φίλον ἦτορ. 562. ἀλλὰ
τίη μοι ταῦτα φίλος διελέξατο θυμός. et sic saepissime.
in quibus omnibus locis vulgares interpretes stulte
scripserunt: *charum cor*. quod quid esset, ne ipsi quidem intelligere potuerunt. Neque probo verba
Scholiastae Homeri, qui ad Il. Γ. 31. κατεπλήγη φίλον
ἦτορ· notat: τὴν προσφιλεστάτην αὐτοῦ ψυχήν. et ad E,
250 μήπως φίλον ἦτορ ὀλέσσης· scribit: τὴν προσφιλεστάτην ψυχήν. Vtroque loco reddenda haec vox est per
suus. confer Steph. Berglerum in Actis Erud. Lipsiens.
a. 1719. p. 501. Scherpezeelium ad Il. A. 569. et 351.
Dorvillium ad Chariton. p. 101. Tollere simul iuuat
grauem errorem, qui in Thes. Muratoriano obsidet
inscriptionem p. 601. ΟΙΚΟΣ ΨΙΛΟΣ ΟΙΚΟΣ
ΑΡΙΣΤΟΣ. memini apud Aesopum, fab. 105. p. 84.
ed. Heusing. esse: τῆς δὲ (χελώνης) εἰπούσης, οἶκος φίλος, οἶκος ἄριστος. Illud verbum etiam in hoc titulo
scribendum vertendumque est: domus propria, domus optima.

Αἰσχρά κ. λ.] Vncis haec inclusimus, secuti Steph. et
Winterton.

νεμεσητὸν] vid. Dorvillium ad Chariton. p. 616. et Ant.
Fr. Gorium ad Donii Inscript. p. 15. Scholiast. Homeri Il. Γ. 410. κεῖσε δ᾽ ἐγὼν οὐκ εἶμι, νεμεσσητὸν δέ κεν
εἴη interpretatur: μέμψεως γὰρ τοῦτο ἄξιον γενήσεται.

γυμνωθέντα] Quemadmodum γυμνὸς saepe ille dicitur,
qui sine veste exteriore est, quod praeclare ostendunt Cuperus in Obs. I, 7. Perizonius ad Aelian. V.
H. VI, 11. Burmannus ad Virg. Georg. I, 299. et
Graevius

Graevius in Lect. Hesiod. c. 9. p. 21. ita etiam, qui sine armis est, appellatur γυμνὸς· Hesiod. ασπ. 460. μηρὸν γυμνωθέντα σάκευς ὑπὸ δαιδαλέοιο Ὄντασ'. Diod. Sic. L. XIX, p. 322. γυμνὰ τὰ σώματα τῶν ἀμυνομένων ὅπλων παρεχόμενος· Il. M. 389. Ἧ ρ' ἴδε γυμνωθέντα βραχίονα. Il. 814. οὐδ' ὑπέμεινε Πάτροκλον, γυμνὸν περ ἐόντ' ἐν δηιοτῆτι. Pausan. Messen. c. 15. ἢ γὰρ τοῦ σώματος γυμνόν τι. Herodian. II, 13. 8. γυμνοῖσι πρὸς ὡπλισμένους μάχοιντο, VII, 9. 11. γυμνοῖτε ὅπλων καὶ ὀργάνων πολεμικῶν. Thucydides, V, 71, διὰ τὰ Φοβουμένους προσέθλαν τὰ γυμνὰ ἕκαστον ὡς μάλιστα τῇ τοῦ ἐν δεξιᾷ παρατεταγμένου ἀσπίδι. III, 23. ἐτόξευον καὶ ἐσηκόντιζον ἐς τὰ γυμνὰ, et IV. 10. τὰ γυμνὰ πρὸς τοὺς πολεμίους δοὺς ἀπῆγε τὴν στρατίαν· quanquam horum exemplorum videtur eadem ratio esse, quae formulae: *terga fugae nudare*, de qua vid. Heinsium et Drakenborch. ad Sil. It. XVII. 445. Sed de verbis γυμνὸς ὅπλων agit Wesseling. in diss. Herodot. p 99. atque *nudum* Latinis esse inermem interdum, notat Drakenborch. ad Liv. V, 45, 3. et Sil. It. XVI, 47. A Graecis scriptoribus γυμνοὶ καὶ ἄνοπλοι frequenter ideo coniunguntur. vid. Wesseling. ad Herodot. L. II. 141. p. 171. φευγόντων, ςφέων γυμνῶν ὅπλων. Posset igitur sensus loci fortasse esse hic: turpe esse, senem iacere spoliatum armis. His enim priuari cum apud alias gentes, (de quo consuli possunt Scewschius ad Veget. L. II. p. 105. Freinshemius ad Curt. IV, 13. et Io. Alstorph. in Occup. Tusc. L. II. p. 94. 96.) tum apud Lacedaemonios turpissimum iudicabatur. Horum pueri nati in clypeo ponebantur, matribus clamantibus ἢ τὰν ἢ ἐπὶ τὰν· vid. Meursii Misc. Lacon. L. II, c. 1. Exstat in Antholog. L. I. p. 10. epigramma, quod rem bene illustrat:

Γυμνὸν ἰδοῦσα Λάκαινα παλίντροπον ἐκ πολέμοιο

Παῖδ' ἑὸν ἐς πάτραν ὠκὺν ἰέντα πόδα,

eum interfecit et dixit:

Ἀλλότριον Σπάρτας, ἔπεν, γένος ἔρρε ποθ' ἅδαν.

vbi

vbi vide Brodaeum. Notum eſt etiam, quid Archi-
locho acciderit, quem eadem hora, qua aduenerat,
expellebant, quoniam illum audiuerant ſcripſiſſe,
praeſtare arma abiicere, quam mori. vid. Ariſtophan.
in Pac. 1296. et Plutarchum in Inſt. Lacon. pag. 239.
Caeterum de verbo ῥιψασπὶς vid. Muretum V.L. L. IX.
c. 2. Spanhemium ad Ariſtoph. Nub. 352. et Kuſte-
rum ad Suid. T. II. p. 325. ſ. v. κλεώνυμος. Atque
ita etiam apud alios populos turpe fuit clypeum abiicere. De Germanis locus Taciti notus eſt, nec a nobis repeti debet. Quid? quod in lege Salica tit. 32.
p. 71. (in Schilteri Theſauro Antiqu. Teuton. T. II.)
ſancitum eſt: *Si quis alteri imputauerit, quod ſcutum
ſuum proieciſſet in hoſte, vel fugiendo prae timore, centum viginti denariis, qui faciunt ſolidos tres, culpabi-
lis iudicetur.* Sed ex praecedentibus mihi fere probabilius videtur, Tyrtaei hunc locum explicandum
eſſe de ſene, nudo corpore iacente, et ſpoliato ve-
ſtibus.

νέοισι] Hic duo notanda ſunt: primum totum hunc
locum expreſſum videri ex Il. X. 71.

νέῳ δὲ τε πάντ᾽ ἐπέοικε

Ἄρηϊ κταμένῳ δεδαϊγμένῳ ὀξέϊ χαλκῷ

Κεῖσθαι· πάντα δὲ καλὰ θανόντι περ᾽, ὅττι
Φανείη·

Ἀλλ᾽ ὅτε δὴ πολιόν τε κάρη πολιόν τε γένειον

Αἰδῶ τ᾽ αἰσχύνωσι κύνες κταμένοιο γέροντος,

Τοῦτο δὴ οἴκτιστον πέλεται δειλοῖσι βροτοῖσι

vnde fortaſſe etiam ſenſus huius loci conſtitui poteſt:
hoc enim erat alterum. Locus eſt ſubobſcurus et
vere dicit Taylorus, interpretem hic vadimonium
deſeruiſſe et ex Graecis non ſane ardentiſſimis Latina
frigida feciſſe. Quis enim capiat haec:

Omnia perſimilis iuueni, conamine magno,
  Vt pubertatis flos ſibi detur, agit.

Ille

Ille oculis hominum gratus, dum viuit, habetur,
  Strenuus at primis caefus in agminibus.

aut illa: *iuuenes autem prorfus decet, vt pubertatis flos fit eis pulcher;* aut denique haec, quae Wintertonius dedit: *iuuenibus autem in omnibus fimilis eft, et pulchrum pubertatis florem habet.* Ofii ineptos verfus repetere taedet. Miror neminem vidiffe, loci verum fenfum effe hunc: in iuuenibus, donec florem aetatis habent (in Graeco eft mutatio numeri, vt faepe) omnia commode confpici ab aliis poffunt: iuuenis et viuens viris mulieribusque amabilis vifu, et in prima acie cadens pulcher eft. Ita neque opus eft cum Scaligero emendare: Ἀνδράσι ἐν θνητοῖσιν· modo poft ἰδεῖν maius diftinctionis fignum deleas et cum fequentibus iungas legasque τε pro δὲ. Ceterum video Melanchth. legiffe: πᾶν.

ἄνθος ἥβης] Vide iterum fimiles Theognidis verfus v. 1001.

Ὄφρα τὶς ἥβης
Ἀγλαὸν ἄνθος ἔχων καὶ φρεσὶν ἐθλὰ νοῇ.

Non raro poetae vtriusque linguae verba a floribus, hortis, plantis etc. fumta tranftulerunt ad iuuentutis tempora indicanda, comparantque lubenter cum floribus primam vitae aetatem. Lubet, priusquam alia exempla addamus, aliquot carmina ex Anthologia inedita hic proponere. Incerti poetae eft carmen primum:

Ἐσβέθη Νίκανδρος, ἀπέπτατο πᾶν ἀπὸ χροίης
  Ἄνθος, καὶ χαρίτων λοιπὸν ἔτ' οὐδ' ὄνομα
Ὃν πρὶν ἐν ἀθανάτοις ἐνομίζομεν· ἀλλὰ φρονεῖτε
  Μηδὲν ὑπὲρ θνητοὺς, ὦ νέοι ———

Initium epigrammatis illuftrari poteft alio Simonidis iunioris in Anthol. p. 396.

Ἐσβέθης, γηραιὲ Σοφόκλεες, ἄνθος ἀοιδῶν,
  Οἰνωπὸν Βάκχου βότρυν ἐρεπτόμενος,

B 4   de

de quo vid. Barnef. in vit. Anacreontis p. 75. Anacreon a ferpente fixus ait c. 7. Κραδίη δὲ ῥινὸς ἄχρις Ἀνέβαινε, κἂν ἀπέσβην. Theocrit. IV, 39. ὅσον, αἴγες ἐμὶν φίλαι, ὅσσον ἀπέσβας. Scholiaft. ἤγεν ἀπέθανες. Vltimum verfum plenum adfcribere nolui. Eft enim in codice corruptiffimus ἐμοὶ τρύχει. nolui fruftra hariolari. emendatiores chartae vnice nos hic iuuare poffunt. Alterius epigrammatis auctor etiam ἄδηλος eft: ipfum vero non illepidum.

Εἰ τίνα που παίδων ἐρατώτατον ἄνθος ἔχοντα
   Εἶδες, ἀδιδάκτως εἶδες Ἀπολλόδοτον.

Εἰ δ᾽ ἐσιδὼν, ὦ ξεῖνε, πυριφλέκτοισι πόθοισι
   Οὐκ ἐδάμης, πάντως ἢ θεὸς, ἢ λίθος εἶ.

Μάγνης Ἡράκλειος ἐμοὶ πόθας, οὔτι σίδηρον
   Πέτρῳ, πνεῦμα δ᾽ ἐμὸν καὶ μέ, ἐφελκόμενος.

Sola interpungendi ratione mutata perfpicuum hoc carmen et planum nobis reddidiffe videmur. Ἀδιδάκτως, eft: procul dubio: certe: quanquam non memini, me verbum hoc apud antiquiffimos fcriptores inuenire. Tertium, quod addere volo, carmen Rhianus compofuit:

Οἱ παῖδες λαβύρινθος ἀνέξοδος. ἢ γὰρ ἂν ὄμμα
   Ῥίψασ᾽ ἴξω τούτο προσαμπέχεται.

Τῇ μὲν γὰρ Θεόδωρος ἄγει ποτὶ πίονα σαρκὸς
   Ἀκμὴν, καὶ γυίων ἄνθος ἀκηράσιον.

Τῇδε Φιλοκλῆος χρύσεον ῥέδος, ὃς τὸ καθ᾽
                  ὕψος,

Οὐ μέγας, οὐρανίη δ᾽ ἀμφιτέθηλε χάρις.

Ἦν δ᾽ ἐπὶ Λεπτίνεω στρέψῃς δέμας, οὐκέτι γυῖα
   Κινήσεις, ἀλήτω δ᾽ ὡς ἀδάμαντι μενεῖς

Ἴχνεα κολληθεὶς· τοῖον σέλας ὄμμασιν αἴθει
   Κῆρος καὶ νεάτους ἐκ κορυφῆς ὄνυχας.

                            Χαίρετε,

Χαίρετε, καλοὶ παῖδες, ἐς ἀκμαίην δὲ μολῆτε
Ἥβην, καὶ λευκὴν ἀμφιέσασθε κόμην.

Carmen sane dulce est et venustum, vt multa alia quae Anthologia Graeca continet. Sed primum distichon corruptum est. Conieci: εἰ γ. α. ο. ῥίψω, ὡς ἰξῷ τ. π. Certe ἰξὸς est viscum, et videtur bene haec comparatio locum habere. illud ῥίψω᾽ potes etiam aliter mutare. Sed nos tantum consuluimus sensui. v. 8. legendum est procul dubio ἀλύτῳ firmissimis veluti vinculis constrictus: ad illustrandam formulam etiam facit, qui commode in mentem venit, locus Callimachi H. in Lav. Pall. 83.

Ἐςάθη δ᾽ ἄφθογγος᾽ ἐκόλλασαν γὰρ ἀνίαι
Γώνατα, καὶ φωνὰν ἔσχεν ἀμηχανία.

reliqua ipse muta v. 10. aliquid deesse facile patet. Puto emendandum esse: κῆς νεατοὺς κ. λ. In Anthol. VII, 586. ἐκ τριχὸς ἄχρι ποδῶν ἱερὸν θάλος. Haec hactenus. Iam pater Homerus Il. Σ. 57. ὁ δ᾽ ἀνέδραμεν ἔρνεϊ ἶσος, τὸν μὲν ἐγὼ θρέψασα φυτὸν ὡς γωνῷ ἀλωῆς· N. 484. Καὶ δ᾽ ἔχα ἥβης ἄνθος. Pulchre Pindarus Ol. I. 118. Πρὸς ἐυάνθεμον δ᾽ ὅτε φυὰν Λάχναι νιν μέλαν γένειον ἔρεφον et Pyth. IV. σὸν δ᾽ ἄνθος ἥβας ἄρτι κυμαίνει. Simonides pag. 319. ed. Steph. θνητῶν δ᾽ ὄφρα τις ἄνθος ἔχα πολιήρατον ἥβης. Anacreon 34. ὅτι σοι πάρεστιν Ἄνθος ἀκμαῖον ὥρας. Theocrit. Id. XIV, 70. Ποιεῖν τι δεῖ, οἷς γόνυ χλωρόν, quod recte Schol. explicat: ἀντὶ τοῦ, ἕως ἀκμάζομεν. de quo loco vid. Valkenarium in epist. praefixa Vrsini Virgilio compar. pag. 24. vt Horat. Ep. XIII, 4. *dumque virent genua.* Nam etiam Latini hac parte Graecos imitantur. Ouid. Trist. III, 1, 7. *quod viridi quondam male lusit in aeuo.* Art. III, 557. *viridemque iuuentam vt capias.* Met. IX, 439. *Perpetuum aeui florem Rhadamantus haberet* et sic ille saepius. Sil. It. V, 415. *properoque virentes Delerat leto annos.* Stat. Theb. IV, 274. *viridique genas spectabilis aeuo.* Petron. c. 32. *vt traduceres annos primo florentes vigore.* vide, plura qui dabunt, Drakenborch. ad Sil. It. I, 187. 376. XVI.

406: Salmaſium ad Solin. p. 364. Heinſium ad Petron. c. 17. p. 83. et Bourdelot. ad eund. c. 139. p. 853. Burman. ad Valer. Flac. I, 77. Io. Heskin ad Bion. pag. 39. Eleganter Thucydides IV, 133. ἐπαδὴ καὶ ἐκ τῇ πρὸς Ἀθηναίους μάχῃ ὅτι ἦν αὐτῶν ἄνθος ἀπολώλα- omnis ipſorum iuuentutis flos: quo ſenſu etiam Latini hoc verbum ponunt. Liuius VIII, 8. *haec prima frons in acie florem iuuenum pubeſcentium ad militiam habebat.* vid. Drakenborch. ad XXVII, 35. 7. et VIII, 28, 3. Hemſterhuſium ad Lucian. Tim. c. 55. et Abreſch. in Diluc. Thucyd. p. 489. Pindarus ſic non ſemel, vt: Nem. VIII, 15. ἡρώων ἄωτοι. et Pyth. IV, 355. κατέβα ναυτῶν ἄωτος. Theocrit. de Argonaut. XIII. 27. θεῖος ἄωτος ἡρώων. Ni fallor, poeta apud Athenaeum L. III. p. 99. τοὺς ἐφήβους ἦαρ τοῦ δήμου vocauit. vid. Valkenar. ad Herodot. VIII p. 580. Contra καλάμη dicitur de corpore ſenili, Odyſſ. ξ. 214. Ἀλλ᾽ ἔμπης καλάμην γέ σ᾽ ὀΐομαι εἰσορόωντα Γινώσκειν· quod recte Schol. explicare per τὸ γῆρας et πρεσβυτικὸν σῶμα, puto cum eruditiſſ. Schultenſo ad Iob. T. I. p. 164. qui exiſtimat docte, alluſum a poeta ad culmum iam maturum falci. Idem eleganter T. II. p. 802. notat, ὀπώρα transferri ad maturitatem iuuenilem. Sic certe Pindarus Iſthm. B. ὅς τις ἐὼν καλὸς ἄχεν Ἀφροδίτας εὐθρόνα μνάςειραν ἀδίςαν ὀπώραν· et Nem. E. οὔπω γένυς φαῖνεν τέρεναν ματέρ᾽ οἰνάνθας ὀπώραν. Memini in Antholog. III, p. 372. legi Ἅδης μὲν σύλησεν ἐμῆς νεότητος ὀπώρην. Cum iis, quae de verbo καλάμη diximus, confer duo carmina, antea nondum edita, quae codex Anthologiae Graecae Lipſienſis habet. Primi auctor eſt Aſclepiades:

Νῦν αἰτεῖς, ὅτε λεπτὸς ὑπὸ κροτάφοισιν ἴϋλος
Ἕρπει καὶ μηροῖς ὀξὺς ἔπεςι χνόος.

Εἶτα λέγεις, ἥδιον ἐμοὶ τόδε· καὶ τὶς ἂν εἴποι
Κρείσσονας αὐχμηρὰς ἀςαχύων καλάμας.

In 1. v. vitioſe ſcriptum erat alterum verbum: αἰθεῖς. in v. 3. verbum εἶτα indignantibus proprium eſſe notum eſt. vid. Caſaubonum ad Athenae. p. 555. Simile eſt carmen

carmen in Anthol. VII. p. 627. Νῦν μοι χαῖρε λέγειν ——
finis est: Ἀντὶ ῥόδε γὰρ ἐγὼ τὴν βατὸν οὐ δέχομαι. nempe
καλάμη sumitur pro ἀκάρπῳ ἡλικίᾳ, aetate effoeta, vt
docet Scholiast. ad Odyss. Ξ, 214. et Iensius in
Lection. Lucian. II, 18. p. 258. ad Pseudomant. p. 861.
vbi dicitur, Alexandrum Pseudom. adolescentulum
fuisse venustissimum, ὡς ἐνῆν ἀπὸ τῆς καλάμης τεκμαί-
ρεσθαι. vt licebat coniicere e senili corpore. Alterius
carminis auctor ignoratur.

Σῶόν μοι Πολέμωνα μολεῖν, ὅτ᾽ ἔπεμπον, Ἀπόλ-
λον

Ἠιτόμην, θυσίην ὄρνιν ὑποσχόμενος.

Ἦλθε δέ μοι Πολέμων λάσιος γένυν· ὦ μά σε
Φοῖβε

Ἦλθε δέ μοι, πικρῷ δ᾽ ἐξέφυγεν δὲ τάχει.

Οὐκ᾽ ἔτι σοι θύω τὸν ἀλέκτορα. μὴ με σοφίζε

Κωφὴν δὴ σταχύων ἀντιδιδοὺς καλάμην.

Primum distichon iam dedit Dorvillius in Vann. Critic.
p. 149. vbi docet ὄρνιθος nomine saepe appellari gal-
lum. In 3. et 4. versu fateor mihi non placere repe-
titionem nimiam particulae. In vlt. v. non probo
lectionem marginis: κέφην. nam κωφὸς exquisitius dictum videtur, vt in Il. Λ. 390. Κωφὸν γὰρ βέλος ἀνδρὸς
ἀνάλκιδος. et proprie κωφὸς de aristis, quibus nihil bonae
frugis inest. v. 5. σοφίζεσθαι, est callide, fraudulen-
ter decipere, circumuenire. vid. P. Fabrum in Agonist.
L. I. c. 15. Alius carminis simile est argumentum,
quod huius epigrammatis illustrandi causa addo:

Σαῖς ἴκελον προύπεμπον ἐγὼ Πολεμῶνα πα-
ρειαῖς

Ἢν ἔλθῃ θύσειν ὄρνιν ὑποσχόμενος

Ὃν δέχομαι φθονεροῖς, Παιᾶν, φρίσσοντα γε-
νείοις

Οὐ τότε τλήμων ἕνεκεν εὐξάμενος,

Οὐδὲ

Οὐδὲ μάτην τίλλεσθαι ἀναίτιον ὄρνιν ἔοικεν
Ἢ σὺν τιλλέσθω, Δήλιε, καὶ Πολέμων.

v. 1. Σαῖς — παραῖς] Apollo imberbis esse credebatur fingebaturque, vnde illi etiam prima barba con-
secrabatur. v. Martial. I, 32. IX, 17. confer Barthium
ad Stat. T. II. p. 244. in Anthol. I. p. 84. Apollinem:
Ἄβροτον; ἀγλαόμορφον, ἀκερσεκόμην, ἀβροχαίτην, poeta
vocat.

v. 2. de gallo diis sacro vide quae dicit Brodaeus ad
Anthol. I. p. 125. inprimis vero ille Apollini conse-
cratus erat. causam dare videtur Pausanias IV. p. 444.
ἡλίου δὲ ἱερὸν φασιν εἶναι, τὸν ὄρνιθα καὶ ἀγγέλλειν ἀνιέναι
μέλλοντος τοῦ ἡλίου. vid. interpretes ad Diogenem Laert.
VIII, 34. et Schefferum de natura et constit. philos.
Italicae. c. 14. p. 148. Tres anni tempestates coniunxit Strato in epigrammate, iam alio tempore a
nobis edito:

Νῦν ἔαρ εἶ, μετέπειτα θέρος· κᾄπειτα τὶ μέλ-
λεις

Κύριε βουλεύσαι; καὶ καλάμη γὰρ ἔσῃ.

Ἀλλά τις] non, vt vulgo fit, interpretaberis: *aliquis, quidam*, sed *vos*, aut *quisque*. saepe enim refertur hoc
verbum ad eos, de quibus ante actum est, vel quos
adloquimur. Sic v. c. Il. B. 39. Ἀλλά τις ἐγγὺς ἰὼν κ. λ.
reddendum est: Vos igitur propius accedite. Eustathius ad Il. B. p. 452. ed Polit. scribit: ὅτι δὲ τὸ τινὰ
καὶ ὅλως τὸ τίς ἔστιν ὅτε τῇ κατ᾽ αὐτὸ ἀοριστίᾳ ἰσοδυναμεῖ πρὸς
τὸ ἕκαστος, δηλοῖ καὶ Σοφοκλῆς ἐν τῷ, Ὥρα, τίν᾽ ἤδη κράτα
καλύμματι καλυψάμενον, καὶ ἑξῆς. Δηλοῖ γὰρ, ὡς καιρὸς ἔστιν,
ἕκαστον τῶν Σαλαμινίων λαθόντα φυγεῖν· Idem inquit ad
Odyss. Γ. p. 123. τὸ τίς πολλάκις — δηλοῖ — πάντας ληφθὲν
ἀντὶ τοῦ ἅς ἕκαστος· οὕτως παρὰ Σοφοκλεῖ λέγειν ὁ χορὸς οἱ
Σαλαμίνιοι· ὡς νῦν καιρός τινι ποδῶν κλοπὰς ἀρέσθαι. vide
etiam Dukerum ad Thucyd. V, 14. 42. Abresch. in
Diluc. Thucyd. p. 374. et Valkenar. ad Herodot.
L. VIII. 109. p. 671. καί τις οἰκίην ἀναπλασάσθω καὶ σπό-
ρου ἀνακῶς ἐχέτω. et vnusquisque reficiat aedes suas curet-
que sementem fieri.

εὖ διαβὰς] Cl. Ernesti ad Il. M. 458. interpretatur: *magno gradu obtineat locum suum.* Sed vide inprimis Salmasium ad Solin. p. 663. qui exponit de milite, qui gradum componit ad pugnandum et excipiendum aduersarii impetum altero pede protenso. quibuscum conueniunt, quae habet Casaubonus ad Aristoph. Equ. 77. et ad Theophrasti Characteres, περ. ἀδολεσχ. p. 135. vbi dicit, qui cruribus apertis stent, quique parent se ad hostilem impetum excipiendum, proprie dici διαβαίνειν. Occurrere memini hanc dicendi rationem apud Apollonium Rhod. III, 1293. αὐτὰρ ὁ τέσγε Εὖ διαβὰς ἐπίοντας — μίμνει confer I, 1199. et Aelianum V. H. IV, 16. ὁ δὲ εὖ διαβὰς ἐν τῇ τάσα καὶ ἐγκρατῶς στεφανάμενος ἀκήα: interpr. *ipse quum bene et firmiter in statione sua perstitisset, coronatus abiit.* Faciunt ad illustrationem formulae etiam notata ab Eustathio ad Il. Γ. p. 818. Τὸ δὲ μακρὰ βιβῶντα, ἤτοι βαίνοντα, ἔοικέ πως πρὸς τὸ διαβαίνειν· ὃ καὶ παρ᾽ ὁμήρῳ κεῖται ἐν τῷ Εὖ διαβὰς· ἤγευ διαστήσας τὰ σκέλη· καὶ παρὰ τῷ κωμικῷ ἐν τῷ, τοσόδε δ᾽ αὐτοῦ βῆμα διαβεβηκότος. Caeterum consule virum doctum in Obseru. Miscellan. Belgicis, Vol. I. T. I. pag. 127. vbi praeter alia iure reprehendit, qui hic et infra vertant *progressus*, cum poeta ad statum pugnantis respiciat, et consule simul Wesselingium ad Diod. Sic. L. I. p. 111. qui σκέλη διαβεβηκότα explicat diuaricata diductaque.

στηριχθεὶς] vid. Lamb. Bosium in Exerc. in N. T. ad Rom. I, 11. quem iam laudatum video ab Ernestio ad Il. Φ. 241. οὐδὲ πόδεσσιν ἔχε στηρίξασθαι. Theocrit. XV, 66. ἐπ᾽ ἀμφοτέρων δὲ βεβακὼς τολμασεῖς ἐπίοντα μένειν θρασὺν ἀσπιδιώταν. quem locum idem vir eruditus in Obs. Misc. iam attulit. Confer loca Homeri, Il. N. 56. Αὐτῷ ἑστάμεναι κρατερῶς καὶ ἀνάγεμεν ἄλλ. Λ. 409. ὅς δέ κ᾽ ἀριστεύῃσι μάχῃ ἔνι, τόνδε μάλα χρεὼ ἑστάμεναι κρατερῶς. In Anthol. III. p. 297. Lacedaemonii dicunt: ἔαν τοῦτα ἔχεα πρῶτον Ἁρμόσαμεν, ταῦτα καὶ λίπομεν βιοτάν. Polyb. XV, 15. pag. 978. ἐν αὐταῖς ταῖς χώραις ἐναποθνησκόντων τῶν ἀνδρῶν διὰ φιλοτιμίαν. confer I, pag. 49. et 65. atque II. pag. 164. Lys. in Orat. p. 47. Λακεδαιμόνιοι δὲ — ἐκ ἡττηθέντες τῶν ἐναντίων ἀλλ᾽ ἀποθανόντες,

θανόντες, ὅπερ ἐτάχθησαν μάχεθαι. Iuſtin. L. IX, 3. de Athenienſibus: *Non tamen immemores priſtinae gloriae cecidere, quippe aduerſis vulneribus omnes loca, quae tuenda a ducibus acceperant, morientes corporibus texerunt.* Non poſſum non, quoniam ſimilitudinem aliquam habet, addere verſum Orphei Argon. 254.

ἐρείσατε δ' ἴχνια γαίῃ,

Ταρσοῖσιν ποδὸς ἄκρον ὑπερβλήδην τανύσαντες.

quo loco Geſnerus dicit ab ipſo Homero nihil perfectius factum eſſe.

χεῖλος ὀδῶσι δακὼν] pulchra pictura militis, qui labia mordet, ſiue, vt minus ſentiat dolores e vulneribus percipiendos, ſiue, vt terribilior ſit hoſtibus. Apud Eurip. Bacch. 620. eſt: Θυμὸν ἐκπνέων, ἱδρῶτα σώματος ςάζων ἀπὸ χείλεσιν διδοὺς ὀδόντας. vide Steph. Berglerum ad Ariſtoph. Veſp. 1078. de pugna: Εὐθέως γὰρ ἐκδραμόντες ξὺν δουρί, ξὺν ἀσπίδι, ἐμαχόμεθ' αὐτοῖσι, θυμὸν ὀξίνην πεπωκότες, πᾶς (alii malunt ςὰς) ἀνὴρ παρ' ἀνδ' ὑπ' ὀργῆς τὴν χελύνην ἐδίων vbi Scholiaſt. οἱ γὰρ ὀργιζόμενοι ἐνδάκνυσι τὰ χείλη. Alia ratio eſt Odyſſ. A. 381. οἱ δ' ἄρα πάντες ὀδὰξ ἐν χείλεσι φύντες Τηλέμαχον θαύμαζον, vbi Euſtathius notat: ὅπερ ἐςὶ σχῆμα θάμβεs καὶ ἀπορίας. Alias iratos milites dentibus frendentes nobis pingunt ſcriptores. Il. T. 365. de Achille: τῦ καὶ ὀδόντων μὲν καναχὴ πέλε. Virg. X, 715.

Ille autem impauidus partes cunctatur in omnes
Dentibus infrendens.

et VIII, 230.

Huc ora ferebat et illuc
Dentibus infrendens.

Ammianus Marcell. L. XVI. c. 12. *nec finiri perpeſſi quae dicebantur, ſtridore dentium infrendentes ardoremque pugnandi haſtis illidendo ſcuta monſtrantes in hoſtem ſe duci iam conſpicuum exorabant.*

B.

B.

Ἀλλ' Ἡρακλῆος γὰρ ἀνικήτου γένος ἐσέ,
Θαρσεῖτ', οὔπω Ζεὺς αὐχένα λοξὸν ἔχει.
Μήδ' ἀνδρῶν πληθὺν δειμαίνετε, μηδὲ Φο-
βεῖσθε,
Ἰθὺς δ' εἰς προμάχους ἀσπίδ' ἀνὴρ ἐχέτω,
Ἐχθρὰν μὲν ψυχὴν θέμενος, θανάτου δὲ με-
λαίνας
Αὐγαῖσιν ἠελίοιο Φίλας.

ιϛε

Ἴσε γὰρ ὡς Ἄρεος πολυδακρύτου ἔργ' ἀρίδηλα,
   Εὖ δ' ὀργὴν ἐδάητ' ἀργαλέου πολέμου.
Καὶ μετὰ φευγόντων τε διωκόντων τ' ἐγένεσθε,
   Ὦ νέοι, ἀμφοτέρων δ' εἰς κόρον ἠλάσατε.
Οἱ μὲν γὰρ τολμῶσι παρ' ἀλλήλοισι μένοντες
   Ἔς τ' αὐτοσχεδίην καὶ προμάχες ἰέναι,
Παυρότεροι θνήσκεσι, σάεσι δὲ λαὸν ὀπίσσω,
   Τρεσσάντων δ' ἀνδρῶν πᾶσ' ἀπόλωλ' ἀρετή.
Οὐδεὶς ἄν ποτε ταῦτα λέγων ἀνύσειεν ἕκασα,
   Ὅσσ', ἂν αἰσχρὰ πάθῃ, γίνεται ἀνδρὶ κακά.
Ἀργαλέον γὰρ ὄπισθε μετάφρενόν ἐσι δαΐζειν
   Ἀνδρὸς φεύγοντος δηΐῳ ἐν πολέμῳ.
Αἰσχρὸς δ' ἐσι νέκυς κατακείμενος ἐν κονίῃσι
   Νῶτον ὄπισθ' αἰχμῇ δουρὸς ἐληλαμένος.
Ἀλλά τις εὖ διαβὰς μενέτω ποσὶν ἀμφοτέροι-
                    σιν,
   Στηριχθεὶς ἐπὶ γῆς, χεῖλος ὀδῦσι δακὼν,
Μήρους τε κνήμας τε κάτω καὶ σέρνα καὶ
                   ὤμους
   Ἀσπίδος εὐρείης γαςρὶ καλυψάμενος.
Δεξιτερῇ δ' ἐν χειρὶ τινασσέτω ὄβριμον ἔγχος,
   Κινείτω δὲ λόφον δεινὸν ὑπὲρ κεφαλῆς.
                             Ἔρδων

Ἔρδων δ᾽ ὄβριμα ἔργα, διδασκέσθω πολεμίζειν,

Μηδ᾽ ἐκτὸς βελέων ἑςάτω ἀσπίδ᾽ ἔχων.

Ἀλλά τις ἐγγὺς ἰὼν αὐτοσχεδὸν ἔγχεϊ μακρῷ

Ἢ ξίφει οὐτάζων δήϊον ἄνδρ᾽ ἑλέτω.

Καὶ πόδα παρ ποδὶ θεὶς, καὶ ἐπ᾽ ἀσπίδος ἀσπίδ᾽

ἐρείσας,

Ἐν δὲ λόφον τε λόφῳ καὶ κυνέην κυνέῃ,

Καὶ ςέρνον ςέρνῳ πεπαλημένος ἀνδρὶ μαχέσθω,

Ἢ ξίφεος κώπην, ἢ δόρυ μακρὸν ἑλών.

Ὑμεῖς δ᾽ ὦ γυμνῆτες ὑπ᾽ ἀσπίδος ἄλλοθεν ἄλλος

Πτώσσοντες, μεγάλοις σφάλλετε χερμα-

δίοις,

Δούρασί τε ξεςοῖσιν ἀκοντίζοντες ἐς αὐτοὺς

Τοῖσι πανοπλίοις πλησίον ἱςάμενοι.

COMMENTARIVS.

Defcripfimus hanc elegiam e Stobaeo, Serm. XLVIII, p. 352. (ed. Gefn. a. 1559.) Edita quoque eft a Stephano l. c. et in Id. p. 22. Hertelio Wintert. p. 439. Lectioque.

Ἀλλ᾽] Poteft haec elegia initio truncata, poteft etiam integra effe. Ἀλλὰ enim pro ἄγε, ἄγε δὴ poni docet Vigerus de Idiot. C. VIII. S. I. 1. 12. ibique Hoogeveen, idemque Vigerus monet ib. 5. Dionem Chryfoftom. Orat. XII. ἀλλ᾽ ἢ ordiri. de ἀλλὰ γὰρ vid. Zach. Pearcium in emend. Longini p. 18. ed. mai.

C

ἀνικί-

ἀνικήτου] in marg. ἀνίκητον, vt etiam Of. Steph. Wint.
Hert. Frob. habent. Sed recepta lectio procul dubio vera est. Nam Hercules INVICTVS non semel
in antiquis monimentis appellatur. quod nomen etiam
aliis diis deabusque tribuitur: vt Dianae, in Reinesii
Inscript. pag. 177. Apollini, apud Gruterum, p. 38.
5. Soli, ib. p. 33. n. 9. et 6. Marti, p. 58. Veneri,
p. 59. n. 9. aliisque vid. ad Museum Florentinum
Gorium. in T. III. p. 12. et 57. confer tab. VI. Sed
Hercules, vt in proposito maneamus, INVICTVS
audit multis in locis. vt in lapide apud Reinesium
Cl. I. 64. p. 107. SANCTISSIMO HERCVLI TVR.
INVICTO SACRVM. vid. etiam Sponii Miscell. p. 50.
Muratorii Inscript. p. 63. Boissardum in opere claro
P. III. p. 103. Gruteri Inscript. p. 46. 11. 12. p. 1017. 7.
Begeri Thesaurum Brandenb. T. I. p. 54. T. II. p. 750.
Donii Inscript. I, 100. Vulpii Lat. Profan. T. III.
p. 96. et 155. Gorium ad numismata Florentina Vol. 2,
25. Multa quoque exempla dat Brouckhusius ad
Propert. I, 21, 23. *At comes* inuicti *iuuenis etc.* Illud monimentum, quod modo apud Boissardum ex-
stare diximus, repetitur etiam a Montefalconio in
Antiqu. Expl. T. I. P. II. t. 134. Hercules, qui laeua
manu clauae innititur, ibi sedet: vicinae arbori ad-
haeret corona, quae tot monstrorum domitori debetur, quatuorque anguli totidem clauas exhibent:
titulus est:

HERCVLI INVICTO
C. IVNIVS POMPONIVS
PVDENS SEVERIANVS
V. C.
PRAEF. VRBI.

Pari sensu idem inuictus Hercules etiam *Victor* ap-
pellatur. vid. Musei Florentin. T. I. tab. 34-39. et
Gorium in observat. p. 74-86. et adde p. 117. et
Vol. II. tab. I. 3. XII. 1. Quodsi vero ipsam inuicti
herois formam intueri velis, euolues adspiciesque Io.
Episcopii Signorum veter. Icon. semicent. I. tab. VIII.
Mich. Angeli Caussei de la Chausse Museum Roma-
num.

num. T. I. t. 49. *Recueil des pierres gravées du cabinet du Roy, chez P. J. Mariette*, T. II. t. 83. et librum egregium: *Polymetis or an Enquiry concerning the Agrement, between the Works of de Roman Poets. by Spence.* (*Lond.* 1747.) pag. 115. Nec fine fructu confules Brissonium de Form. I, 83. Heinsium ad Ouidii Fastor. I, 562. atque Broukhuf. ad Propert. IV, 9, 20. Valetne fortasse quidquam ad lectionem stabiliendam, quod in Anthol. I. p. 10. ii, qui cum Leonida occisi funt, vocantur ἀνικήτου δῆμος ἐνυαλίε? Sed clarissime receptam lectionem ἀνικήτου firmat Plutarchus (ὑπὲρ ἐυγενείας.) qui hunc versum respiciens scripsit: Ὁ δὲ Τυρταῖος τοὺς αὐτοῦ ςρατιώτας εἰς πόλεμον παρακαλούμενος γενεὰς Ἡρακλέους ἀνικήτου φησὶν αὐτάς. p. 180. S. 2. Editum vero est hoc fragmentum Plutarchi a Io. Christoph. Wolfio in Anecdotis Graec. T. IV. Sed quod obiter moneo, doleo profecto Wolfium in isto opere adornando tam parum sese Criticum ostendisse. Certe quisque librorum, quos ibi edidit, magna errorum copia oppressus fere est, et Criticorum opem exspectat. Ne haec frustra dixisse videar, eminentiores tantum quosdam errores indicabo, e Photii libris contra Manichaeos qui in Vol. I. apparent, tollendos. In L. I. p. 55. ἐπὶ τοσοῦτον γὰρ ἤλασαν πάσης μὲν ἀφθαρσίας, πάσης δὲ ῥυπαρίας. Cuique credo patebit, legendum esse: ἀκαθαρσίας. p. 70. μεθ᾽ ὃν καὶ τὸ λοιπὸν πλῆθος — σωρὸν λίθων τὸ πτῶμα εἰργάσαντο. nonne post λιθ. verbum ἐπὶ addendum est? p. 88. ἥτις αὐτῷ πρᾶξις — καὶ τὸ μισθωτὸν ἀντὶ ποιμένος ἐπώνυμον τοῖς πολλοῖς περιεποιήσατο. immo potius παρεπ. p. 93. ἐν ᾗ παροικήσας καὶ ἀδείας τῶν δακνόντων λαβόμενος. ridicule. διωκόντων scribi debet. p. 112. πολλὰς γὰρ ὁ πλάνος πόλεις περιῆλθεν καὶ χώρας, θηρῶν, ἀπατῶν, καὶ παγιδεύων τῆς τῶν ἁπλυςέρων ὅιμοι ψυχάς. quis hoc intelligit? at legere debes: τὰς τῶν ἁπλ. ὅι. τῆς βλάβης ψυχάς. Ib. οὐκ ὀλίγον δρόμον — κατεβάλετο. immo rectius legi debet κατελάβετο. Saepius haec verba permutata funt a librariis. vid. Wesseling. ad Diod. Sic. T. II. p. 70. et 120. p. 130. χρόνον τινὰ

τοῦ

τοῖς φυγάσι διατρίψας. legendum eſt: συνδιατρίψας. p. 135.
ἐπὰ τῇ βαρύτητι τῦ πολυχνίου ςενοχωρέμενος ἀδε τὰς ὑπὸ
χᾶρα. Ipſa verba docent corrigendum eſſe: βραχύ-
τητι et ςενοχωρουμένους. p. 141. l. 3. delenda eſt vox
ἡ ἱςορία, e gloſſemate orta. Pendet enim oratio ab
ὁ παρὼν λόγος, atque huc pertinent διελθὼν ἀνατίθεται.
Nolo nunc plura dare, quae in aliud tempus reſeruo.

γίνος] Heraclidarum colonia Spartam peruenit, Hera-
clidarumque proprium et peculiare erat regnum.
vid. Cragium de Rep. Lac. L. I. c. 3. et II, 2. Neque ſolum Lycurgus e progenie Herculis eſſe dicebatur, ſed in vniuerſum Lacedaemonii dicebantur
Herculis genus, et praecipue ille ab his colebatur.
vid. Spanhemium ad Iuliani Orat. I. pag. 132. Begerum in Theſ. Brandenb. T. III. pag. 123. in Palatino,
p. 204. Eraſm. Schmidium ad Pindar. Pyth. A. p. 51.
et E. p. 248. Immo inter ſex tribus (nam tot fuiſſe
probabile eſt,) Lacedaemoniorum, Heraclidarum erat
praecipua, v. Scaligerum ad Euſeb. p. 55. et Meur-
ſium de regno Lacedaem. c. 6. p. 2232. in T. V. Theſ.
Gron. Et erat in vniuerſum communis omnium Ar-
giuorum ambitioſa cupiditas, genus ſuum ex Hercule
deducendi, cum Heraclidarum ſoboles late pateret,
et in varias familias diffuſa longe ſe lateque diſſemi-
naſſet. vid. Fourmonti *reflexions ſur les hiſtoires des
anciens peuples* et Paciaudium in Monument. Peloponn-
neſ. Vol. II. p. 18. Spem igitur ponite, dicit poeta,
in auctore veſtri generis, qui pro vobis pugnabit,
vosque defendet etc. Nam Hercules etiam πρόμαχος
atque *defenſor* dicebatur. vid. Gruteri Inſcr. p. 45.
12. et 13. Spanhemium in immortali opere de Vſ.
et Praeſt. Num. p. 746. et Begerum in Theſauro
Brandenb. T. I. p. 469. et 474. Aut ſenſum etiam
putabimus hunc: Nonne vos, tali auctore generis
veſtri, tam forti et intrepido, pudet, timide res gerere? etc.

αὐχένα λοξὸν] locum hunc illuſtrat Eraſmus in Adagiis
ſ. tit. *incitare.* cuius verba huc transferamus: *prouer-*
bialis

bialis versus — quo vti licebit apud deiectos animo et
facile consternatos, quos in rebus duris durare se et con-
firmare monebimus. Metaphora translata a supplicibus
et depressa mente praeditis, quos incuruiceruicos *Pa-*
cuuius vocat, quo spectant et versus de seruitute apud
Philonem (hi versus sunt Theognidis v. 535.)

Ὄυποτε δουλείη κεφαλὴ ἐυθεῖα πέφυκεν,

Ἀλλ᾽ ἀιεὶ σκολιὴ καυχένα λοξὸν ἔχει.

(ita puto rectius legi, quam ἀυχένα) Haec ille.
Videtur igitur similem hunc locum putare iis, quibus dicitur ceruix hominis victi iugo subdita esse,
vt in Anthol. L. I. p. 17. Ἀλλ᾽ ὁ μὲν Ἐυρώπῳ δῆλον
ζυγὸν ἀυχένι θήσων Ἦλθεν et lib. III. p. 290. Οὐδὲ πά-
τρων πολύδακρυν ἐπ᾽ ἀυχένι δεσμὸν ἔχουσαν Ῥυόμενοι.
Theogn. 1017. ὄυποτε τοῖς ἐχθροῖσιν ὑπὸ ζυγὸν ἀυχένα
θήσω. Memini quoque Zosimum e Sibyllinis carminibus simile dicendi genus adferre, vt II, c. 6. καί
σοι πᾶσα χθὼν Ἰταλὴ καὶ πᾶσα Λατίνη Ἀιὲν ὑπὸ σκήπτροι-
σιν ὑπαυχένιον ζυγὸν ἕξει, et c. 36. Οὐδ᾽ ἐθέλοντε γὰρ ἄτω.
ὑπὸ ζυγὸν ἀυχένα θήσα. Foret igitur sensus loci hic:
Nondum Iouis potentia diminuta est. nondum ille
Iupiter, cuius summa est vis, victus est. Iupiter
enim appellabatur VICTOR. vid. Gorium ad numism.
Musei Florentini T. V. Cl. 2. pag. 107. atque in Gemm.
astrifer. thesaur. t. 8 - 11. et Passerium in T. II. p. 27.
et 52. seq. Begerum in Thesauro Brandenb. T. II.
p. 619. et 640. dicebatur etiam Νικήφορος. vid. Spanhemium de Vs. et Praest. Num. T. I. Diss. VII. p. 408.
atque Trophaeucus. vid. Potterum ad Lycophr.
p. 1328. et Andr. Cirino de vrbe Roma, c. 45. in
Thes. Sallengr. T. II. p. 506. Sed puto omnino alium
huius loci sensum esse, eumque ita expono: nondum Iupiter nobis auxilium suum denegat: nondum
nos contemnit, nobis irascitur: fauet adhuc nobis et
propitius est. Ad confirmandam meam opinionem
velim consideres aliquot veterum scriptorum loca,
vbi idem fere dicendi genus occurrit. In Callimachi
epigr. XXII. p. 292.

— Μῶσαι

— Μᾶσαι γὰρ ὅσας ἴδον ὄμματι παῖδας

  Ἄχρι βίου πολιὰς ἔκ ἀπέθεντο φίλας.

notat Bentleius e Schol. Hesiodi in Theogon. init.
restituendam esse veram lectionem: Μᾶσαι γὰρ ὅσας
ἴδον ὄμματι παῖδας Μὴ λοξῶ, πολιὰς οὐκ ἀπέθεντο φίλας.
quae lectio ibi vnice probanda est. Recte etiam Barnesius locum Anacreontis c. 61. p. 207.

  Πῶλε Θρηκίη, τί δή με

  Λοξὸν ὄμμασι βλέπεσα

  Νηλεῶς φεύγεις;

non explicandum esse dicit: limis oculis adspicere,
sed tali aspectu vti, qui alienatum animum ostendit.
Clarior est locus Polybii L. IV. c. 86. πρὸς δὲ τὸν Ἀπελ-
λῆν Λοξότερον ἔχε: quod vertitur: *de Apelle vero mi-*
nus bene sentire coepit. Eodem fere modo Theognis,
quem saepius videmus ad similitudinem Tyrtaei accedere, hanc sententiam expressit v. 835.

  Τῶν δὲ φίλων εἰ μέν τις ὁρᾷ μέ τι δεινὸν ἔχοντα

  Αὐχέν᾽ ἀποστρέψας οὐδ᾽ ἐσορᾶν ἐθέλει.

Deinde huc facit Seruius, qui ad Virg. Aen. II, 690.
Iupiter omnipotens, precibus si flecteris ullis, Adspice *nos.*
notat: *Quia intuentes dii iuuant (nam de Ioue in X.*
libro sic ait, cum in Africa esset Aeneas I, 227. Et
Lybiae defixit lumina regnis. Aut secundum Mathe-
maticos, quod, quidquid irradiauerit Iupiter, felix fa-
cit,) vnde et X, 473. *Atque oculos Rutulorum reiicit*
aruis. Et contra I, 482. *Diua solo fixos oculos auersa*
tenebat. Haec ille. Nempe *respicere* dicuntur dii,
quando opem ferunt, iuuant, aliquid curant. Horat. I,
2, 35. *Siue neglectum genus et nepotes* respicis *auctor.*
Virg. Aen. I, 667. *Di tibi, si qua pios* respectant *nu-*
mina et V. 687. *Iupiter omnipotens, — Si quid pie-*
tas antiqua labores Respicit *humanos.* Ouidius Fastor.
IV. 161.

           Semper

Semper ad Aeneadas placido, pulcherrima, vultu
Respice, totque tuas, Diua, tuere nurus.

Immo Cicero quoque ad Attic. VII, 1. *Videre mihi*
videor tantam dimicationem, nisi idem deus, qui nos
melius, quam optare auderemus, Parthico bello liberauit,
respexerit *rempublicam.* Inde etiam *Fortunae respi-*
cientis fit mentio in marmoribus.

F O R T V N A E
A V G V S T A E
R E S P I C I E N T I
M. A V R. C T E S I A S
I V N I O R E X V I S V.

vid. Gruteri Inscr. I. p. 79. n. 1. adde Reinesium in
syntagmate Inscr. Cl. I. n. 209. p. 206. et Alex. ab
Alexandro Dier. Genial. L. I. c. 13. p. 52. qui notat
Fortunae huius templum fuisse iuxta aedem Iouis
Victoris. Contra oculos auertere, aut tergum ostendere irae diuinae signum credebatur. Similem memini me locum legere in Ieremiae cap. XVIII, 17.
νῶτον καὶ μὴ πρόσωπον δείξω αὐτοῖς ἐν ἡμέρᾳ ἀπολείας αὐτῶν,
ex interpretatione τῶν ὁ atque ex int. Hieronymi:
dorsum et non faciem ostendam eis in die perditionis eo-
rum. consule Dacieriam ad Hom. Iliad. XIII. p. 256.
(ed. Amstel. 1702.) Adde credidisse veteres, deos
excedere vrbe, quae vicina excidio peritura sit, atque adeo ciuibus ceruicem ostendere et tergum. Notum est illud Virgilii de Troia II, 351.

Excessere omnes adytis templisque relictis
Di quibus imperium hoc steterat.

Sil. It. II, 364.

Et iam damnata cessit Karthagine Mauors.

Aeschyl. Sept. c. Th. 223. ἀλλ᾽ οὖν θεοὺς τοὺς τῆς ἁλέ-
σης πόλεος ἐκλιπεῖν λόγος. vbi consule Scholiast. Ne-
ptunus ap. Eurip. Troad. v. 25. Λείπω τὸ κλεινὸν Ἴλιον
βωμούς τ᾽ ἐμούς. vide Macrobium III, 9. Seruium ad

C 4   Aen.

Aen. II, 351. Muretum in V. L. V, 18. Cerdam ad
Aen. II, 350. Stewechium ad Veget. L. II, p. 87.
Modium et Drakenborch. ad Sil. It. XII, 517. Plenius de hac re expofuerunt Io. Guil. Berger in diff.
de' Euocatione deorum ex oppidis obfeffis, et Anfal-
dus de Romana tutelarium deorum euocatione, qui,
quod negat, hunc incompertum morem fuiffe Graecis, perperam agit, recte id monente Paciaudio in
Monim. Peloponnef. Vol. II. p. 53. Vnde procul
dubio factum eft, quod Paufanias L. III, c. 15. narrat:
Lacedaemonios aeque ac Athenienfes vt Victoriae fine
alis ἄγαλμα, ita etiam Martis fimulacrum vinculis
alligatum habuiffe. γνώμη δὲ τῇ αὐτῇ Λακεδαιμονίων τε
ἐς τῦτό ἐςιν ἄγαλμα, καὶ Ἀθηναίων ἐς τὴν ἄπτερον καλυ-
μένην Νίκην. Τῶν μὲν ὄνποτε τὸν Ἐνυάλιον φεύγοντα οἰχή-
σεςθαι σφίσιν ἐνεχόμενον ταῖς πέδαις· Ἀθηναίων δὲ τὴν Νίκην ἀεὶ μένειν οὐκ ὄντων πτερῶν· confule de Victoria non
alata Iac. Oifelium in Thef. fel. numifm. antiqu. 380.
381. Demfterum in Etrur. Regal. T. I. p. 73. Cuperum in Apotheof. Homeri p. 170. et regium opus,
le Pitture Antiche d'Ercolano. T. I. p. 225. Sed debet hoc loco, quo non de vrbe obfeffa, fed de praelio fermo eft, formula fimpliciter exponi: Iupiter
non iratus nobis eft. Nam Iouis quoque fumma erat
in bello poteftas, qui audit Il. Δ. 84. Ζεὺς, ὅς' ἀνθρώπων ταμίης πολέμοιο τέτυκται. vid. Spanhem. de Vf.
Num. diff. VIII, p. 517. Stanleium ad Aefchyl. Sept.
c. Th. 4. p. 738. Briffonium de Formul. I, LXXVIII.
et Guil. du Choul. de Relig. veter. Roman. p. 52.
In Bandurii numifm. imp. T. II. p. 154. eft numus,
in quo confpicitur Iupiter nudus, galeatus, clypeum
tenens, et hafta innixus. Denique cum in Il. X. 209.
tum in Aen. XII, 725. duas lances fuftinet, quibus
fata impofita funt bellantium: vnde elegans poeta
pulchros illos fatisque notos verfus expreffiffe videtur:

Gott aber wog beym Sternen Klang
Der beyden Heere Sieg,
Er wog und Preuffens Schale fanck,
Und Oeftreichs Schale ftieg.

Alioquin

Alioquin mortales a confpectu deorum, fi quando
fe propius confpiciendos praeberent, oculos auer-
tendos effe cenfebant, quia periculofum exiftimabant
nec fe credebant impune hoc facturos. Il. T. 131.
χαλεποὶ δὲ θεοὶ φαίνεθαι ἐναργεῖς Iafon apud Apollon. IV,
1315. ὡς ἑτέρωσε παλιμπετὲς ὄμματ' ἔνεκε Δαίμονας αἰ-
δεθεὶς. Eurip. Ion. 1551. Φεύγωμεν, ὦ τεκῦσα, μὴ τὸ
δαιμόνιον Ὁρῶμεν, εἰ μὴ καιρὸς ἐθ' ἡμᾶς ὁρᾶν. lege Callimachum in variis locis, vt Hymn. in Apoll. v. 9. in
Lauacr. Pallad. v. 100. confule Spanhem. ad Callim.
h. l. — Melius locum vertit Ofius fic: *Vobis ira Iouis
nulla recufat opem*, quam Mofellus: *nondum flexa
Iouis facies.* Sed fatis diu in hoc loco morati fumus.
Pergamus.

ὡς] St. H. W. ἐς.

θανάτου κ. λ.] al. κῆρας αὐγαῖσι Frob. αὐγαῖς - φίλαις.
male. Locum hunc corruptum effe facile patet, eoque in vertendo valde acumen fuum oftenderunt interpretes: *Inuifam*, alter reddit, *amiffurus animam,
mortisque nigrum fed folis fplendori gratum fubiturus
fatum.* Bene fecit: multo enim, quam antea, in-
certior factus fum, et alter:

Inuifamque adeo ftatuens abrumpere vitam
Praecipiti curfa malit obire femel.

Belle! nam ipfe non recte intellexiffe videtur, nec
minus ridicule Ofius:

Temnite nunc animas, vitamque efflare fub auras,
Quas radii illuftrant fole micante, iuuat.

quorum verfuum quis eft fenfus? Qui nuper in Anglia Tyrtaeum edidit, parum me hic iuuat. Locum
difficillimum effe fatetur, immo, quia Tyrtaeus fim-
plex et facile fcribendi genus amat, eum corruptum
effe dicit. Sed quomodo idem emendandus fit, docere aut noluit, aut potius non potuit nos docere.
In Glasgouienfi Tyrtaei editione, quam equidem

nunquam

nunquam vidi et fruftra in his regionibus quaefiui,
hunc locum ita explicitum effe addit. „Confidera
„vitam, tanquam inuifam, quoad lucem folis adfpi-
„cias, nifi victor fis, fed cogita fimul, eundem fo-
„lem cum voluptate cadauer tuum luftraturum effe,
„quamuis nigerrima aliis mors videatur". Sed quomodo hic fenfus ex his verfibus elici poffit, neque
ego video, neque mortalium vllus videbit. Quid
dicere voluerit poeta, intelligo: nempe fenfum, ni
fallor, puto: vitam habens inimicam, h. e. contemnens,
mortem vero, feu, mortis atra fata amplectens, habens cara, aeque ac lucem folis: i. e. aeque ac vitam. Memini in Anthol. II. p. 258. effe: ὃς αἴδης
φίλτερος ἠελίου. Haec fana funt: noftra vero corrupta. Feliciter tamen verba emendauit vir eruditus in Obf. Mifcell. Vol. I. T. I. p. 128. vbi dicit:
*Verborum haec collocatio parum Graeca. Praeterea deeft,
vt ante, aliquid fenfui. Quid multa?* legendum:
Ἐχθρὰν μὲν ψυχὴν θέμενος, θανάτα δὲ μέλαινας κῆρας ΙΣ
αὐγαῖσιν ἠελίοιο φίλας· ἴσα ἴσως· ἐπίσης· *inftar, ceu, aeque.
ob fimilem fyllabam* ΑΣ *exciderat* ΙΣ. Schol. Il. E. 71.
ἴσα τέκεσσιν ἐπίσης τέκνοις· Il. Δ. 303. Τιμὴν δὲ λελόγχας
Ἶσα θεοῖσι· *Honorem habent parem diis, iuxta deos.
ἴσος communem habet fyllabam.* vide Theocrit. 8. 19.
Θέλω φίλον *fiue* φιλῶ τινὰ ἴσα τέκνω *Graece et eleganter
dicitur.* Haec ille, nifi vere, ita tamen, vt in hac
emendatione acquiefcere, poffimus. Magnus etiam
ille et *quem*, vt veriffime Broukhufius ad Tibull. I,
6, 10. dicit, *nunquam fine facro quodam horrore no-
minare debemus*, Hugo Grotius, in dictis poetarum
ex Florilegio Stobaei, (qui liber Parifiis a. 1623. prodiit,) edidit: κῆρας ὁμῶς αὐγαῖς ἠελίοιο φίλας. neque
haec coniectura mala eft, nifi quod illa mitior effe
videtur. fi formulae αὐγαῖσι ἠελίοιο, vim confideres,
explicanda eft per, *vita.* Sic enim folent Graeci
de viuentibus. Theognis, 426.

Πάντων μὲν μὴ φῦναι ἐπιχθονίοισιν ἄριστον
Μήδ' ἐσιδεῖν αὐγὰς ὀξέος ἠελίου.

569. λείψω δ' ἐρατὸν Φάος ἠελίοιο Ἔμπης δ' ἐθλὸς ἐὼν ὄψομαι
ἀδὲν ἔτι et v. 1139. Ἀλλ' ὄφρά τις ζώη καὶ ὁρᾶ Φάος ἠελίοιο. Il. E. 120. Δηρὸν ἔτ' ὄψεθαι λαμπρὸν Φάος ἠελίοιο.
et Il. Σ. 61. Eurip. Iphig. Taur. 674. Αἰσχρὸν θανόντος σε βλέπειν ἡμᾶς Φάος. Sophocles Antig. 819. νέα-
τον δὲ Φέγγος Λεύσσουσαν ἀελίου κ' ἔποτ' αὖθις· et in Elect.
104. Ἔσ' ἄν, Λεύσσω παμφεγγεῖς ἀστρῶν ῥιπὰς, λεύσσω δὲ
τόδ' ἦμαρ. vnde etiam apud Eurip. Phoeniss. 1349.
Οὐκ ἔτ' εἰσὶ ἀδελφῆς παῖδες ἐν Φάει· vbi vide Valkenarium. In Anthol. II. p. 263. Οὐδὲ τὰ τερπνὰ Ζωῆς,
οὐδ' αὐγὰς ὄψεαι ἠελίου. Inde quoque ὁρᾶν, δέρκεσθαι,
βλέπειν pro viuere vfurpatur. Sophocl. Aiac. 1091.
Εἰ γὰρ βλέποντος μὴ δυνήθημεν κρατεῖν, πάντως θανόντος
ἄρξομεν, Philoct. 897. Ἥδομαι μέν σ' εἰσιδὼν — βλέποντα
κἀμπνέοντ' ἔτι. Il. Λ. 88. Ζῶντος καὶ ἐπὶ χθονὶ δερκομέ-
νοιο· vbi vid. Scherpezeelium. adde Iphig. in Aul. 434.
et 1612. Suidas βλέποντες ἀντὶ τῶ ζῶντες. adde Stol-
bergium ad Soph. Aiac. 980. Meurfium ad Lycophron.
1019. Barnefium ad Eurip. Supplic. 78. Saluinium
et Politum ad Euftath. Il. Λ. p. 112. Paullo aliter
eft apud Theocritum XII, 4. τὸ δ' αὔριον οὐκ ἐσορῶμεν·
Schol. τετέςι σήμερον ζῶμεν, αὔριον δὲ τεθνηξόμεθα. vid.
Cafaubon. in Lection. Theocrit. c. XIV. Quemadmodum vero *lux* pro vita fumitur, ita *nox* aut *te-
nebrae* de morte. vt Il. E. 47. ςυγερὸν δ' ἄρα μιν σκότος
εἷλε, et Il. 350. θανάτου δὲ μέλαν νέφος ἀμφεκάλυψεν.
vid. Gatakerum ad Antonin. X, 34. p. 380.

θέμενος] Diodor. Sic. V, p. 352. παρ' οὐδὲν τε θέμενος τὴν
τοῦ βίου τελευτήν. Solon in Sent. 46. φαύλην ψυχῆς οὐ-
δεμίην θέμενος. vid. Alberti in Obf. p. 379. Aliter,
vero dixit Aefchylus in Prom. 163. ὁ δ' ἐπικότως ἀεὶ
θέμενος ἄγναμπτον νόον· quod Stanleius vertit: *animum
inflexibilem poffidens.*

πολυδάκρυς] in marg. πολυδάκρυτε. fic quoque St. H. W.

ἔργα] Solent Graeci ἔργα Μουσῶν, ἔργα Ἀφροδίτης, ἔργα
γάμοιο, ἔργα μάχης, ἔργα Ἄρηος dicere. vide Rittershufium ad Opp. Halieut. I, 105. Lennep in Animad.
ad

ad Coluthum L. I. c. 5. p. 26. qui v. 182. inquit: Ἄρεος ἔργα διώκαν. et Schraderum ad Mufaeum. c. 12. p. 228-30. Et ficut apud Virgilium: *graue Martis opus.* (conf. Hoelzlinum ad Apollon. Rhod. III, 9. Cafaubonum ad Polyb. p. 119. et Schwebelium ad Onofandri Strateg. p. 8.) et *res gerere* pro adminiftrare bellum dicitur: vid. Drakenborch. ad Sil. XV, 149. *comites rerum bellique miniftri:* add. Graevium ad Iuftin. XIII, 4. 5. Burmannum ad Ouid. Ep. Her. XVII, 256. et Cortium ad Salluft. B. I. 58, 4. ita apud Homerum, notante Duporto in Prael. ad Theoph. p. 269. et 270. et Dorvillo in Crit. Vanno p. 384, ἔργον faepe notat praelium. Il. B. 338. οἷς ἔτι μέλει πολεμήϊα ἔργα. et 436. μηδέ τι δηρὸν Ἀμβαλλώμεθα ἔργον Schol. νῦν τὸν πόλεμον. et v. 137. ἄμμι δὲ ἔργον Αὔτως ἀκράαντον. Γ. 331. ὁππότερος τάδε ἔργα μετ᾽ ἀμφοτέροισιν ἔθηκε. Schol. explicat ταῦτα τὰ ἔργα τοῦ πολέμε. eademque notat ad Il. Δ. 175. 470. 539. E. 428. vbi eadem in fignificatione ἔργον occurrit. Sic ἐν τῷ ἔργῳ eft ipfo praelio, apud Thucyd. L. I. 107. et apud Lucian. Συγγρ. T. II. p. 33. τῶν ἐξ αὐτοῦ τοῦ ἔργε διαφυγόντων. In Muratorii Infcript. p. 1433. legitur: Ἀμφίλοχοι Θρασέων ἐν εἰδότες ἔργον ἀκόντων. et in Pind. Ifm. VIII. μιν Ῥύοντό ποτ᾽ ἐκ μάχας ἐναρεμβρότου, ἔργον ἐν πεδίῳ χορύσσοντα. vbi Erafmi Schmidii emendationem non probo. fed, age, adfpergamus pauculas noftrarum conieturarum ad eundem poetam, quarum certe violentiam nemo accufabit. Ego igitur Ol. I, 160. τὸ δ᾽ ἀεὶ παράμερον ἐσλὸν ὕπατον ἔρχεται παντὶ βροτῷ lego παράμενον· et fic diffenfus Schol. optime tollitur. Ol. VI. 118. Ζηνὸς ἐπ᾽ ἀκροτάτῳ βωμῷ deleo ι fubfcriptum, vt fit: fummi Iouis. Nem I, 39. πράσσει γὰρ ἔργῳ μὲν σθένος, βελαῖσι δὲ Φρήν· ἐσσόμενον προϊδεῖν συγγενὲς, οἷς ἕπεται: opitulatur autem fortitudo ad res agendas, mentis folertia ad confilia capienda: has virtutes comitatur innata fagacitas ad futura profpicienda: lego οἷς et poft συγγ. diftinctionem deleo. Pyth. IV, 433. Ἤλπετο δ᾽ οὐκέτι οἱ κᾶνόνγε πράξασθαι πόνον· Sperabat autem

non

non item ei huncce perfectum iri laborem: puto legi
debere: πεπράξεδαι. XI. 63. μοῖσα τὸ δὲ τεὸν, etc. non
placet aliorum τὸ δ᾽ ἐτεὸν᾽ aut vulgatam retine, aut
lege: τόδε τεὸν, hoc tuum eſt. Ib. ἐπεὶ Τρώων ἔλυσε
δόμες ἁβρότατος᾽ vbi primum probo lectionem alteram
ἔλυσε, vt aliquoties eſt apud Homerum, πολλέων πο-
λίων κατέλυσε κάρηνα. deinde legendum cenſeo: ἁβρο-
τάτος᾽ vt ſit adiectiuum. quanquam Schol. διέλυσε τοὺς
οἴκες τῆς εὐδαιμονίας᾽ et Schmidius horrende vertit.
Fortaſſe parui momenti tibi hae emendationes videntur: ſed ego ſemper veriſſimam putaui ſententiam
Mureti in V. L. VIII. c. 4. *Quotidie*, dicentis, *magis
intelligo, verum eſſe id, quod ſemper exiſtimaui, nullam eſſe mendam ita puſillam, quam non permagni inter-
ſit e veterum monimentis tolli et corrigi.*

ἀρίδηλα] in marg. αἴδηλα᾽ non male. vide Clarkium ad
  Odyſſ. II. 29. vbi Schol. verbum explicat: τὸν ἀδη-
  λοποιὸν καὶ πάντα φθείροντα.

ὀργὴν] bene interpr. *noſtis ingenium*, melius, quam Hertelius, qui reddit: *impetum*, etſi ipſe fateor, me ma-
  luiſſe initio legere, ὁρμὴν᾽ nam has duas voces con-
  fundi notat Adr. Heringa in Obſ. Crit. p. 54. Sed
  nunc nihil muto. Nam et Latini dicunt *ingenium*
  necis, ſcelerum, poenarum, vt docent Drakenborch.
  ad Sil. Ital. XVI, 46. *Cantaber* ingenio *membrorum et
  mole timeri* et ad IV, 90. *Collisque propinqui Ingenium*, atque Burmannus ad Ouid. Met. VI, 574. *grande
  doloris ingenium eſt*, aliique laudati a Cl. Longolio ad
  Plin. I, 20, 17. etiam Graeci ὀργὴν hoc ſenſu vſurpant.
  exempla plura dabunt Dukerus ad Thucyd. I, 130, 83.
  Waſſius ibid. I, 140, 33. Alberti ad Heſych. ſ. v. ἐυόρ-
  γητος. Heringa libro modo laudato, p. 49. Cl. Tril-
  lerus in Obſ. Crit. p. 499.

μετὰ] in marg. παρά.

Οὐδεὶς ἄν] St. W. H. Οὐδ᾽ εἷς δ᾽ ἄν. quod eodem fere redit.
  nemo prorſus. vide Alberti Obſeru. p. 205. et P. Moll.
  ad Longi Paſtor. p. 52.

Τρεσσάν-

Τρεσσάντων] Similiter Homerus Il. E. 532. Φευγόντων δ' οὖτ' ἄρ κλέος ὄρνυται, οὖτε τις ἀλκή.

ἄν αἰσχρὰ πάθη] recte interpr. *qui turpiter se gesserit.* πάσχω h. l. vsurpatur pro πράττω, vt saepe. Aristophanes non semel sic, vt Equ. 512. Οὐκ ὑπ' ἀνοίας τῦτο πεπονθὼς διατρίβων quod nulla stultitia id agens cunctetur. Vesp. 1008. Τοῦτο γὰρ σκαιῶν θεατῶν ἐσι πάσχειν hoc enim inepti spectatores facere solent. Scholiast. Eurip. Hecub. 614. τί γὰρ πάθω, ἤγουν τί ποιήσω. τὸ γὰρ ποιῶν πάθος ἐσίν· ἐπειδὴ ὁ ποιῶν τὶ πάσχει τρόπον εἰνὰ καθ' αὑτὸ τὸ ποιᾶ. vide eundem ad 1021. Consule etiam Gatakerum in Aduersar. c. 13. p. 131. Barnesium ad Eurip. Orest. 537. et Suppl. 257. Kusterum ad Aristoph. Nub. 234. ibique Spanhemium et hunc ad Plut. 603. Dorvillum ad Chariton. p. 177. Valkenarium ad Eurip. Phoeniss. 902. et I. F. Reitzium ad Lucian. V. H. T. II. p. 73. et Gymn. p. 918.

κακά] Quam turpe olim fuerit ex acie fugere, ordines metu deserere, aut scutum abiicere apud Romanos, docet Lipsius de Militia. L. V. dial. 18. et apud Graecos, ostendit Spanhemius ad Iulian. Or. I. p. 239. Apud Athenienses grauissima lex fuit, quam vide apud Petitum de legibus Atticis L. VIII. T. III. 63. τὸν ἀσράτευτον καὶ τὸν δαλὸν, καὶ τὸν λίποντα τὴν τάξιν ἀπέχεσθαι ἀγορᾶς, μήτε σεφανῦσθαι, μήτ' ἐσιέναι εἰς τὰ ἱερὰ τὰ δημοτελῆ· τὸν τὰ ὅπλα ἀποβεβληκότα ἄτιμον ἔναι· Wesselingius in nota ad h. l. in Iurisprudentia Rom. et Att. T. III. p. 666. Lacedaemonios tale flagitium morte puniuisse addit. Certe praestitisse apud eos mori, quam fugere, clare ostendunt exempla a Plutarcho allata in Apopht. Lacaenar. p. 241. 242. et clare docet locus Xenophontis in libr. de rep. Lacedaem. p. 683. qui ad Tyrtaei verba prope accedit, ideoque non omittendus est: ἄξιον δὲ τῦ Λυκύργε καὶ τόδε ἀγασθῆναι, τὸ κατεργάσασθαι ἐν τῇ πόλει, αἱρετώτερον ἔναι τὸν καλὸν θάνατον ἀντὶ τῦ αἰσχροῦ βίου καὶ γὰρ δὴ ἐπισκοπῶν τις ἂν εὕροι μείους ἀποθνήσκοντας τέτων, τῶν ἐκ τῦ φοβεροῦ ἀποχωρεῖν αἱρεμένων· ὥσ' ἀληθὲς ἀπεῖν καὶ

καὶ ἕπεται τῇ ἀρετῇ σώζεσθαι εἰς τὸν πλέω χρόνον μᾶλλον, ἢ τῇ κακίᾳ.

ἀργαλέον] Scholiaſt. Ariſtoph. Plut. 1. Ἀργαλέον. χαλεπὸν, δύσκολον, δυσχερές· Εἴρηται δὲ παρὰ τὸ ἄλγος ἀλγαλέον, καὶ κατὰ τροπὴν τοῦ λ εἰς ρ· ὡς ποδαλγία, ποδαργία· ἢ ἔργον παρὰ τοῖς παλαιοῖς τὸ δυσχερές· ἐκ τούτου παράγωγον ἀργαλέον κ. λ. Hanc vocem reddendam eſſe cenſeo Inſcriptioni valde corruptae, quae tamen emendationem admittit in Sponii Miſcell. erud. antiqu. p. 374. ep. 127. v. 6.

ΝΟΤΣΩΝ ΑΡΑΜΑΙΟΙΟ ΚΑΙ ΑΧΘΕΟΣ ΗΔΕ ΠΟ
ΝΟΙΟ,

vbi lego ΑΡΓΑΛΕΟΙΟ· et ſequenti verſu:

ΤΑΥΤΑ ΓΑΡ ΕΝ ΖΩΟΙΣΙΝ ΑΜΕΙΛΙΧΑΣΙΝ ΚΕΣ
ΕΧΟΤΣΙΝ.

puto: ΑΜΕΙΛΙΧΑ ΣΥΝΚΕΣ, id eſt, συνεχές. denique v. 10.

Η Δ ΕΤΕΡΗ ΤΕΙΡΕΣΣΙΣ ΥΜΑΙΘΕΡΙΟΙΣΙ ΧΟ
ΡΕΥΕΙ,

emendo ΤΕΙΡΕΣΣΙ ΣΥΝ. de verbo Τείρεα, i. e. aſtra, vid. Vulcanium et Erneſtium ad Callim. H. in Del. 175. Ἰσάριθμοι Τείρεσιν ἡνίκα πλεῖστα κατ' ἠέρα βουκολέονται. Sed reſtant adhuc quaedam vulnera hoc carmine, quae ſanare non audeo. In v. 2.

ΗΙ ΘΕΟΣ ΚΟΙΡΟΙΣΙΝ ΟΜΗΛΙΚΙ Η ΠΑΝΟ
ΜΟΙΟΣ

patet facile, legendum eſſe: ἠΐθεος et ὁμηλικίη. ſed contentus ſum iis, quae non infeliciter reſtituiſſe mihi videor. Potius de altero epigrammate coniecturam proponam. p. 376. ep. 135.

ΧΗΡΕΙΑ Τ ΑΥΤΗ ΤΟΝ ΑΠΑΝΤΑ ΧΡΟΝΟΝ
ΜΕΙΝΑΣΑ
ΚΩΚΥΜΟΡΩΝ ΤΕΚΕΩΝ ΠΕΝΘΕ ΠΑΚΟΜΕΝΗ,

procul dubio ſcribendum eſt ΠΕΝΘΕΙ ΤΑΚΟΜΕΝΗ· nam ita non ſolum de amore dicunt, in Anthol VII. p. 587 ὤμοι, ἐγὼ δὲ Τήκομαι, ὡς κηρὸς πὰρ πυρὶ κᾶλλος ὁρῶν,

ὁρῶν, et in lepidiſſimo carmine, p. 632. Ἐκμαίνει χάλη
με ῥοδόχροα, ποικιλόμευθα ψυχοτακῆ. (vide P. Moll.
ad Longum, p. 78. Barneſ. ad Anacreont. p. 301.
et Dorvill. ad Charit. pag. 199.) ſed etiam de luctu.
Sophocl. Electr. 189. ἅτις ἄνευ τοκέων κατατάκομαι.
Homer. Il. Γ. 176. de Helena: τὸ καὶ κλαίεσα τέτηκα.
Anthol. I. p. 76. διοσὸν δ' ἄλγος ἔτηξε μίαν. et VII,
p. 602. ζοφεραῖς φρουτίσι τηκομέναι. Quintus Cal. X,
433. κουριδίοιο ἀναπλήταντος ὄλεθρον Μνωομένη, ἅτε κηρὸς
ὑπαὶ πυρὶ, τήκετο λάθρῃ. et VII, 385. καὶ οἱ ἐνὶ φρεσὶ θυμὸς ὑπ' ἀργαλέῃσιν ἀνίαις Τήκεθ', ὅπως ἀλαπαδνὸς
ἐπ' ἀνθρακίῃσι μόλιβδος, Ἠὲ τρύφος κηρῶ· quas comparationes dum Pauo ingratas et illepidas appellat, non
eſt audiendus. compara Callimach. Π. in Cer. 92. Latini prope ſimiliter, vt Ouidius in M. II. 808.

> *Gemit, lentaque miſerrima tabe*
> *Liquitur, vt glacies incerto ſaucia ſole.*

vid. Io. Heskin ad Moſchum, p. 83. Verſum ſequen-
tem in illo epigrammate alii emendent.

εΜΒΙΟΤω ΔΕ ΠΟΝΟΝ ΠΟΤΛΥΝ ΔΑΝ ΕΤΑΗΝ
ΜοΓεοΥΣ.

Tantum vnum verbum ponam. lego ΑΝΕΤΛΗΝ pro
ΑΝ. ΕΤ ΛΗΝ. ſentisne? reliqua facile diuinabis.
Quoniam vero ſemel in inſcriptionibus emendandis
verſamur, plura et corrigamus et illuſtremus: praeſertim, cum videamus, nulli doctorum virorum no-
ſtras emendationes in mentem veniſſe. tantum ex
Maffei Muſeo Veronenſi et Muratorii Inſcriptionibus quaedam delibabimus: alio tempore plura da-
turi. In eo igitur p. 63. in inſcr. ſepulchr.

ΕΙ ΚΑΙ ΜΟΙ ΘΥΜΟΣ ΔΙΟΝΥΣΙΕ ΠΕΙΡΕΤΑΙ
ΑΙΝΩΣ.
ΑΜΦΙ ΣΟΙ ΑΛΛ ΕΜΠΗΣ ΟΙΑ ΠΑΡΕΣΤΙ ΔΕΧΟΥ.

lego ΤΕΙΡΕΤΑΙ, etſi ſciam apud Homer. Il. E. 399.
eſſe κῆρ ἀχέων, ὀδύνῃσι πεπαρμένος. p. 70. inuenio verſum corruptum, ſed a quouis facile emendandum.

MOLLITER AD MATREM PLACIDI DESCEN-
DITE MANES
ELYSIIS CAMPIS FLOREAT VMBRA TIBI.

Omnino legendum eft: FLOREAT VRNA TIBI.
quale votum faepe occurrit in antiquis monimentis.
Aufonius in Epitaph. Her. carm. XXXVI.

Sparge mero cineres, bene olentis et vnguine Nardi,

Hofpes, et adde rofis balfama puniceis.

Refpicit huc etiam Iuuenalis VII, 207.

Dii maiorum vmbris tenuem et fine pondere terram,

Spirantesque crocos et in vrna perpetuum ver.

compara Virgilium, Aen. VI, 883. Propertium II,
13, 31. Tibullum II, 4, 47. Martialem I, 89. Immo
Romani in monimentis adhortabantur interdum haeredes, certo legato conftituto, vt adferrent flores:
v. Gruteri Infcr. I. p. 637. n. 5.

VT. QVOTANNIS. ROSAS. AD. MONVMENTVM
EIVS. DEFERANT

atque in lapide alio apud eundem I. p. 449. n. 5.

TVEND. ET. ROSA. QVOTANNIS
ORNANDVM

Nec praeterire poffum venuftiffimum carmen, quod
Alb. Henr. Sallengrius in praefat. T. I. Noui Thef.
Antiqu. Rom. edidit:

Ἄνθεα πολλὰ γένοιτο νεοδμήτῳ ἐπὶ τύμβῳ,

Μὴ βάτος αὐχμηρὴ, μὴ κακὸν αἰγίπυρον,

Ἀλλ᾽ ἴα καὶ σάμψυχα καὶ ὑδατίνη νάρκισσος;

Οὐείβιε, καὶ περὶ σοῦ πάντα γένοιτο ῥόδα.

Nempe totum hoc carmen adfcripfi, cum quia valde
placet ob elegantiam, tum quia noftra quoque vota
continet. Nam Klotzii quoque tumulo dabitis
olim, o mei, rofas et lilia! In alia infcriptione legitur eadem fententia. Apud Murator p. 1693, 1.

D Ἄλλ

Ἀλλὰ σὺ γαῖα πέλοις ἀγαθὴ κουφήτ᾽ ἀκυλείνῳ
    Καὶ δὲ παρὰ πλευρὰς ἄνθεα λαρὰ φύοις᾽

vbi tamen primum diftichon:

Πρωθήβην ἔτι κῶρον ἔτι χνοάοντος ἰούλου
    Δευόμενον Φθονερὴ μοῖρα καθ᾽ εἶλε βίου.

ridicule Muratorius vertit: *In prima pubertate adhuc iuuenculum et vix lanugine afperfum Iulium inuida fata fuftulere.* quem errorem recte caftigauit iam Hagenbuchius in Diatrib. de Graec. Nou. Thef. Murator. Marmoribus p. 37. Hefych. Ἴελοι, αἱ πρῶται τῶν τριχῶν ἐκφύσεις ἀπὸ τῆ ἴνας αὐταῖς οὐλαῖς. vid. Euftath. ad Odyff. Λ. p. 1688. et Schol. Apollon. Rhodii. L. II. p. 69. ἴελος ἡ πρώτη ἐξάνθησις καὶ ἔκφυσις τῶν ἐν τῷ γενείῳ τριχῶν. In eleganti epigrammate Anthologiae ineditae Stratonis legitur:

Εἰ καί σοι τριχόφοιτος ἐπισκίρτησεν ἴελος
    Καὶ τρυφεραὶ κροτάφων ξανθοφυεῖς ἕλικες,
Οὐδ᾽ ἐγὼ Φεύγω τὸν ἐρώμενον᾽ ἀλλὰ τὸ κάλλος
    Τάτου, κἂν πώγων, κἂν τρίχες, ἡμέτερον.

Sed redeo ad Muratorium, quem de illo voto confule p. 540. Ab illo puto verfus p. 1376. 11.

ΗΛΙΚΙΗ ΜΟΡΦΗ ΦΡΕΣΙ ΜΟΤΣΑΙΣ ΣΩΦΡΟΣΤΝΗ
TE
ΕΝ ΠΑΣΙΝ ΠΡΕΨΑΣ ΑΚΑΤΑΦΡΩΝ ΦΩΣ ΛΙΠΕΣ
ΗΟΤΣ

peffime verti: *non contemnendum liquifti lumen aurorae.* corrige potius: ΠΡΕΨΑΣΑ ΚΑΤ ΑΦΡΩΝ ΦΩΣ ΛΙΠΕΣ. et omnia erunt facilia. — P. 1189. 1.

Si non fatorum praeceps hic mortis obiffet
    Mater in hoc titulo debuit ante VEHI.

apparet corrigendum effe: LEGI. vt pag. 1499. 3.

Si

Si non fatorum constantia iura fuissent
Mater in hoc tumulo debuit ante legi.

Pag. 1041,

ΜΥΡΙ ΑΠΟΦΘΙΜΕΝΟΙΟ ΤΑΦΩ ΠΕΡΙ ΤΩΔΕ ΧΥ-
ΘΕΙΣΑ
ΠΑΙΔΟΣ ΑΛΕΞΑΝΔΡΟΥ ΜΥΡΑΤΟ ΚΑΛΛΙΟΠΑ·

vertitur: *vnguenta peremti sepulchrum circa hoc fun-*
dens, et notatur: *In priori versiculo animaduerte*
μυρι *seu* μυρια *pro* μυρα, *quod lapicidae excidisse non*
puto. vide et χυθᾶσα pro χέασα, *quo tamen saepe vsus*
est Homerus: quae omnia perperam dicuntur et falso.
verte: *circa sepulchrum fusa infinite querebatur: mille*
questus proferebat. Ipse nunc omnem difficultatem
sublatam esse videbis. Nam amicorum sepulchra
complectendi mos notus et ex Ouidii Met. XIII. 423.

> *In mediis Hecube natorum inuenta sepulchris:*
> *Prensantem tumulos atque ossibus oscula dantem,*
> *Dulichiae traxere manus.*

et Prudentio Peristeph. H. 2, 529.

> *O ter quaterque et septies*
> *Beatus vrbis incola,*
> *Qui te ac tuorum comminus*
> *Sedem celebrat ossium,*
> *Cui propter aduolui licet,*
> *Qui fletibus spargit locum,*
> *Qui pectus in terram premit,*
> *Qui vota fundit murmure.*

his scriptis video hanc interpretationem in mentem
venisse quoque Paciaudio in Monim. Peloponnes.
Vol. II. p. 193. quod praeterire silentio nolui. etiam
ridicule p. 958. 1. ουκ ιδρις τραγικῆς μᾶσης redditur:
et nescis tragicam musam. potius expone: non tragi-
cus, non — poeta, non orator Ἄξια σᾶο Φράσα. sed
restant ibi peccata plura. p. 655. *Tu, quicunque.*

mei. ueheris. prope. limina. bufti. SVPPRIME. FE-
STIVVM. QVAESO. VIATOR. ITER. corrige: FE-
STINVM. nam vulgatae nullus fenfus eft. Apud
Gruterum p. 438. n. 6. exftat epigramma, quod Bur-
mannus etiam repetiit in Anthol. P. I. p. 195.

Πάντες Μιλτιάδη ΤΑΛΑΡΗΙΑ ἔργα ἴσασιν

    Πέρσαι καὶ Μαραθὼν σῆς ἀρετῆς τέμενος.

Gronouius in Thef. Graec. T. I. edidit ΤΑΔ: fed
miror neminem fcripfiffe: ΤΑ Σ ΑΡ. τὰ σὰ ἀ,ήια. quae
lectio mihi videtur vnice vera. Sed definamus.
Nam etiam in his eft modus tenendus. Forte, fi
quando contigerit nobis proferre ea in lucem, quae
ex antiquis monimentis ad illuftrandam hiftoriam,
poeticen, fermonis vtriusque indolem collegimus,
plures addemus eiusmodi emendationum.

Αἰσχρὸς] in marg. αἰσχρὸν. vt etiam Grotius edidit. non
male. Aelian. III, 1. τὰ ὕδατα ταῦτα καὶ τοῖς λουσαμέ-
νοις ἀγαθὸν ἄναι et fic faepe. vid. Vigerum de Idiot.
c. III. S. 2. 3. ibique Hoogeveenium. Car. Girardum
ad Ariftophan. Plut. 202. ὡς δαλότατον ἐδ᾽ ὁ πλῦτος,
Valkenarium ad Eurip. Phoeniff. 206. Heinfium ad
Ouid. Art. III, 294.

κατακάμενος] vfurpatur frequenter τὸ κᾶϑαι de caefis,
de mortuis. II. Υ. 389. Κεῖσαι Ὀτρυντείδη πάντων ἐκ-
παγλότατ᾽ ἀνδρῶν. E. 467. κεῖται ἀνὴρ ὃν — Φ. 119.
κεῖτο ταϑείς. (nam ἐκτάδην κεῖδαι propria eft Graecorum formula, docentibus id Dorvillio ad Chariton.
p. 642. et Valkenar. ad Eurip. Phoeniff. 1691. quemadmodum etiam ὀρεχϑῆναι hoc fensu dicunt. vid. Gataker.
ad Antonin. IV, 3. p. 124.) Lyf. Orat. II. p. 40. οἱ
πρόγονοι τῶν ἐνϑάδε κειμένων. Eurip. Oreft. 1489. νεκροὶ
δ᾽ ἔπιπτον, οἱ δ᾽ ἔμελλον, οἱ δ᾽ ἔκαντο. Aelian. XIII, 1. καὶ ὁ
μὲν ἔκειτο. et XII, 21. ἐπυνϑάνοντο τοὺς παῖδας αὐτῶν ἐν
τῇ μάχη κεῖσϑαι. vide Fabrum ad Ariftoph. Ecclef. 533.
Elsnerum in Obf. S. ad Luc. XXIII. 53. Abrefch. in
Dilucid. Thucyd. p. 236. Sic etiam qui occifi funt

dicuntur

dicuntur προκεῖϑαι· Soph. Aiac. 1078. ϑανόντες ἂν προύκείμεϑ᾽ ἐχϑίστῳ μόρῳ· vide virum eruditum in Obſeru. Miſcellan. Vol. VIII. T. I. p. 84. Pariter yſurpant Latini verbum *iacere:* id quod Burmannus aliquoties notauit, vt ad Petron. 111. pag. 666. Ouid. Metam. II, 268. Quintil. Decl. I, 23. Phaedri Fab. I, 24. adde Drakenborchium ad Sil. It. II, 594. et XIII, 469.

Νῶτον ὄπισϑ᾽] Erat olim apud omnes gentes, apud Romanos et Graecos, turpiſſimum, in tergo vulnera accepiſſe. Sic apud Homerum Il. N. 288. laudatur Meriones ſic:

Εἴπερ γάρ κε βλεῖο πονεύμενος ἠὲ τυπείης,
Οὐκ ἂν ἐν αὐχέν᾽ ὄπισϑε πέσοι βέλος, οὐδ᾽ ἐνὶ
νώτῳ,

Ἀλλά κεν ἢ στέρνων ἢ νηδύος ἀντιάσεις
Πρόσσω ἱεμένοιο·

confer X. 283. et memorabilis eſt locus auctoris περὶ ὁμηρ. ποιήσε. pag. 76. ed. Barn. ἐκεῖνο δὲ ὑπομνῆσαι ἄξιον, ὅτι τὰς μὲν πρόσϑεν τετρωμένας ἐνδοξοτέρους ἡγέμεϑα, ἅτε τὰς ἐκ τᾶ συνεστάναι καὶ παραμέναι προϑυμίαν δεικνύοντας· τὰς δὲ τὸν γῶτον ἢ τὸ μετάφρενον πεπληγότας, ἀτιμοτέρους, ὡς ἐν τῷ φεύγαν τᾶτο πεπονϑότας. Gellius N. A. II, 11. de Siccio Dentato narrat: *pugnaſſe in hoſtem dicitur CXX. praeliis: cicatricem auerſam nullam, aduerſas XLV. tuliſſe.* vide de vulneribus aduerſis et auerſis Cellarium ad Curt. III, 11. 9. Ciofanum ad Ouid. Met. XIII, 262. *ſunt et mihi vulnera, ciues, Ipſo pulchra loco,* et ad Faſt. II, 211. *Diffugiunt hoſtes, inhoneſtaque vulnera tergo Accipiunt.* Arntzenium ad Plin. Panegyr. XXX, 1. et Cortium ad Salluſt. B. C. LXI. Sed inprimis apud Lacedaemonios ſumma in hac re ponebatur ignominia. Sic in Anthol. III, p. 289. Thraſybulus cum clypeo geſtatur ſeptem vulneribus confoſſus: Δακρύσ πρόσϑεα πάντα, pater dicit: ἐγώ δέ σε τέκνον ἄδακρυς Θάψω τὸν καὶ ἐμὸν καὶ Λακεδαιμόνιον· nam qui auerſum vulnus

nus habebat, indignus iudicabatur sepultura. Ibid. I.
p. 16.

Σπάρτας ὁ στόλος ἔιπεν, ἰδ᾽ ὡς πάλι πρόθεα
πάντα

Τραύματα, κἢν σέρνοις δῆρις ἔνεςι μόνοις·

vid. Meursium in Miscell. Lacon. L. II. c. 1. Pertinet huc inprimis Aelian. V. H. L. XII, c. 21. vbi narratur; Lacaenas matronas inspexisse vulnera occiso-
rum filiorum, sique plura aduersa quam auersa viderint, cum fastu incessisse, vultum habuisse grauem
et splendidum atque filios in auita monimenta detu-
lisse: sin viderint auersa plura, tunc lacrimantes, pudore deiectas, se clanculum subduxisse, relictis mortuis, vt in communi sepulchro humarentur, vel eos
furtim subreptos in domestica sepulchra asportasse.

Μήρους κ. λ.] nam notante Scholiaste ad Il. B. 389. ἀν-
δρομήκεσι ἐχρῶντο ταῖς ἀσπίσιν οἱ παλαιοί. videatur Camerarius ad illum locum. adde Petr. Victorium in Var.
Lect. XIX, 15.

γαςρι.] rara dicendi forma est, quamque mihi non memini apud quenquam Graecorum scriptorum occurrere, nisi quod apud Orpheum de Lapid. XVIII, 83.
legitur: ἄφρα δ᾽ ἐπὶ τρίποδος κρέα γαςέρι δάμνατ᾽ ἐόντα,
qui etiam in Argon. 354. dixit: Δὴ τότε νηὸς ἑῆς κοῖλον
κύτος ἱκετήρησαν. Puto intelligendam esse cauitatem
illam clypei, cum rotundo tumore protuberantem.
Apud Homer. Il. Σ. 348. Γάςρην μὲν τρίποδος πῦρ ἄμ-
φεπε est: quod Schol. interpretatur τὸ πλάτος τῦ λέ-
βητος· vid. Polluc. Onomast. II, 4, 175. ibique Iun-
germannum. confer Dukerum ad Scholiast. Thucydid.
p. 606. Apud Plutarchum in Pericl. I, 367. legi:
ἡ δὲ σώματα ταὶς ἐσὶν ὑπόπρωροι μὲν τὸ σίμωμα, κοιλότερα
δὲ καὶ γαςροειδὴς· Vas ventricosum quoque dicitur
γαςὴρ notante Munckero ad Hygin. c. 108. Atque
etiam a Car. du Fresne in Glossar. Med. et Inf. Graecit.
T. I. p. 238. adfertur verbum, γάςρα, ampulla, gut-
tulus,

tulus, vas, quod, cum in medio patulum sit, γαςέρα
seu ventrem fingat prominentem. consule Casaubonum ad Aeneae Commentar. Poliorcet. p. 1721. apud
quem occurrit verbum γαςρήνη — Solent vero Graeci
plurimas partes corporis humani ad alias res, saepe
etiam satis audacter, transferre. Multa iam exempla dedit Eustathius ad Il. B. T. II. p. 655. vsque ad
p. 660. ed. Polit. sed obseruauimus nos quoque non
pauca exempla, ab eo omissa, quae nunc addemus,
nulla tamen neque litterarum, neque ordinis ratione
habita. Apud Aeschyl. Choeph. 323. πυρὸς ἡ θαλερά
γνάθος. atque in Prom. 368. ποταμοὶ πυρὸς δάπτοντες
ἀγρίαις γνάθοις — λευραῖς γυαῖς· et 64. Ἀδαμαντίνε νῦν
σφηνὸς αὐθάδη γνάθον Στέρνων διαμπὰξ πασσάλευ᾽ ἐῤῥωμένως.
vbi γνάθον metaphorice sumit Stanleius, et recte
Schol. explicat. τὸ ἄκρον τᾶ σιδήρᾶ ἥλε καὶ τὴν ὀξύτητα,
nam qui Aeschyli dicendi genus nouit, illi haec non
aliena ab eius ingenio videbuntur. Porro verbum
χεῖλος occurrit, de poculorum, nauium etc. extre-
mitate, vid. Cl. Schwebelium ad Mosch. p. 139. etiam
de crepidine fossae. Herodot. L. I. c. 185. ἑκάτερον
τᾶ ποταμᾶ χεῖλος. Orpheus in Argon. 798. χεῖλος ὑπὲρ
ποταμᾶ δονακώδεος. vid. P. Moll. ad Longum. p. 14.
— Ὀφρὺς sumitur de editiore loci alicuius parte atque fastigio, vt Apollon. Rhod. I, 178. ἐπ᾽ ὀφρύσιν
αἰγιαλοῖς. Pind. Ol. XIII, 150. ἐπ᾽ ὀφρυῖ παρνασσίᾳ loquitur de Delphis in colle Parnassi sitis. Il. X. 411.
Ἴλιος ὀφρύεσσα. vbi Schol. εἰς ὕψος πεπολισμένη. μετα-
φορὰ ὁ τρόπος· Orph. in Arg. 469. Σιντιακαῖς δ᾽ ὀφρύσιν ἐπέλσαμεν ὠκύαλον ναῦν. Anthol. I. p. 77. Εἰς βαθὺν
ἥλατο Νᾶλον ἀπ᾽ ὀφρύος ὀξὺς ὁδίτης. Polyb. L. III.
p. 310. de ripa fluuii: ῥᾶθρον μετὰ βραχᾶας ὀφρύος·
Latini hoc etiam imitati sunt. Virgil. Georg. I, 108.
supercilio cliuosi tramitis vndam Elicit. vid. Schwebelium ad Moschum p. 135. et Heskin ad eundem,
pag. 59. Sicut ad Homerum Il. B. 637. occurrunt
νῆες μιλτοπάρῃοι. quod Schol. explicat: Μίλτῳ τὰς πρώ-
ρας ἔχεσαι βεβαμμένας, ita etiam apud Pindarum,
Pyth. I, 82. χαλκοπάρᾳον ἄκοντα et Nem. VII, 105.
habemus. interpr. iaculum ferro cuspidatum, vt quo-

qué Pyth. IV, 42. ἄγκυραν χαλκογένυν. vbi vide notata in edit. Oxon. Non folum apud Ariftophanem κόλπος λιμώνων eft: vid. Heinf. et Drakenborch. ad Sil. It. VI, 678. fed dicunt etiam Graeci κόλπος γαίης et θαλάττης· Ὀμφαλὸς et dicitur de vmbone clypei: vid. Euftathium ad Il. Δ. p. 1075. Pfeifferum Antiqu. Graec. p. 528. et de terra: ὀμφαλὸς γῆς. vid. Vulkanium ad Callim. Hymn. in Del. 48. et quicquid medium eft. vid. Spanhem. ad Callim. H. in Iou. 45. et H. in Cerer. 15. atque Staueren ad Fulgent. p. 638. στέρνα γῆς effe loca campeftria et plana, (apud Orph. in Arg. 421. legimus: Γῆς τ' εὐρυτέρνου γένεσιν.) αὐχένας loca angufta, docet Io. Chr. Wolfius ad Poetriar. Fragm p. 19. In Orph. Argon. 743. Νέρθε δὲ τοι Ἑλίκης δολιχὸς παρακέκλιται αὐχήν Sic *collum:* Latini vfurpant de Ifthmo, qui etiam *linguam* vocant promontorii non celfi, fed molliter in planum deuexi, fpeciem. confule omnino Schottum in Obferu. Hum. L. III. c. 28. Glareanum ad Pharf. Lucani, II, 614. et Oudendorpium ib. VI, 25. et *dentes* tribuunt raftris et falcibus. Virg. Georg. II, 406. *Et curuo Saturni dente relictam perfequitur vitem.* Vid. Chrift. Wilh. Kuftnerum in Chreftom. Iuris Enniana, p. 36. Docte quoque Rittershufius ad Oppian. Halie. I, 60. de remigantibus: Νῶτον ἁλὸς θένοντες, obferuat μέτωπα ὑγρὰ tribui πέτραις, aliaque. Et quoties non eft apud patrem Homerum, ἐυρέα νῶτα θαλάσσης. quemadmodum apud Pindar. Pyth. IV. νῶτον ὑπὲρ γαίης ἐρήμων· et Ol. 2. ὦ Ζεῦ πάτερ, νώτοισιν Ἀταβυρίου μεδέων. Apud Euripid. Phoeniff. 1137. Σιδηρονώτοις δ' ἀσπίδος τύποις ἐπῆν Γίγας κ. λ. vbi Schol. ἐπὶ τῷ σιδηρῷ νώτῳ τῆς ἀσπίδος ἦν γίγας. vid. Berglerum ad Ariftoph. Acharn. 1123. Γοργόνωτον ἀσπίδος κύκλον. Μασὸς eft collis clementer adfurgens et mammam quodammodo referens, vt pluribus docet Weffeling. ad Diod. Sic. L. III. 212. (ὄρη) συνηγμένας ἔχοντα τὰς κορυφὰς εἰς πετρώδη μασόν. vide etiam Vulcanium et reliquos interpretes ad Callimach. H. in Del. 48. νήσοιο διάβροχον ὕδατι μασόν, quod Schol. explicat: τῆς Σάμου τὸ γόνιμον. quanquam diſſentit

sentit Spanhemius et interpretatur collem. Addamus quaedam de verbis ϛόμα et πᾶϛ, quae pariter ad
alia Graeci transferunt. Sic. Od. X. 137. Αὐλῆϛ καλὰ
Θύρετρα καὶ ἀργαλέον ϛόμα λαύρης. conf. Il. M. 24. vbi
ϛόματα tribuuntur fluuiis. Dionyſ. Perieg. 608. ἐπὶ
ϛόμα περσίδος ἅλμης· et v. 438. Ἑλκομένη βορέηνδε κατὰ
ϛόμα Θερμοπυλάων. Orph. Argon. 761. ἐπὶ ποταμοῖο
διὰ ϛόμα πρηὺ ῥέοντος ἱκόμεθ'. Audacius reliquis hoc
verbum vſurpauit Homerus Il. O. 388. μακροῖσι ξυ-
ϛοῖσι, τά ῥά σφ' ἐπὶ νηυσὶν ἔκειτο — κατὰ ϛόμα ἀμένα
χαλκῷ, quod Scholia explicant: κατὰ τὸ ἄκρον σεσιδη-
ρωμένα. vid. Euſtath. ad Il. Δ. p. 1023. plura afferen-
tem. Notanda ſunt, quae habet Schol. Homeri ad
Il. B. 497. πολύκνημόν τ' Ἐτεωνὸν) Πολλὰς ἔχεσαν κνημῖς·
Κνημοὶ δὲ μεταφορικῶς ἀπὸ τῶν ἀνθρωπίνων κνημῶν. De
ſimili vſu verbi κνημὸς, pro ſinu quodam aut angulo
inter duo iuga vide Geſnerum ad Orph. Argonaut.
635. qui poeta etiam v. 753. dixit τρηχὺν δ' ἀγκῶνα
Σινώπης. Denique Dionyſius Perieg. non ſolum
v. 168. ὑπὸ ψυχρῷ ποδὶ ταύρου, et 338. οἱ ναίεσιν ὑπαὶ
πόδα πυῤῥιναῖον, ſed etiam v. 557. dicit: ὁππότερε τ' ἀνέ-
μοιο παρὰ σφυρόν ἐϛιν ἑκάϛη· vbi Euſtathius notat: ὅτι
κατὰ μεταφορὰν τολμηροτέραν, καὶ ποιητῇ πρέπεσαν, σφυ-
ρὸν ἤτοι πόδα ἀνέμου λέγει τὴν βάσιν, ὅ ἐϛιν, τὴν θέσιν
καὶ τὸν τόπον ὅθεν πνέει.

Κινάτω κ. λ.] Homerus non ſemel ita, vt Il. Γ. 337.
δεινὸν δὲ λόφος καθύπερθεν ἔνευεν, vbi vide Euſtathium
p. 908. confer Λ. 42. Vtebantur enim criſtis non
ſolum ad ornatum, ſed etiam ad terrorem incutien-
dum. Diſerte Polybius, L. VI. p. 653. vbi dicit,
Romanos galeam pennis ornare, addit: ὁ μὲν ἀνὴρ
φαίνεται διπλάσιος ἑαυτοῦ κατὰ τὸ μέγεθος ἡ δὲ ὄψις κα-
λὴ καὶ καταπληκτικὴ τοῖς ἐναντίοις· vide Cerdam ad Virg.
Aen. X, 669. Stewechium ad Veget. I, 20. p. 42.
Feithium in Antiquit. Homer. IV, 8. 1. Stanleium
ad Aeſchyl. Sept. c. Theb. v. 117. p. 741. et v. 390.
p. 746. quaeque notauerunt viri eruditi ad Pictura-
rum Herculanenſium praeſtantiſſimum opus, T. I.
p. 153. add. Lucernas Fictil. Muſei Paſſerii tab. 25.

D 5 et

et notata p. 21. Inde etiam vt terror augeretur cornua, dentes ferarum, aprorum, leonum, pellibus addebant. Virgil. Aen. VII, 666.

> *Ipfe pedes, tegumen torquens immane leonis,*
> *Terribili impexum feta cum dentibus albis*
> *Indutus capiti,*

et ante Virgilium Homerus Il. K. 261.

Ἀμφὶ δὲ οἱ κυνέην κεφαλῆφιν ἔθηκε
Ῥινοῦ ποιητὴν — ἔκτοθε δὲ λευκοὶ ὀδόντες
Ἀργιόδοντος ὑὸς θαμέες ἔχον ἔνθα καὶ ἔνθα,
Εὖ καὶ ἐπισαμένως.

Diodorus Sic. L. V. p. 353. de Gallorum galeis narrat: κράνη δὲ περιτίθενται μεγάλας ἐξοχὰς ἐξ αὐτῶν ἔχοντα καὶ παμμεγέθη φαντασίαν ἐπιφέροντα τοῖς χρωμένοις. τοῖς μὲν γὰρ πρόσκειται συμφυῆ κέρατα, τοῖς δὲ ὀργύων ἢ τετραπόδων ζώων ἐκτετυπωμέναι προτομαί. Addebant enim imagines varias animalium, vt leonis, vulpis, gryphi, aliorum. v. Verheyk ad Eutrop. II, 6. p. 64. quales conspiciuntur paſſim in numis, vt in Nic. Franc. Haym. Thesauro Britannico P. II. p. 9. 15. vide Montefalconii Antiqu. Expl. T. IV. L. II. c. 1. tab. 19. Inprimis vero Etruscos criſtis magnis se formidolosos reddere ſtuduiſſe patet e multis monimentis. vide magni Comitis Cayli *Recueil d'Antiquités Egyptiennes, Etrusques, Grecques, Romaines & Gauloiſes.* T. II. t. XVI. p. 66.

ἑλέτω] interpr. *hoſtilem virum capiat.* nescio an recte. puto potius (et sequentia meam opinionem firmant) eundem eſſe huius loci sensum, qui eſt in Virg. Aen. XI, 632. *totas Implicuere inter ſe acies legitque virum vir.* de quo vid. Io. Aug. Bachium ad Briſſonium de Formul. IV, XXI. *m.* Inepte Hertel. *vel gladio percuſſurus ſocium ſibi accipiat.* quod nescio quomodo iſti in mentem venire potuerit. Addam vero locum Polybii L. I. p. 65. ὅτω δὲ συνέβαινε τὰς ἄνδρας ἐκτὸς τάξεως ποιεῖσθαι τὴν μάχην ἀναμὶξ κατὰ τὰς αὐτῶν προαιρέσεις

σαις τοσάτῳ λαμπρότερος ἦν ὁ κίνδυνος· ὡς ἂν ἐκ τοσάτου πλή-
θους κατ᾽ ἄνδρα καὶ κατὰ ζυγὸν οἱονεὶ μονομαχικῆς συνεστώσης
περὶ τὰς ἀγωνιζομένους φιλοτιμίας.

Καὶ πόδα κ. λ.] Simili ratione plures veterum scriptorum pugnas descripserunt, si aut dense stantes in acies
milites et bene ordines condensatos ante oculos po-
suerunt, (qui fuit inprimis Macedonicae phalangis
modus, vt docet Wesseling. ad Diod. Sic. L. XVI.
p. 83. et quem modum aciei instruendae in animo
habuit Odoardus Bisetus ad Aristoph. Vesp. 1078.
vbi notauit: Ἀνὴρ γὰρ ἀνδρὶ εἶναι εἴωθα ἐν τῇ μάχῃ,
ἵνα αἱ τάξεις πυκνωθεῖσαι τὴν τῶν πολεμίων ὁρμὴν ῥᾷον ἀνί-
σχωσι. τὴν τοιαύτης μάχης καὶ τάξεων πύκνωσιν Τυρταῖος
ὁ ποιητὴς ἡμῖν μάλιστα χαρακτηρίζει διὰ τέτων: καὶ πόδα
κ. λ. vnde, quomodo hic locus explicandus sit, in-
telliges) aut strenue eosdem cum hoste pugnantes,
neque cedentes aut pedem referentes pingere voluerunt: vt docent exempla a Radero et Freinshemio
ad Curt. III. 11. 4. allata. confer Schwebelium ad
Onosandr. p. 80. Nos tantummodo pauca, a nobis
obseruata, addemus. Il. N. 130.

Φράξαντες δόρυ δουρὶ, σάκος σάκεϊ προθελύμνῳ,
Ἀσπὶς ἄρ ἀσπίδ᾽ ἔρειδε, κόρυς κόρυν, ἀνέρα
δ᾽ ἀνήρ.

vbi Clarkius similia loca laudauit. Eurip. Heracl. 836.
πὰς ἐπαλλαχθεὶς ποδί, Ἀνὴρ δ᾽ ἐπ᾽ ἀνδρὶ σὰς ἐκαρτέρει μάχη
vide ibi Barnesium. Quintus Cal. VIII, 74.

ἔγχεϊ δ᾽ ἔγχος
Συμφέρετ᾽, ἀσπίδι δ᾽ ἀσπίς, ἐπ᾽ ἀνέρα δ᾽ ἤιεν
ἀνήρ.

Virgil. Aen. X, 360.

Troianae acies, aciesue Latinae
Concurrunt, haeret pede pes, densusque viro vir.

SIL.

Sil. It. IX, 322.

> galea horrida flictu
> Aduersae ardescit galeae, clypeusque fatiscit
> Impulsu clypei, atque ensis confunditur ense,
> Pes pede, virque viro teritur.

Ouid. Met. IX, 44.

> Digredimur paullum, rursusque ad bella coimus,
> Inque gradu stetimus: certi non cedere: eratque
> Cum pede pes iunctus, totoque ego pectore pronus
> Et digitos digitis et frontem fronte premebam.

vide Hier. Columnam ad Ennium p. 303. *Pes pede premitur, armis teruntur arma.* — Quoniam semel Metamorphos. Ouidii euoluimus, dicemus breuiter de duobus locis nostram sententiam. In II, 771. vbi inuidiae domicilium describitur, legitur: *surgit humo pigra.* nescio an recte. nam quoniam antea dixit, domum inuidiae esse in imis vallibus, antro abditam, sole carentem, tristem, quomodo opus erat addere, humum fuisse sterilem? quis fruges et segetes tali in regione exspectet? An potius poeta scripsit: *nigra?* siue, vt simpliciter horrorem indicet loci: siue, quoniam dixerat illam edere vipereas carnes, vt illius tecta nigro squallentia tabo esse addat: quemadmodum venenum saepe *nigrum* vocatur a poetis, docente hoc Titio ad Nemesiani Cyneget. 220. *nigro spumante veneno.* Barthio ad Claudian. Conf. Prob. 188. *nigris rorantia tela venenis* et Henr. Io. Arntzenio ad Sedulii Carm. Pasch. III, 190. p. 161. Tum bene oratio fluit:

> Surgit humo nigra, semesarumque relinquit
> Corpora serpentum, passuque incedit inerti.

Quanquam haec vltima fere aliam lectionem postulare videntur. Porro ibidem v. 734.

> Chlamydemque vt pendeat apte.
> Collocat, vt limbus totumque appareat aurum.

vide

vide an praeftet *tortum*. certe hae voces non femel
a librariis confufae funt. vid. Metam. X, 424. XI,
385. Claudian. in Ruf. II, 127. vid. Drakenborch.
ad Sil. It. VII, 412. — Caeterum Torquatus Taffus
in diuino carmine de Hierofolymis liberatis, eandem
imaginem tam eleganter, tam viuis coloribus expreffit, nihil vt poffit praeftantius dici cogitarique. Sic
ille in L. IX. Str. 52.

> *Come pari d'ardir, con forza pare,*
> *Quinci Auftro in guerra vien, quindi Aquilone.*
> *Non ei fra lor, non cede il cielo, o'l mare;*
> *Ma nube a nube, e flutto a flutto oppone,*
> *Così nè ceder quà, nè là piegare*
> *Si vede l'oftinata afpra tenzone.*
> *S' affronta infieme orribilmente urtando,*
> *Scudo a fcudo, elmo ad elmo, e brando a brando.*

his addo fimilem locum e carminibus feliciffimi illius
Horatii imitatoris, Matthiae Cafim. Sarbieuii, IV, 4.

> *Heu quanta vidi praelia, cum Dacis*
> *Confertus haftis campus et horridi*
> *Collata tempeftas Gradiui*
> *Ambiguis fluitaret armis.*
> *Sufpenfa paullum fubftitit alitis*
> *Procella ferri: donec ahenea*
> *Hinc inde nubes fulphurato*
> *Plurima detonuiffet igni.*
> *Tum vero fignis figna, viris viri,*
> *Dextraeque dextris et pedibus pedes*
> *Et tela refpondere telis*
> *Et clypeis clypei rotundi.*

vbi tamen nollem optimus poeta vltimam in *vero*
corripuiffet.

Ἐν δὲ λόφον] Il. Π. 217. ψαῦον δ' ἱππόχομοι κόρυθες λαμπροῖσι Φάλοισι Νευόντων Quintus Cal. II. 435. ἐπέψαυον δὲ λόφοισιν Ἀλλήλαις ἑκάτερθεν ἐραδόμεναι τρυΦάλααι.

κυνέην] Auctor ille libri περὶ ὁμήρου ποιήσ. fiue Plutarchus, fare Dionyfius Halic. p. 33. ed. Barnef. verbum
interpre-

Interpretatur: ἡ μὲν γὰρ περικεφαλαία καλεῖται κυνέη παρ᾽ αὐτῷ, ἐπεὶ ἐκ δέρματος κυνὸς γενέσθαι αὐτὴν ἔθος ἦν· ὕστερον δὲ ἡ μὲν τοιαύτη ὕλη τῦ σκεπάσματος ἠμελήθη· τὸ δὲ ὄνομα οὐκ ἐκλέλοιπεν ἀλλὰ καὶ τὸ ἐξ ἄλλης ὕλης ἔρυμα τῆς κεφαλῆς κυνέη καλᾶται διὰ τὴν παλαιὰν χρῆσιν. vid. Euſtath. ad Il. Γ. 336. p. 906. et Saluinum ad eum, p. 816. T. II. confer Weſſelingium ad Diodor. Sic. T. I. p. 21. de galeis autem, peilibus tectis vid. Stewechium ad Veget. II. 16. p. 109. Demſterum ad Claudian. p. 62. Drakenborch. ad Sil. It. V, 132. et Sig. Hauercampium in diſſert. de Alexandri M. Numiſmate etc. p. 29.

γυμνῆτες] i. e. οἱ ψιλοὶ, οἱ σφενδονῆται, καὶ οἱ τοξόται, vide Barneſium ad Eurip. Rheſ. 31. et 313. Valkenarium ad Phoeniſſ. 1154. Guil. du Choul de Caſtramet. et diſcipl. Milit. p. 5. Saluinium ad Euſtath. T. I. p. 142. Markland. ad Lyſiae Orat. 14. p. 569. aliosque quos laudat Cl. Alberti ad Heſych. h. v. adde iis Weſfeling. ad Diod. Sic. L. XIV. T. I. p. 659. et Schwebelium ad Onoſandri Strateg. p. 70. — πτώσσοντες, expono κρυπτόμενοι. vid. Euſtath. ad Il. Ψ. 14. Τρῶες πτῶσσον ὑπὸ κρήμνους. Licet alias timoris actionem verbum adiunctam habet, debet illa tamen nunc ſeiungi. Et ſeiunxit etiam Homerus alio loco.

σφάλλετε] St. W. H. βάλλετε. Sed illud verbum, vt minus vſitatum magisque poeticum, praefero. vid. Euſtath. ad Homer. p. 623. 29. 715. 9. et 1410. 16. ed. Rom. Odyſſ. P. 465. οὐδ᾽ ἄρα μιν σφῆλεν βέλος Ἀντινόοιο. Militem vero, qui lapides iactat, vide in Gorlaei Dactylioth. Tom. II. p. 634. Similem, ſed diſſimili in argumento adhortationem habet carmen Poſidippi, adhuc ineditum:

Ναὶ ναὶ βάλλετ᾽ ἔρωτες· ἐγὼ σκοπὸς εἷς ἅμα
πολλοῖς

Κεῖμαι, μὴ φείσησθ᾽ ἄφρονες· ἢν γὰρ ἐμὲ
Νικήσητ᾽, ὀνομαςοὶ ἐν ἀθανάτοισι ἔσεσθε
Τοξόται, ὡς μεγάλης δεσπόται ἰοδόκης.

ξιςοῖσιν

ξεςοῖσιν] *rafilis hafta* dicitur Latinis. vid. I. Alftorphium in Occup. Tuſcul. P. I. p. 65.

πανοπλίοις] in marg. πανοπλίταις. vt et Grotius edidit. Frob. πανοπλίοισι· Steph. Hert. Wint. πανοπλίαις· quam lectionem vnice veram exiſtimo. Sunt enim Graecis ὅπλα frequenter idem, quod ὁπλίται vel ὡπλίσμενοι. Schol. Eurip. Oreſt. 444. κύκλῳ γὰρ ἑλισσώμεϑα παγχάλκοις ὅπλοις, interpretatur: ὑπὸ ἀνδρῶν ὡπλισμένων. vid. Steph. Berglerum ad Ariſtoph. Aues v. 390. Valkenar. ad Eurip. Phoeniſſ. 717. et 1623. et Taylorum ad Demoſthen. T. II. p. 678. Ita vtuntur Latini etiam verbo *arma.* Ouid. Faſt. II, 195.

> *Haec fuit illa dies, in qua Veientibus armis*
> *Ter centum Fabii, ter cecidere duo.*

Virg. I, 509.

> *Tum foribus diuae, media teſtudine templi*
> *Septa armis folioque alte fubnixa refedit.*

vbi Seruius: *Satellitum fcilicet, vel vt quidam volunt pro armatis: vt II,* 238. *Foeta armis.* ibid. v. 409. *Confequimur cuncti et denfis incurrimus armis* eſt: in denfum armatorum agmen irrumpere. vid. Burman. ad Aen. VIII, 3. et ad Claudian. in Rufin. II. 150. *tantis capiendi credimur armis?* i. e. tot in me armatis. Apud Sedulium Carm. Paſch. V, 62. *Praeuius horribiles comitaris fignifer enfes,* eſt hoc verbum etiam pro armatis pofitum. Sic verbum *armaturae* de leuiter armatis militibus occurrit frequenter apud Vegetium de Re Milit. vt II, 5. *Poft hos erant ferentarii, et leuis* armatura, *quos nunc auxiliatores et armaturas* dicimus et III, 14. *Tertius ordo difponitur de* armaturis *velociſſimis et fagittariis iuuenibus.* vide Stewechium ad I, 14. p. 26. II, 23. p. 127. II, 17. p. 110. Ita etiam πανοπλίαι poſſe reddi puto per grauiter armatos. Certe etiam Baxterus in Anacreont. c. 17.

> Τὸν ἄργυρον τορεύσας
> Ἥφαιϛε μοὶ ποίησον
> Πανοπλίαν μὲν οὐχὶ

fumit

fumit de viro πανοπλίᾳ induto. quod tamen ibi non necefſarium. Non tamen capio, cur Hert. et Steph. verterint: *Veſtram prope armaturam permanentes.* quod non intelligo. Locus eſt intelligendus: Stantes prope grauis armaturae milites, non procul ab iis ſtantes etc. de πανοπλίᾳ locus claſſicus eſt Il. Γ. 330-338. et confer L. Boſium in Exerc. Phil. ad Epheſ. VI, 13. Lydium de re militari, III, 5. et alios. Quam vero ὅπλοις et πονοπλίᾳ dedimus vim, eam alia quoque verba habent Sic βίος notat homines, vt in inſcript. Muſei Veron. pag. 314. Σεμνὴν Πηνελόπην ὁ πάλαι βίος ἔσχε δὴ vertitur recte: *antiqua aetas.* vid. Daviſium ad Max. Tyr. p. 539. (ed. Lond. 1740.) I. F. Reitzium ad Lucian. p. 710. T. II. Ienſium et Geſnerum ad eundem, T. I. p. 540. *Vita* Latinis dicitur pro *viuentibus.* vid. Burman. ad Phaedr. Prol. L. I. 3. *Conſilia* pro conſilia agitantibus. vide Cortium ad Cic. Epiſt. VIII, 4, 5. *Flagitia* pro facinoroſis, vide eundem ad Salluſt. B. C. XIV, 1. *Terrae* pro hominibus in terra viuentibus. vide Drakenborch ad Sil. It. III, 75. *Mora,* pro eo, qui moratur, *Spes* pro eo, qui ſperat, etc. vide eundem ibid. XVI, 504. Verbum *Officia* pro officialibus ſeu miniſtris magiſtratuum a veteribus ICtis aliquoties vſurpatum eſſe docet Corn. Bynkershoeck in Obſeru. Iur. Rom. L. III. c. 14. p. 275. *Toga* pro togatis apud Martialem et alios occurrere, pulchre obſeruauit vir elegantis ingenii, Petr. Paull. Iuſti in Specim. Obſ. Critic. c. 22. p. 76. vide plura huius generis adferentes, Valkenar. ad Herodot. III, 148. p. 273. Thomam Wopkenſium ad Sedul. C. P. II, 120. p. 115. et Arntzenium ibidem I, 218. p. 76. Caeterum Grotius vertit:

Nec ceſſa iaculis obſtantem figere turbam,
 Te teget armato milite denſa cohors.

Γ.

ΔΙΟΣΚΟΡΙΔΟΥ

Γ.

Ὄυτ' ἂν μνησάμην, ὄυτ' ἐν λόγῳ ἄνδρα τι-
θείην,
Ὄυτε ποδῶν ἀρετῆς, ὄυτε παλδασμοσύνης,
Ὀυδ' εἰ Κυκλώπων μὲν ἔχοι μέγεθός τε βίην τε,
Νικῴη δὲ θέων Θρηΐκιον βορέην.
Ὀυδ' εἰ Τιθωνοῖο φυὴν χαριέσερος ἔίη,
Πλουτοίη δὲ Μίδεω καὶ Κινύρεω πλέον,

Ὀυδ'

Οὐδ' εἰ Τανταλίδεω Πέλοπος βασιλεύτερος εἴη,
  Γλῶσσαν δ' Ἀδρήσου μειλιχόγηρυν ἔχοι
Οὐδ εἰ πᾶσαν ἔχοι δόξαν, πλὴν θέριδος ἀλκῆς,
  Οὐ γὰρ ἀνὴρ ἀγαθὸς γίνεται ἐν πολέμῳ.
Εἰ μὴ τετλαίη μὲν ὁρῶν φόνον αἱματόεντα,
  Καὶ δηίων ὀρέγοιτ' ἐγγύθεν ἱσάμενος.
Ἡ δ' ἀρετὴ τόδ' ἄεθλον ἐν ἀνθρώποισιν ἄριϚον,
  ΚάλλιϚόν τε Φέρειν γίνεται ἀνδρὶ νέῳ.
Ξυνὸν δ' ἐσθλὸν τῦτο πόληΐ τε παντί τε δήμῳ,
  ὍϚτις ἀνὴρ διαβὰς ἐν προμάχοισι μένῃ
Νωλεμέως, αἰσχρᾶς δὲ Φυγῆς ἐπὶ πάγχυ λά-
                    θηται,
  Ψυχὴν καὶ θυμὸν τλήμονα παρθέμενος,
Θαρσύνῃ δὲ πεσεῖν τὸν πλήσιον ἄνδρα παρεϚώς.
  Ὅυτος ἀνὴρ ἀγαθὸς γίνεται ἐν πολέμῳ.
Αἶψα δὲ δυσμενέων ἀνδρῶν ἔτρεψε Φάλαγγας
  Τρηχείας, σπουδῇ τ' ἔσχεθε κῦμα μάχης.
Αὐτὸς δ' ἐν προμάχοισι πεσὼν Φίλον ὤλεσε θυ-
                    μὸν,
  ἌϚυ τε καὶ λαοὺς καὶ πατέρ' εὐκλεΐσας
Πολλὰ διὰ Ϛέρνοιο, καὶ ἀσπίδος ὀμφαλοέσσης,
  Καὶ διὰ θώρηκος πρόσθεν ἐληλαμένος.
                              Τὸν

Τὸν δ'ὀλοφύρονται μὲν ὁμῶς νέοι ἠδὲ γέροντες,
   Ἀργαλέῳ τε πόθῳ πᾶσα κέκηδε πόλις.
Καὶ τύμβος, καὶ παῖδες ἐν ἀνθρώποις ἀρίσι-
         μοι,
   Καὶ παίδων παῖδες καὶ γένος ἐξοπίσω.
Οὐδέποτε κλέος ἐσθλὸν ἀπόλλυται, ἐδ' ὄνομ'
         αὐτοῦ,
   Ἀλλ', ὑπὸ γῆς περ ἐὼν, γίνεται ἀθάνατος,
Ὅντιν' ἀριςεύοντα, μένοντά τε μαρνάμενόν τε
   Γῆς περὶ καὶ παίδων, θῆρος Ἄρης ὀλέσῃ.
Εἰ δὲ φύγῃ μὲν κῆρα τανηλεγέος θανάτοιο,
   Νικήσας δ'αἰχμῆς ἀγλαὸν εὖχος ἕλῃ,
Πάντες μίν τιμῶσιν ὁμῶς νέοι ἠδὲ παλαιοὶ,
   Πολλὰ δὲ τερπνὰ παθὼν ἔρχεται εἰς αἴδην.
Γηράσκων δ'ἀςοῖσι μεταπρέπει, ἐδέ τις αὐτὸν
   Βλάπτειν ὀυτ' αἰδὲς ὅτε δίκης ἐθέλει.
Πάντες δ'ἐν θώκοισιν ὁμῶς νέοι, ὅι τε κατ' αὐ-
         τὸν
   Ἔικουσ' ἐκ χώρης, ὅι τε παλαιότεροι.
Ταύτης νῦν τις ἀνὴρ ἀρετῆς εἰς ἄκρον ἱκέσθαι
   Πειράσθω θυμῷ, μὴ μεθιεὶς πόλεμον.

COMMENTARIVS.

Defcripfimus hanc elegiam e Stobaei Serm. XLIX.
exftat etiam apud Steph. l. c. et in Id. p. 18. Winter.
p. 435. Hertel. Lectium p. 730. Frob. p. 228.

τιθάην] Steph. τιθάμην quod placet. atque fic locum
hunc laudat Plato de Legib. I. p. 629. ed. Steph.
προστησώμεθα γοῦν Τυρταῖον, τὸν φύσει μὲν Ἀθηναῖον,
τῶνδε δὲ πολίτην γενόμενον, ὃς δὴ μάλιστα ἀνθρώπων περὶ
ταῦτα ἐσπούδακεν, εἰπών, ὅτι καὶ τοὺς ἀγαθοὺς ἄνδρας ἀξίους
λόγε προσαγορεύομεν, ὡς τῦτο τὸ πρωτεῖον τῆς ἀρετῆς περι-
πεποιημένα. „οὔτ' ἂν μνησάμην οὔτ' ἐν λόγῳ ἄνδρα τιθά-
„μην, οὔτ' εἴ τις πλουσιώτατος ἀνθρώπων εἴη, φησὶν, οὐδ' εἰ
„πολλὰ ἀγαθὰ κεκτημένος (εἰπὼν σχεδὸν ἅπαντα) ὃς μὴ
„περὶ τὸν πόλεμον ἄριστος γίγνοιτ' ἀεί.” Haec Plato. Ceterum quoad fententiam fimillimus locus eft apud
Theognidem v. 711.

Οὐδ' εἰ ψεύδεα μὲν ποιεῖς ἐτύμοισιν ὁμοῖα,
　Γλῶσσαν ἔχων ἀγαθὴν Νέστορος ἀντιθέου·
ὠκύτερος δ' εἴηθα πόδας ταχέων ἁρπυιῶν,
　Καὶ παίδων Βορέω, τῶν ἄφαρ ἰσὶ πόδες.

Praeterea hos Tyrtaei versus cum sequentibus Latine
reddidit Erasmus in Adagiis f. tit. *Fortitudinis.* p. 259.
(ed. Francof. 1670.)

ἐν λόγῳ τιθάην] Frob. οὔτ' ἂν λόγῳ. credo, operarum
vitio. interpretor, nullam rationem habuerim: nullo
in pretio habuerim: non commemoratione dignum
iudicauerim. Ariftides Orat. p. 550. Ἑλλάνος τῆ τραγῳδίας ποιητὰς οὐδὲ ἐν λόγῳ τίθησιν. Theocrit. Id. XIV, 48.

Ἄμμες δ' οὔτι λόγῳ τινὸς ἄξιοι, οὔτ' ἀριθμη-
　　　　　　　　　τοὶ,
Δύσανοι Μεγαρῆες ἀτιμοτάτῃ ἐνὶ μοίρᾳ

qui

qui locus simillimus est illi Homeri notissimo: ἡμᾶς
δ' Ἀργεῖοι οὔτε τρίτοι οὔτε τέταρτοι, οὔτε δυωδέκατοι, οὔτ'
ἐν λόγῳ, οὔτ' ἐν ἀριθμῷ· vnde verbum ἀξιόλογος descendit, quod fumitur pro excellente, egregio, omnium
fermone celebrando viro, de quo vide Waffium ad
Thucyd. II, 16. Abrefch. in Dilucid. p. 423. Wefleling.
ad Diod. Sic. L. I. p. 5. confule etiam Vigerum
de Idiot. C. III. S. VI. p. 81. qui etiam vna cum
Hoogeveenio in C. V, S. XI, 7. oftendit: τιθέναι
fignificare interdum *ducere, exiftimare, aeftimare,*
vt τιθέναι ἀμικρὸν, δεύτερον etc. Optime haec illuftrant notata a Valkenario ad Herodot. L. II. p. 172.
qui hoc loco mauult etiam τεθάμην, et praeter alia
aduocat commode Eurip. in Androm. 209. τὴν δὲ
Σπάρτην οὐδαμοῦ τίθης. Contra vero ἀλογίη, eft contemtus. quod verbum hoc fenfu apud Herodotum
aliquoties occurrit, yt IV, 150. ἀλογίην ἔχον τοῦ χρη-
ςηρίου· apud eundem etiam ἐν ἀλογίῃ ἔχειν, ἐν ἀλογίῃ
ποιεῖσθαι legimus. vide Valkenar. et Wefleling. L. VII.
208. p. 602.

ἀρετῆς.] primum notent tirones, effe hoc loco ellipfin
τῦ ἕνεκα, quae fatis frequens eft. confuli poffunt Euftathius ad Il. Γ. p. 914. Stephanus in Append. ad
Script. de Dial. p. 43. et 102. atque Lamb. Bos pag.
501. Deinde obferuetur vfus verbi ἀρετή, quod Graeci de quauis cuiusuis rei praeftantia dicunt. Locum
clafficum fere inueni in Ariftotele, Nicom. II. 5.
ῥητέον ὅτι πᾶσα ἀρετὴ, οὗ ἂν ᾖ ἀρετὴ, αὐτό τε ἐὺ ἔχον
ἀποτελεῖ, καὶ τὸ ἔργον αὐτοῦ ἐὺ ἀποδίδωσιν· οἷον ἡ τοῦ ὀφθαλμοῦ ἀρετὴ τόντε ὀφθαλμὸν σπαδαῖον ποιεῖ καὶ τὸ ἔργον αὐ-
τοῦ· τῇ γὰρ τοῦ ὀφθαλμοῦ ἀρετῇ ἐὺ ὁρῶμεν· ὁμοίως ἡ τε
ἵππου ἀρετὴ ἵππόν τε σπαδαῖον καὶ ἀγαθὸν δρομῆι, καὶ
ἐνεγκεῖν τὸν ἐπιβάτην καὶ μάναι τοὺς πολεμίους. Sic apud
Xenophont. Hier. XI, 5. eft νικᾶν — ἅρματος ἀρετῇ·
apud Platonem in Crit. p. 117. T. III. ἀρετὴ τῆς γῆς eft
fertilitas terrae. quemadmodum etiam apud Diodor.
Sic. L. III. p. 237. legitur: διὰ τὴν ἀρετὴν τῆς χώρας.
Etiam ἀρετὴ tribuitur carmini, notante Gisb. Cupero in Apoth. Hom. p. 96. Copiofe huius verbi

latum

latum vſum exponit Perizonius ad Ael. V. H. X, 22.
atque in Curtio Vindicato pag. 68. adde Snakenbur-
gium ad Curt. IX, 7, 16· Ἀρετὴν pro vigore corporis
ſumit Stephanus in Od. Σ. 132. Ὄφρ' ἀρετὴν παρέχωσι
θεοὶ καὶ γένατ' ὀρώρῃ· vt Tyrtaeus, ſimiliter Pindarus
in Pyth. X. ὃς ἂν χερσὶν ἢ ποδῶν ἀρετᾷ κρατήσας τὰ
μέγιστ' ἄεθλων ἕλῃ τόλμα τε καὶ σθένει. Lucretius V,
964. *Et manuum mira freti virtute pedumque.*

Θρηΐκιον βορέην] Cur Boreas appelletur Θρῂξ et Θρηΐκιος
exponit Spanhemius ad Callimach. H. in Dian. 114.
Αἴμῳ ἐπὶ Θρήϊκι, πόθεν βορέω καταΐξ ἔρχεται. nempe
ideo quod in frigidis, qualis Thracia, regionibus,
venti quidam cenſebantur indigenae, in tepidioribus
autem locis extrinſecus ſpirare: notatque praeter alia
Boream dici a Lycophrone: Θρακίας κύων· vide eundem de Boreae antro in Thracia ad H. in Del. 65.
et de Thracia ventorum patria ibi ad v. 26. docte
agentem. adde Euſtathium ad Il. I. v. 5. Barthium
in Aduerſar. L. VI, c. 9. Caſaubonum ad Strabon.
L. I. p. 50. ed. Almelou. Nolumus omittere verba
Scholiaſtae Theocriti, ad Id. VII, 111. οὕτω δὲ ψυχρο-
τάτη ἐστὶν ἡ Θρᾴκη, ὡς τρόπον τινὰ ἐργαστήριον ἀνέμων κλη-
θῆναι· et alter: οἱ Ἠδωνοὶ, ἔθνος Θρακικὸν· ἔνθα ψύχος
πολὺ γίνεται· δυσχείμερον γάρ ἐστι· παρὰ καὶ τοὺς ἀνέμους
ἐν αὐτῷ κατοικεῖν ἐμυθεύσαντο. Etiam Schol. Lucani
ad I, 389. *Boreas cum Thracius,* notat: *quod illic eſt
violentiſſimus.* Paullo alia ratio eſt loci Horatiani I,
25, 11. *Threcio bacchante magis ſub interlunia vento.*
ad quem intelligendum mirifice faciunt notata a Bur-
manno ad Claudian. Ruf. I, 325. vbi docet recte,
poetas ſaepe epitheta deſumere a regionibus, in quibus maxima ſit vis earum, de quibus loquuntur, rerum, vbi quaſi patria earum atque domicilium. Ceterum frequenter vtuntur poetae ad celeritatem in-
dicandam, comparatione hac. Homer. Il. K. 437.
Λευκότεροι χιόνος, θείειν δ' ἀνέμοισιν ὅμοιοι. Sil. It. X, 10.
velocior inde
Haemonio Borea, pennaque citatior ibat,
Quae redis in pugnas fugientis arundine Parthi.
vide

vide plura data a Munkero ad Hygin. p. 161. et Spanhemio ad Callim. H. in Del. v. 112. τίνων ἀνέμοισιν ἐρίζας;
vt et ἀελλόπος et ποδήνεμος ita ponuntur. vid. Dorvill.
in Vanno Crit. p. 213. et Alberti ad Hesych. p. 109.
18. Liceat mihi hoc loco, vbi forte de stadio sermo
est, coniecturam proponere, qua Quintilianum emendare iuuat. In Inst. Or. I, 10. 2. pro: *Nam iisdem
fere annis aliarum quoque disciplinarum studia ingre-
dienda sunt*, lego: *stadia*. Hoc enim dicendi genere
vtuntur boni scriptores, vt auctor L. IV. ad Herenn.
c. 3. *cum in artis* curriculum *descenderunt, illos, qui
in eo, quod est artificii, elaborent, aiunt facere immo-
deste: ipsi aliquem antiquum oratorem aut poetam laudant, aut scripturam, sic vt in stadium artis rheto-
ricae prodire non audeant.* vid. Broukhusium ad
Propert. III, 20, 25. vbi legit: *Illic vel stadiis animum
emendare Platonis* pro *studiis.* Praeterea τὸ *stadia* bene
respondet verbo: *ingredi.* De Borea nihil opus est
dicere quidquam. Quemadmodum Boreae violentiam tribuunt poetae: ita in Anthologia inedita Dio-
scorides Zephyro lenitatem tribuit.

Τὸν καλὸν ὃς ἔλαβες, κόμισαί πάλιν πρός με

Θέωρον

Εὐφραγόρην, ἀνέμων πρηΰτατε Ζέφυρε

Εἰς ὀλίγον τείνας μηνῶν μέτρον· ὡς καὶ ὁ μικρὸς

Μυριετὴς κέκριται τῷ φιλέοντι πόνος.

Compara cum hoc carmine Fragment. Callimachi a
Bentleio collecta p. 485. Ἁ ναῦς, ἃ τὸ μόνον φέγγος ἐμὶν
τὸ γλυκὺ τᾶς ζωᾶς Ἅρπαξας. in v. 1. scripsi ὃς pro ὡς.
nisi malis explicare, *quemadmodum rapuisti, ita redde.*
in v. 4. in mentem veniebat χρόνος. Sed videtur verbum πόνος multo exquisitius.

Τιθωνοῖο] Tithonius, filius Laomedontis, quem Aurora
ob pulchritudinem eximiam adamauit, quem denique
senectutis viraeque longinquitas in cicadam mutauit.
vid. Scholia parua Homeri, ad Il. Γ. 151. Lam-
binum

E 4

binum ad Horat. II, 16, 30. Munckerum ad Hygin. Fab. CCLXX. et Burmannum ad Seruii Commentar, in Aen. IV, 585.

Φυὴν] formae dignitas et gratia. ἀγαθὸν εἶδος interpretatur Eustathius ad Il. Γ. p. 878. qui latius de hoc verbo agit ad Il. B. p. 328. Φυὴν τινὲς νενοήκασι, inquit, τὸ ἐξ εἴδος τε καὶ ψυχῆς ἀγαθὸν, ὁ Φύεις ὑπ᾽ ἄλλων καὶ εἶδος λέγεται. Εἴρηται δέ τι περὶ τῆς λέξεως ταύτης καὶ ἐν τῇ ά ῥαψῳδίᾳ· (v. 115.) καὶ νῦν δὲ ῥητέον, ὡς διττὴ ἡ Φυὴ ἡ μὲν κατὰ τὰ ἐκτός, ὡς τὸ, ὃν δέμας, ἡδὲ Φυήν· δεξιότης οὖσα σωματικὴ καὶ εἰς ταὐτὸν ἥκουσα τῷ κάλλει. Ἡ δὲ τοιαύτη Φυὴ ἀφ᾽ ἧς καὶ πρόσωπον εὐφυὲς, ὡς καὶ μηροὶ εὐφυεῖς καὶ εἶδος λέγεται. καὶ αὕτη μὲν ἡ κατὰ σῶμα Φυὴ, καθ᾽ ἣν εἴρηται καὶ τὸ Φυήν γε μὲν οὐ κακός ἐστιν. Ἑτέρα δὲ κατὰ νοῦν κ. λ. confer de hoc verbo Moschopulum ad Il. B. 58. Hoelzlinum ad Apollon. II, 37. Scherpezeelium ad Il. A. 115. et Vulcanium ad Moschi Id. II, 36. — Verbum χαρίεις sufficiat duobus epigrammatibus illustrare, quae Anthologia inedita exhibet. Prioris auctor ignoratur:

Εἶπα δὲ καὶ πάλιν εἶπα, καλὸς, καλὸς, ἀλλ᾽
                                        ἔτι Φήσω,

Ὡς καλὸς, ὡς χαρίεις ὄμμασι Δωσίθεος.

Οὐ δρυὸς, οὐδ᾽ ἐλάτης ἐχαράξαμεν, οὐδ᾽ ἐπὶ
                                        τοίχου

Τοῦτ᾽ ἔπος, ἀλλ᾽ ἐν ἐμῷ ἔσχετ᾽ ἔρως κραδίᾳ.

Εἰ δέ τις οὐ Φήσει, μὴ πείθεο· ναὶ μά σε δαί-
                                        μον

Ψεύσετ᾽. ἐγὼ δ᾽ ὁ λέγων ἀτρεκὲς οἶδα μόνον.

Simillimum huic Callimachi carmen editum iam est in Anthol. VII, 629.

Καλὸς ὁ παῖς, Ἀχελῶε, λίην καλὸς· εἰ δέ τις
                                        οὐχὶ

Φησὶν, ἐπισταίμην μόνος ἐγὼ τὰ καλά.

Eundem

Eundem senfum habeat verfus Tibulli: IV, 13, 5.

Atque vtinam poffes vni mihi bella videri!
Difpliceas aliis, fic ego tutus ero.

vbi illud diftichon recte Vulpius laudauit quod interpres Callimachi p. 300. non fatis accurate vertit:
Si quis negat Dioclem effe pulchrum. abftineat: (non neceffe hoc eft addere, nec habet Graecus verfus) *et ego folus eum habeam fine riuali.* In v. 1. illud καλὸς, quo nomine Graeci παιδικὰ fua appellabant, belle illuftrat Georg. D'arnaud in Specim. Animadu. Crit. p. 9. Neque alterius auctoris nomen additum eft:

Οὐχὶ μάταν θνατοῖσι φάτις τοιάδε βοᾶται,
  οἷς οὐ πάντα θεοὶ πᾶσι δέδωκαν ἔχειν.
Εἰδὸς μὲν γὰρ ἄμωμον, ἐπ' ὄμμασι δ' ἀπερίσα-
                              μος
   Αἰδὼς καὶ ςέρνοις ὀμφιτέθαλε χάρις,
Οἷσι καὶ ἠιθέους ἐπιδάμνασαι· ἀλλ' ἐπὶ ποσσὶν
   Οὐκέτι τὸν αὐτὸν δῶκαν ἔχειν σε χάριν·
Πλὴν κρηπὶς κρύψει ποδὸς ἴχνιον, ἄγαθε
                              Πύρρε,
   Κάλλει δὲ σφετέρω τέρψει ἀγαλλόμενος.

Scripfi ἀπερίσαμος. pro ἄτερ. nunquam nemini me hoc verbum legere alibi κράτημα, quod Dores eloquuntur κάλαμα, explicat Suidas T. III. p. 951. διαβόητα. ἀπεράσημος a Stephano in Lexico laudatur. Sed malo verbum a priore deducere, et exponere per pudorem, qui non ambitiofe fe oftentat: per verecundiam fimplicem. Virgineum pudorem in pueris maxime laudaffe veteres poetas apparet ex locis, a Barnefio ad Anacreont. 69. p. 136. A παρθενικὸν βλέπειν, collectis. in vlt. diftich. fateor mihi aquam haerere. Si pro κρύψει lego κρίνει et κρίνει muto in τέρψη Senfum habeo non malum: num vero etiam eum,

E 5   quem

quem auctor carminis reliquit? Dicit: folis pedibus exceptis, puerum reliqua corporis pulchritudine gaui-surum esse.

Κινυρέοιο πλέον] male. Steph. κινύραο πλέον. Sic et Of. Wint. et Hert. indicata tamen altera lectione κινύρεω βάθον. Sed omnino et vnice vera esse videtur emen-datio Camerarii κινύρεω βάθιον. quam etiam Grotius recepit. illas ex glossemate ortas esse puto. Nam βαθὺς saepe nihil est aliud quam μέγας. vide Tol-lium et Langbaenium ad Longin. S. II, 2. Saepe, inprimis apud Pindarum hoc sensu occurrit, vt Pyth. I, 127. βαθύδοξοι γάτονες Nem. III, 92. βαθυμῆτα χάρων (nam etiam βαθὺς dicitur prudens. vid. Wesseling. ad Diod. Sic. Excerpt. de virt. et vet. p. 552.) Olymp. X, 10. βαθὺ χρέος Schol. μέγιστον ὄφλημα et VII, 27. ἦν δὲ κλέος βαθὺ, Schol. πολλὴ δόξα, prope vt in Anthol. p. 133. Μαιονίδαο βαθυκλεὲς οὔνομ' Ὁμήρου. Immo in Il. Λ. 306. ἀργέσταο Νότοιο βαθάῃ λαίλαπι, vbi Schol. ait: ἀντὶ τοῦ μεγάλῃ, ἰσχυρᾷ. Inprimis vero βαθὺς dicitur de diuitibus et opulentis. Xenoph. Oecon. XI, 10. πῶς τέτας οὐχὶ βαθέας τε καὶ ἐρρωμένους ἄνδρας χρὴ νομίσαι. quod Bachius, quem ibi vide, vertit: *potentes ac diuites.* Aelian. V. H. III, 18. ἐν εἰρήνῃ τε διάγων καὶ πλούτῳ βαθᾶ. Iosephus Antiqu. L. 8. p. 293. ed. Col. πλοῦτον ποιῆσαι βαθύτατον, et B. I. L. VII. p. 969. ὁ βαθὺς πλοῦτος. vide Perizonium ad Aelian. XIII, 1. p. 841. ed. Gron. Spanhemium ad Callim. H. in Apoll. v. 65. et in Cerer. v. 114. I. F. Reitzium ad Lucian. Reuiu. T. I. p. 609. et Tox. T. II. p. 544. et Steph. Berglerum ad Aristoph. Lysistr. v. 174. Thomas Magister p. 138. ἐκ βαθέων ἐςὶν ὁ δᾶμα οἶκων — ἢ ἐκ πλουσίων γονέων quo respicit ad Philostratum, vt notat Hemsterhusius, quem cum Stoebera vide. — Quare neque opus erat, vt Seuinus in Act. Societ. Paris. apud Pausaniam L. V. p. 411. Ἀσωπὸς δὲ ὁ Βοιώ-τιος βαθυτάτας πέφυκεν ἐκτρέφειν τὰς σχοίνας, corrige-ret παχυτέρας male vulgatam lectionem sensum ha-bere negat. recte enim vertitur: *Insigni magnitudine iunceum.* Suidas T. I. p. 410. βαθύσχοινον : ὑψηλὸν σχοίτας Φέροντα — Vocales vero εω hoc loco contrahuntur pronunciando in vnam syllabam. quod copiose docet Rad. Wintertonus ad Hes. ἔργ. v. 30. et 71. et Theogn. v. 714. adde Spanhem. ad Callim. H. in Iou. v. 87. et Clarkium ad Il. A. 1. B. 811. et E. 387. N. 523. — Ceterum Cinyras fuit rex Cypri, celeberrimus ob summas, quibus abundabat, diuitias, vnde etiam in prouerbiis erat; κινύρου πλουσιώτερος. E multis vnum locum dabo Pindari, Nem. VIII. ὥσπερ (scil. θεὸς) καὶ Κινύραν ἔβρισε πλούτῳ ποντίας ἔν ποτε Κύπρῳ vid. interpretes Ouidii ad Met. X, 298. vbi, multis scriptoribus laudatis, Burmannus copiose de eo agit, et consule Munckerum et Staueren ad Hygin. Fab. 58. p. 124. Festiuum Stratonis epigramma finem imponat huic notae, in quo de diuitiis queritur:

Αἶ αἶ μοι, τὶ πάλιν δεδακρυμένον ἤ τι κατηφὲς

 Παιδίον; εἶπον ἀπλῶς· μηδ᾽ ὀδύνα τί θέλεις;

Τὴν χέρα μοι κοίλην προσενήνοχες· ὡς ἀπό-
 λωλα.

 Μισθὸν ἴσως αἰτεῖς· τᾶτ᾽ ἔμαθες δὲ πόθεν;

Ὀυκέτι σοι κοπτὸς πλακοῦς Φίλος, οὐδὲ μελι-
 χρὰ

 Σήσαμα, καὶ καρύων παίγνιος εὐτοχίη·

Ἀλλ᾽ ἤδη πρὸς κέρδος ἔχεις Φρένας· ὡς ὁ δι-
 δάξας

 Τεθνάτω· οἶόν με παιδίον ἠΦάνισεν.

Quod ad sensum attinet, simillimas querelas effundere saepe Graeci et Latini poetae, vt ex his Ouid. Amor. I, 10. compara III, 8. et Tibullus I, 4, 59.

 At tibi, qui Venerem docuisti vendere primus,
  Quisquis es, infelix vrgeat ossa lapis.

ex fin. Anacreon c. 46. fere similiter vt h. l. ἀπόλοιτο πρῶτος αὐτὸς ὁ τὸν ἄργυρον Φιλήσας κ. λ. — in v. 5.
chartae

chartae exhibent: κοπτῶν φιλῆς πλακεὺς. Sed credo
me rem acu tetigisse. Coniiciebam primum ἐπτὸς
sed male. Apud Athenaeum L. XIV. occurrit, ne
quid dicamus de medicis antiquis, p. 647. κοπτόπλα-
κοῦς, et p. 648. ἐπαδὴ καὶ κόπτην τινὰ καλῆτε — vbi
plura sunt, quae huc pertinent. Adde Iungerman-
num ad Polluc. Onom. VI, 81. p. 614.

μελιχόγηρυν] Callimach. in epigr. L. p. 320. Τὸν ἐχο-
ρήγησεν κύκλον μελίγηρυν Ἱππόνικος. frequentissime veteres scriptores, ĥ eloquentiam hominis suauitatem-
que oris indicare volunt, formulas repetunt a melle.
nam mel de eloquentiae suauitate vsurpatur. vid. Heinsium in Aduers. L. IV. c. 1. p. 557. Hinc Phauorinus p. 496. μελίγηρυς, εὔφωνος, ἡδύφωνος. Pindar. XI, 4.
μελιγάρυες ὕμνοι: apud Sponium in Misc. Er. Antiqu.
p. 46. in inscript. Τὴν κυανῶπιν Μοῦσαν Ἀηδόνα τὴν μελι-
γηρυν — τύμβος — ἔχοι. Exemplum scriptores repe-
tiisse videntur e loco noto Homeri de Nestore: Α. 249.
Τοῦ καὶ ἀπὸ γλώσσης μέλιτος γλυκίων ῥέεν αὐδή. Hinc inprimis Pindarus pulchre, pro lyricis concessa audacia,
in Ol. VII. 12. dicit: καὶ ἐγὼ νέκταρ χυτὸ Μοισᾶν δόσιν
ἀθλοφόροις ἀνδράσιν πέμπων, γλυκὺν καρπὸν φρενός. et
Nem. III, 134. de hymno suo: πέμπω μεμιγμένον μέλι
λευκῷ σὺν γάλακτι κιρναμένα δ᾽ ἕερσ᾽ ἀμφέπει πόμ᾽ ἀοίδιμον·
Venuste etiam in Anthol. Brod. p. 394. Euripidem
τὴν μελίγηρυν ἀηδόνα poeta appellat, et p. 135. Λέσβιον
Πρώτης τόδε κηρίον ὑάρι μεμιγὸν, Ἀλκαίων ἐκ μουσέων κιρ-
νάμενον μέλιτι. Theocrit. VII, 82. Οὕνεκα οἱ γλυκὺ
μοῖσα κατὰ στόματος χέε νέκταρ. Sed nihil suauius istis
dulcissimis versiculis apud Athenaeum L. XV, p. 685.
... μελίγηρυς ... ... καὶ μελιλώ-
τινοι καλῶν καὶ ῥόδα πρατοτομῶς· ἃ φιλῶν μὲν ἡμέραιον,
... δὲ ἐλλίγον καὶ ... ... illisque venu-
stis e Cantic. Salomonis IV, 11. Κηρίον ἀπορράζει τὰ
χείλη σου, Νύμφη, μέλι καὶ γάλα ὑπὸ τὴν γλῶσσάν σου.
quibus nihil memini venustius dicere Catullum, atque Anacreontem, mortalium lepidissimum. Hinc
verba μελίχρωρος, μελίγηρυς, μελιβλαχὴς, μελικόμπος,
... ... μελιτερ-

μελίτερπης, aliáque, de quibus vide Erhardum et
Weitzium ad Petron. c. 1. p. 9. Graeuium in Lect.
Hesiod. c. 20. p. 104. Stanleium ad Aesch. Prometh.
v. 172. p. 722. et Berglerum ad Aristoph. Av. 909.
Consule etiam Eustathium ad Il. Γ. p. 858. Schwebelium ad Mosch. Id. IV, 35. et Bion. IV, 11. Barnesium ad Il. A. 294. Ger. Horreum in Animadu.
Sacr. et Prof. p. 147. et Io. Chr. Wolfium ad Poetriar.
Fragm. p. 5. et Fragm. Sapphus, p. 237. Compara-
tionis eloquentiae cum melle exempla plura dat Barthius ad Calpurnii Ecl. IV, 151. Hinc et Platonis in
ore fauum apes finxisse et Pindarum ab apibus nu-
tritum esse dixerunt veteres: vid. Aelian. V. H. XII,
45. Quid quod apum specie assumta Musas duces
fuisse classis, cum Athenienses in Ioniam coloniam
deducerent, narrat Philostratus Icon. L. II. p. 793.
Consule de comparatione poetarum cum apibus Muretum in Var. Lect. VIII, 1. atque hinc quoque suspi-
cor, ob suauitatem carminum apis imaginem exhibi-
tam fuisse in numo Homero dicato, et a Cupero in
Apotheos. p. 8. allato, etsi sciam, id quod Pignorius
in ep. 48. pag. 212. seq. (Symbol. Epist. L. I. ed.
Patau.) qui aliqua habet huc pertinentia, ostendit,
Smyrnaeos hac nota numos signasse. Nam quid? si
hoc hinc repetendum est, quod Smyrnaei etiam Homerum suum ciuem esse dicerent putarentque? consulatur vir immortalis Spanhemius de Vsu et Praest.
Numism. Diss. IV. p. 170. et lege, quamuis hic libellus rarius occurrat, Io. Petri Bellorti notas in numismata tum Ephesia tum aliarum vrbium apibus in-
signita: insertus est ille tamen Thesauro Gronouiano
T. VII. p. 401. Puto etiam apud Plutarchum in Vit.
decem Rhetor. 1546. verba: αὐτῷ δὲ Ἰσοκράτει ἐπὶ τοῦ
μνήματος ἐστὶν κριὸς τριάκοντα πηχῶν, ἐφ᾽ οὗ σειρὴν πηχῶν ἑπτὰ συμβολικῶς, ὃς νῦν οὐ σώζεται, Robertum Bri-
tannum non inepte vertisse: *ipsius vero Isocratis erat
in monumento aries cubitorum sex, super quem erat*
apum domuncula, *cubitis alta septem, coniecturaliter
atque aenigmatice addita, quae ipsa quoque periit*, et
                                                    legisse

legiffe fortaffe Σάρη. Hefychius: Σάρη — καὶ μέλιττα
ἢ μελίττης οἶκος.   Suidas: Σαρὴν ζῶόν ἐτι κηροποιὸν, με-
λίσσῃ παραπλήσιον· quanquam huic meae opinioni ob-
ftare videtur auctoritas Philoftrati de vit. Sophift.
p. 505. ed. Morell.   Certe etiam Siren fymbolum
eloquentiae fuit, docentibus id eruditiffimo viro, Io.
Bened. Carpzouio, in libro bonae frugis pleno de
Paradoxo Stoico Ariftonis Chii etc. S. II. c. 2. p. 274.
et Riccio in Differtat. Homericar. T. III. p. 141.   Sic
apud Phauorinum eft: Σαρήνια μέλη γλυκύτατα.   In
Anthol. I, p. 134.

   Πίνδαρε μυσάων ἱερὸν ςόμα καὶ λάλε σειρὴν
      Βακχυλίδη.

et in L. VII. p. 600. σὺ δέ μοι καὶ τὸ λάλημα φέρεις,
Κᾶνο τὸ σειρήνων γλυκερώτερον.   In Mufeo Veronenfi
p. 229. infcriptio Menandrum vocat Σαρῆνα θεάτρων:
et in Donii Infcript. p. 336. legitur:

 . Ἢ πολὺ σειρήνων λιγυρωτέρη ἢ παρὰ Βάκχῳ
      Καὶ θοίναις αὐτῆς χρυσοτέρη Κύπριδος.

confer Menagium ad Diog. Laert. VII, 160. p. 330.
et Burman. ad Petron. c. 127. p. 608.   Atque etiam
in Gorii gemmis aftriferis t. 134.   Siren citharam
pulfat. vide Pafferium in T. II. p. 165.   Ad meam
fententiam interim illuftrandam forte aliquid facit epigramma in Sophoclem in Antholog. Brod. III. p. 396.

   Ἀιέί τοι βέπαισι περιςάζοιτο μέλισσαις
      Τύμβος, Ὑμηττείῳ λειβόμενος μέλιτος.

Nec omittere debeo, Sophoclis fepulchro Sirenen im-
pofitam fuiffe, tefte antiquo illius vitae auctore:
φασὶ δὲ ὅτι καὶ τῷ μνήματι αὐτοῦ σαρῆνα ἐπέςησαν. vt
lufcinia cum pullis Orphei fepulchrum ornabat. vid.
Paufan. L. IX. p. 769.   Licet vero in hac dicendi ratione illuftranda iam copiofior fuerim, lubet tamen,
ob fimilis verbi exemplum, addere carmen adhuc ineditum Σκυθίς, e codice Lipfienfi:

                                    Ἦλθέν

Ἦλθέν μοι μέγα πῆμα, μέγας πόλεμος, μέγα
μοι πῦρ,

Ἦλισσος, πλήρης τῶν ἐς ἔρωτ᾽ ἐτέων,
Ἦλθε δὲ σὺν πώγωνί· τοδ᾽ οἱ φίλον· αὐτὸς ἑαυτῶ
Εὔξατο τὴν θυσίην πρὸς θεὸν εὐξάμενος·
Αὐτὰ τὰ καίρι ἔχων ἐκκαίδεκα, καὶ μετὰ τύ-
των·

Πάσας καὶ μικρὰς καὶ μεγάλας χάριτας,
Καὶ πρὸς ἀναγνῶναι φωνὴν μέλι, καὶ τὸ φι-
λῆσαι

Χείλεα καὶ τὸ λαβεῖν ἔνθον ἀμεμπτότατον.
Καὶ τί πάθω; φασὶν γὰρ ὁρᾶν μόνον· ἦς
ἀγρυπνήσω

Πολλάκι τῇ κενῇ Κύπριδι χειρομαχῶν.

In v. 3. quaedam mutauimus. Chartae habent á.
sed sequentia docent, poetam dicere voluisse, hoc
ipsi gratum esse. Mox exhibent eaedem: πρός σε τὸν
ἐυξάμενον. Male: ipse sibi hoc precatus est, Deo sa-
crificium vouens. notum est Graecos dicere, ἔυχεσθαι
θυσίαν, ἱερῶον, κ. λ. Certe, qui possit dari his versibus sensus, video nullum alium. Vltimum distichon explicare nolo. Sed solent in vniuersum antiqui poetae, vbi alicuius rei suauitatem describere
volunt, a melle comparationes repetere. Rem illu-
strabo vnico epigrammate Meleagri, quod primus edo:

Ἡδὺ μὲν ἀκρήτῳ κεράσαι γλυκὺ νᾶμα μελισσῶν
Ἡδύ τε παιδοφιλεῖν κ᾽ αὐτὸν ἐόντα καλόν.
Ὅια τὸν ἀβροκόμην ςέργει Κλεόβουλον Ἀλέξις
Ὄντως θνητὸν Κύπριδος ὀινομέλι.

in vlt. v. recepi marginis lectionem. textus habet:
θνατόν. sed etiam marginis lectio vitiosa: nam talis est:
Θηητόν

Θηπτὸν ὄντως τὸ — οἰνρμέλι. nempe amabant veteres potiones mixtas, et cum aquam tum vinum miscebant melle. vid. Henr. Meibomium de cereuiſ. c. 20. et Petr. Paul. Iuſtum, eruditiſſimum et amabiliſſimum hominem, in Specim. Obſeru. Critic. c. VII. p. 18. Atque hinc verbum μαλιχρῶς et alia deducenda ſunt. Dioſcoridis exſtant verſiculi in Stratonis Anthologia inedita:

$$\Sigma\pi\text{ov}\delta\grave{\eta} \;\kappa\alpha\grave{\iota}\; \lambda\iota\beta\alpha\nu\omega\tau\grave{\epsilon} \;\kappa\alpha\grave{\iota}\; \text{οἱ}\; \kappa\rho\eta\tau\tilde{\eta}\rho\iota \;\mu\iota\gamma\acute{\epsilon}\nu\tau\epsilon\varsigma$$

$$\Delta\alpha\acute{\iota}\mu\text{oves}, \;\text{οἱ}\; \Phi\iota\lambda\eta\varsigma\; \tau\acute{\epsilon}\rho\mu\alpha\tau' \;\grave{\epsilon}\mu\tilde{\eta}\varsigma\; \acute{\epsilon}\chi\epsilon\tau\epsilon,$$

$$\grave{\upsilon}\mu\acute{\epsilon}\alpha\varsigma, \;\grave{\omega}\; \sigma\epsilon\mu\nu\alpha\grave{\iota}, \;\mu\alpha\rho\tau\acute{\upsilon}\rho\text{ομαι}, \;\grave{\alpha}\varsigma\; \grave{\text{ὁ}}\; \mu\epsilon\lambda\iota\chi\rho\grave{\omega}\varsigma$$

$$K\tilde{\upsilon}\rho\text{os}\; A\theta\eta\nu\alpha\tilde{\iota}\text{os}\; \pi\acute{\alpha}\nu\tau\alpha\varsigma\; \grave{\epsilon}\pi\omega\mu\acute{\text{oσατο}}.$$

v. 1. in Heſych. lego: Λίβανος τὸ δένδρον καὶ τὸ ὄρος· Λιβανωτὸς δὲ ὁ καρπὸς αὐτοῦ· εἶδος θυμιάματος, et ſic aliquoties in ſacrificio λιβανωτοῦ mentionem facit Ariſtophanes. adde Suidam T. II. p. 444.

Εἰ μὴ — ἱσάμενος] citat hunc locum Plato loco modo laudato: εἴρηκας γοῦν ὧδε ἐν τοῖς ποιήμασιν, ὡς οὐδαμῶς τοὺς τοιάτους ἀνεχόμενος „Οἱ μὴ τολμήσκοι μὲν ὁρῶν φόνον „αἱματόεντα, Καὶ δηίων ὀρέγοιντ' ἐγγύθεν ἱσάμενοι:" vbi Stephanus notat redundare voculam μὲν. Equidem puto Platonem hós verſus aut memoria fretum laudaſſe, aut etiam mutatis quibusdam ad ſuam orationem transtuliſſe eidemque aptaſſe.

ὁρῶν] poſitum eſt pro ὁρᾷν, vt ſaepe ſic ſolent Graeci. vide Perizonium ad Aelian. V. H. III, 17. p. 234. et in Ind. Kuhnium ad XIII, 41. οὐκ ἀγακᾶς μετὰ Φωκίωνος ἀποθνήσκων. Vigerum de Idiotiſm. C. VI. ſ. 1, 13. et Valckenar. ad Eurip. Phoeniſſ. 711. Semel pulcherrimo viri doctiſſimi commentario euoluto de duobus locis perpauca eddemus. in v. 246. legitur: Νῦν δέ μοι πρὸς ταχέων Θούριος μολὼν Ἄρης αἷμα δάιον φλέγα Τᾷδ' ὁ μὴ τύχοι πόλει. non opinor dici poſſe vllo modo φλέγαι αἷμα, niſi ſciam quid auſi ſint veteres Tragici. Sed verecundior reliquis Euripides.

Neque

Neque ideo improbo coniecturam Valckenarii, δᾶμα. Ego malim πνέει. quod bene puto conuenire Marti, vt apud Homerum est μένεα πνέαν. vid. Eustath. ad Il. Γ. p. 813. Pindar. Pyth. X, 69. θρασεία δὲ πνέων καρδία, et vt πνᾶν φόνον dicunt. vide Iac. Rhoer in Fer. Dauentr. L. I. c. 3. et adde Heinsium ad Ou. Metam. V, 348. atque Abresch. in Animaduers. ad Aeschyl. p. 75. et 289. Ita etiam legisse videtur Grotius, qui vertit: *Saeuo Mars grauis impetu spirat nil nisi sanguinem.* Porro v. 506. Ἀερῶν ἂν ἔλθοιμ' ἥλιου πρὸς ἀντολὰς. malo ἥλιου δ' ὡς ἀντολὰς. minus certe recedit haec correctio (nam correctione locum egere patet) a vestigiis litterarum. Video quidem Cl. Valckenarium ad v. 1409. iis assentiri, qui ὡς pro πρὸς de animatis tantum dici putant, sed re considerata, rectius quosdam contra disputare arbitror. vid. Ernesti ad Xenoph. Mem. Socratis, II, 7. p. 99. et eundem Clarkiumque ad Odyss. XVII, 218. inprimis vero Oudendorp. ad Thom. Magistr. p. 933. Neque vero ὡς pro πρὸς poni arbitror, vt Vigerus atque Deuarius existimant, atque etiam Wolfius ad Libanii Epistol. L. III. p. 149. sed est haec elliptica dicendi ratio. vnde etiam saepe Lucianus ὡς πρὸς dixit. v. Iensium in Lection. Lucian. p. 46. 47.

Ἡ δ' ἀρετὴ κ. λ.] Totum hoc distichon cum sequenti legitur etiam in sententiis Theognidis v. 997. nisi quod pro νέῳ positum est σοφῷ Operae vero pretium est repetere, quae Camerarius in ὑπομν. p. 113. notauit de h. l. Τὸ τετράστιχον ἐν τῇ Στοβαίου γνωμολογίᾳ ἔκκειται ὡς τᾷ Τυρταίου ὂν, ἀντὶ δὲ τοῦ σοφῷ ἐκᾶ τίθεται νέῳ. Λέγει δὲ, ὅτι ἡ πολεμικὴ ἀρετή ἐςι τὸ τολμᾷν ἀδεῶς· τῇ συςάδην μάχη τοῖς ἐναντίοις ξυμβαλᾷν. τὸ δ' ἆθλον προκᾶδαι κάλλιστόν φησι τοῖς νέοις τῶν ἀνδρῶν εἰς τὸ φέρειν καὶ νομίζεδαι αὐτὰς ἐκεῖνο, ἤγουν τὴν δόξαν τῆς πολεμικῆς ἀρετῆς. ἄναι δὲ καὶ ξυνὸν, ἤγουν κοινὸν τοῦτο ὄφελος τῇ τε πόλει, καὶ τῷ λαῷ ἅπαντι, ἥν τις ὑποσαίη τὴν τῶν πολεμίων ὁρμὴν καὶ ἀμύνηται ὑπὲρ τῆς πατρίδος. κ. λ. vide quae ad hunc locum illustrandum attulit Barthius in Aduers. L. VI, c. 6. et adde e Quinto Cal. IV, 322. Κῦδος γὰρ νέῳ

F   ἀνδρὶ

ἀνδρὶ Φέρειν ἀπ᾽ ἀγῶνος ἄεθλον.   Aliter loquitur Strato
cum puero a se amato, cuius carmen edemus:

Ἤδη ἐπὶ ςρατιῆς ὁρμᾷς, ἔτι παῖς ἀδαὴς ὢν

     Καὶ τρυφερὸς, τί ποιεῖς ουτος; ὁρῶ μετάθε

Ὤ μοι, τίς σ᾽ ἀνέπεισε λαβεῖν δόρυ; τίς χερὶ
              πέλτην;

     Τίς κρύψαι ταύτην τὴν κεφαλὴν κόρυθι.

     Ὦ μακάριςος ἐκεῖνος, ὅτις ποτε καινὸς Ἀχιλ-
              λεὺς

     Τοίῳ ἐνὶ κλισίῃ τερπόμενος —

Vltimum verbum in chart. Lipf. eſt κλισίην quod facile emendari poteſt, quoniam ſenſus non eſt obſcu-
rus.   Ego iis in locis, vbi multa verba ita reſtitui
poſſunt, vt quodcunque reiici nequeat, nihil omnino
agere ſoleo, totamque rem cuiuscunque arbitrio relinquere.   Plurimos credo h. l. a verbo κᾶϑαι emendationem deriuaturos eſſe.   Ego interim ſcribo: κέεται.
Ceterum puto reſpici ad hiſtoriam.   Nam Achilles
Patroclum turpiter amaſſe dicebatur. v. Drelincurtii
Achillem Homericum p. 115.

Κάλλιςον τε κ. λ.]   Belle et pulchre (nam quid curemus
ludi magiſtrorum ſupercilium, qui non niſi Latine
ſcribunt, ſomniant, edunt etiam, credo, potant et
liberos procreant?) Malherbe II, 66.

    Ceux, à qui la chaleur ne bout plus dans les veines,

      En vain dans les combats ont des ſoins diligens.

    Mars eſt comme l'Amour: ſes travaux & ſes peines

      Veulent de jeunes gens.

Sed ornauit etiam noſtra aetate laurus aeterna cana
tempora *Schwerinii*, herois diuini, in praelio apud
Pragam occiſi, aut potius, dum iuuenili ardore ac-
cenſus victrices *Friderici M.* cateruas duxit, immor-
talitatem nominis adepti.   Iuuat intexere initium carminis, a poeta maximi ſpiritus illius manibus dicati,
praeſertim cum non abhorreat a Tyrtaei ingenio.

                        Victoria,

Victoria, mit uns ist Gott,
Der stolze Feind liegt da!
Er liegt, gerecht ist unser Gott,
Er liegt, Victoria!

Zwar unser Vater ist nicht mehr,
Jedoch er starb ein Held,
Und sieht nun unser Siegesheer
Vom hohen Sternenzelt.

Er gieng voran, der edle Greiß,
Voll Gott und Vaterland!
Sein alter Kopf war kaum so weiß,
Als tapfer seine Hand.

Mit muntrer jugendlicher Kraft
Ergriff sie eine Fahn,
Hielt sie empor an ihrem Schaft,
Daß wir sie alle sahn.

Und sagte: Kinder, Berg hinau
Auf Schanzen und Geschütz.
Wir folgten alle, Mann für Mann,
Geschwinder, wie der Blitz.

Ach! aber unser Vater fiel,
Die Fahne sank auf ihn,
O welch ein glorreich Lebensziel,
Glückseeliger Schwerin!

Denn Friederich hat dich beweint
Indem er uns gebot,
Wir aber stürzten in den Feind,
Zu rächen deinen Todt &c.

Quis

Quis haec legit, quin incalefcat, quin efferatur animo, quin admiretur imperatorem fummum, quin laudet poëtam, eandemque fpiritus magnificentiam Apollinem Mufasque oret?

Ξυνὸν] quae fequuntur, etiam Stobaeus feruauit l. c. vnde forte Frob. p. 229. eaque cum prioribus coniuncta ediderunt Steph. Hert. Wint. Lect. id quod nos quoque nunc fecimus, Londinenfis etiam editoris auctoritate accedente.

ἐπὶ πάγχυ] Steph. H. W. ἐπίπαγχυ. minus recte. vide Clarkium ad Il. K. 99. Φυλακῆς ἐπὶ πάγχυ λάθωνται, vbi recte alteram lectionem ἐπίπαγχυ improbat. Eft enim verbum ἐπιλάθηται. minus etiam recte editur in editione Heinfiana Hefiodi, ἔργ. 262. σκολιῶν δὲ δικῶν ἐπιπάγχυ λάθεσθε.

θυμὸν παρθέμενος] Forte expreffum ex illo Homeri Od. B. 237. σφὰς γὰρ παρθέμενοι κεφαλὰς. paullo aliter dicitur Od. Γ. 74. τοίγ᾽ ἀλόωνται ψυχὰς παρθέμενοι. Schol. ἀφιθήσαντες ἑαυτῶν, παραβαλόντες. Sed Quintus Cal. IX, 277. Ἀλλ᾽ ἄγε θυμὸν παρθέμενοι πονεώμεθ᾽ ὑπὲρ μένος. (vid. Dorvillum ad Chariton. p. 266.) et Il. I. 372. αἰεὶ ἐμὴν ψυχὴν παραβαλλόμενος πολεμίζειν et eodem fenfu apud Sophocl. Antig. 328. ἐπ᾽ ἀργύρῳγε τὴν ψυχὴν προδὰς, Paufaniam Meffen. c. 10. προΐεθαι τὰς ψυχὰς et in Anthol. Cephalae, p. 97. τὸ κυβευθὲν πνεῦμα legitur. conf. Drakenb. ad Sil. It. I, 225.

Θαρσύνῃ δὲ πεσῶν] In Frob. deeft δὲ, male. — Egregio exemplo memini hunc verfum illuftrari poffe e Xenophont. Cyropaed. L. III. p. 85. ἅμα πορευόμενοι οἱ ὁμότιμοι φαιδροὶ καὶ πεπαιδευμένοι, περιορῶντες ἀλλήλους, ὀνομάζοντες παραστάτας, ἐπιστάτας, λέγοντες πολὺ τὸ, Ἄγετ᾽ ἄνδρες φίλοι, ἄγετ᾽ ἄνδρες ἀγαθοί, παρεκάλουν ἀλλήλους ἕπεσθαι. — Quantum laetatus effet, fi audire potuiffet, Tyrtaeus hoc militum clamore!

σπουδῇ] vt ἀσπουδὰ eft ignauiter, v. c. Il. X. 303. ita σπουδῇ explico fortiter, ftrenue, alacriter, celeriter. Schol. ad Odyff. O. 209. σπουδῇ νῦν ἀνάβαινε, interpretatur: ἐσπουδασμένως, κατὰ τάχος. et Euftath. ad Il. B. p. 342. ἰστέον δὲ, ὡς οἱ τεχνικοὶ τὸ, σπουδῇ, ἤγαν τὸ ῥηθὲν ὁμηρικὸν ἐπίῤῥημα λογίζονται, ὁμοίως τῷ, κομιδῇ, ἀντὶ τοῦ λίαν καὶ σὺν ἐπιμελείᾳ. Et quod fere simile est huic loco Il. N. 687. Ἔνθα δὲ Βοιωτοὶ — Σπουδῇ ἐπαΐσσοντα νεῶν ἔχον, *acriter irruentem a nauibus prohibeant.* Nam ego etiam hoc loco ἔχω puto explicari debere per κωλύειν, ἐπέχειν, (ita vt sensus sit idem qui est apud Pind. Nem. IX. ἀμύνειν λοιγὸν Ἐνυαλίου.) non verti cum Gesnero: *suaque opera praelii fluctus regit.* aut Hertelio: *sua industria praelii fluctus regit.* quanquam et Grotius vertit: *Qui belli fluctus arte manuque regit.* vide Eustath. ad Il. E. p. 1130. ed. Polit. et Φ. p. 1224. l. 11. p. 1226. l. 48. et T. p. 1193. l. 45. ed. Rom. Ita etiam Il. E. 492. Νωλεμέως ἐχέμεν. *Vt incessanter hosti obsistant.* Schol. συνέχειν ἢ ἀντέχειν πρὸς τὴν μάχην, καὶ μὴ ἐνδιδόναι. Pindarus Istm. VII, 49. προμάχων ἂν ὅμιλον, ἔνθ᾽ ἄριστοι ἔσχον πολέμοιο νεῖκος. *sustinuerunt.* et in Anthol. III. p. 298. ἐρατὴν γὰρ ἀπωλεσάμενοι νεότητα Τρηχεῖαν πολέμου δεξάμενοι νεφέλην. Sed, siue *sustinere,* siue *repellere,* hoc loco vertas, vtrumque non malum, meliusque vulgari interpretatione, quae similis esset illis Il. Λ. 165. τὸ μὲν πλέον πολυάϊκος πολέμου χεῖρες ἐμαὶ διέπουσι. — Quis intelligit Osium? *Sustinet et belli fluctibus acer agi.*

κῦμα μάχης] Vt hoc dicendi genus melius intelligatur, quaedam monere iuuat. Primum igitur obseruent Graecarum litterarum studiosi, vti Graecos τῷ κῦμα, similibusque a fluctibus et aequore repetitis formulis de calamitate, de malis etc. Euripid. Hippol. 823. κακῶν δ᾽ ὁ τάλας πέλαγος εἰσορῶ τοσοῦτον, ὥστε μήποτ᾽ ἐκνεῦσαι πάλιν, μηδ᾽ ἐκπερᾶσαι κῦμα τῆσδε συμφορᾶς. Sophocles non semel, vt in Aiac. 1107. Ταύτην νόμιζε τὴν πόλιν χρόνῳ ποτὲ ἐξ οὐρίων δραμοῦσαν εἰς βυθὸν πεσεῖν. Antigon. 168. τὰ μὲν δὴ πόλεος ἀσφαλῶς θεοὶ πολλῷ σάλῳ σείσαντες ὤρθωσαν πάλιν. in Oedip. Colon. 1303. πάντοθεν βόρειος ὥς τις ἀκτὰ κυματοπλὴξ χειμερία κλονεῖται· ὣς καὶ τόνδε κατάκρας δειναὶ κυματοαγεῖς ἆται κλονέουσιν ἀεὶ ξυνοῦσαι. Pariter etiam in Trach. 114. et Oedip. Tyr. 23. πόλις γὰρ ὥσπερ κ᾽ αὐτὸς εἰσορᾶς, ἄγαν ἤδη σαλεύει, κἀνακουφίσαι κάρα βυθῶν ἔτ᾽ οὐχ οἵα τε φοινίου σάλου.

σάλου. Sed non licet omnia huc transferre. Pindar.
Ol. X, 46. βαθὺν ἐς ὀχετὸν ἄτας ἴζοισαν ἑὰν πόλιν.
Aeschyl. Prom. Vinct. 1014. οἷός σε χαμών καὶ κακῶν
τριχυμία ἔπασ' ἄφυκτος (quanquam hic et vrbem cum
naui comparat, vt in Sept. c. Theb. 2. et in Supplic.
349. et Sophocles in Antigon. 196. vid. Berglerum
ad Aristoph. Vesp. 29. Cerdam ad Aen. I, 152.)
Lycophron. 228. Οὐκ ἂν τοσῶνδε κῦμ' ἐπέκλυσε κακῶν,
vbi vide Potterum, et vide, qui plura dederunt, Rit-
terhusium ad Oppian. Halieut IV, 195. Schultensium
ad Ioh. T. I. 409. Cerdam ad Aen. I, 109. Steph.
Berglerum ad Alciphron. I, 13. et Aristoph. Plut. 270.
et Staveren ad Fulgent. p. 600. Inde et χαμάζεσθαι
ponitur pro calamitatibus premi, docente Spanhemio
ad Aristoph. Ran. 364. et βαπτίζεσθαι, eodem sensu,
vt obseruant Wesseling. ad Diod. Sic. L. I. p. 85.
Dorville ad Chariton p. 176. et Iac. Rhoer in Feriis
Daventrienf. L. II. c. 15. Porro, vt progrediamur,
quaecunque tempestati conueniunt, tribuuntur etiam
a poetis bello. Inde et νέφος belli, vt Il. P. 243. ἐπεὶ
πολέμοιο νέφος περὶ πάντα καλύπτα, vt etiam Virgil.
Aen. X, 809. nubem belli dixit. atque Georg. IV,
560. Caesar dum magnus ad altum Fulminat Euphra-
tem bello. (confer ad haec Addisonium in *Dialogues
upon the Usefulness of Ancient Medals* p. 76.) fere vt
in Antholog. I, p. 11.

    Μάρτυρες ἀκτίνων Γερμανικὸς ἃς ἀνέτειλεν,

     Ἀστράπτων Κελτοῖς πουλὺν Ἐνυάλιον.

et fic *tonare* quoque dicunt de bello, obseruantibus
Drakenborch. ad Sil. It. I, 436. et XI, 525. atque
Oudendorpio ad Lucan. I, 254. Pindar. Iftm. IV, 26.
ἀλλ' ἁμέρα γὰρ ἐν μιᾷ τραχεῖα νεφὰς πολέμοιο τεσσάρων ἀνδρῶν ἐρήμωσεν μάχαιραν ἑστίαν. Νῦν δ' αὖ μετὰ χαμέριον
ποικίλων μηνῶν ζόφον, χθὼν ὥτε, Φοινικίοισιν ἄνθησεν ῥόδοις.
quem locum, vt solet, misere vertit Schmidius pul-
cherrimum. sed credo legendum esse ἄνθησεν, ita vt
hoc verbum ad ἑστία referatur. Et sic porro alii.
Sophocl. Antig. 680. Δορὸς τ' ἂν ἐν χαμῶνι προστεταγμέ-
νον μένειν — παραστάτην. Eurip. Suppl. 474. πολὺς κλύ-
δων

δων Ἡμῖν τε καὶ σοὶ συμμάχοις τ᾽ ἔσαι δορὸς. et Phoeniſſ.
866. ἐν γὰρ κλύδωνι κάμεθα - δορὸς Δαναιδῶν. In Anthol.
III. p. 287.

Οὔτινα γὰρ τοιόνδε νέων ὁ Φιλαίματος Ἄρης
Ἡνάρισε συγερῆς ἐν ςροφάλιγγι μάχης.

vide Valckenar. ad Phoen. v. 284. Denique quemadmodum apud Homerum ſaepe eſt ἐπέῤῥει ἔθνεα πεζῶν
(v. P. Moll. ad Long. Paſtor. p. 108.) vt apud Virgil.
Aen. XII, 444. omnisque relictis turba fluit castris,
(vid. Heinſium ad Aen. XI, 236. fluuntque ad regia
plenis Tecta viis) et vnda populi, inundare de populo:
(v. Dorvillum ad Chariton. p. 704. et nos in Miſcellan.
Critic. Traiecti ad Rhen. editis p. 61.) atque etiam
nimbus, notante Burman. ad Claudian. p. 8. dicitur.
(ſicut de magna multitudine νέφος, vt νέφος πεζῶν.
Il. Π. 66. κυάνεον Τρώων νέφος. Schol. τὸ τῶν ςρατιωτῶν
πλῆθος. et idem ad Il. P. 755. ſcribit: νέφος νῦν τὸ πολὺ
τῶν ὀρνέων πλῆθος. v. Euſtath. ad Il. Δ. p. 1026. Perizonium in Curt. Vindic. p. 82. Potterum ad Lycophr.
569. Gatakerum in Aduerſar. c. 2. p. 5. Barneſ. ad
Iliad. P. 243. et Weſſeling. ad Herodot. VIII. p. 670.)
ita etiam alia a fluuiis, aequore, vndis, transferun-
tur ad bellum, exercitus, milites. Ita apud Plutarch.
T. II. p. 5. ὅγε μὴν πόλεμος χαμάῤῥου δίκην πάντα σύρων
καὶ πάντα παραφέρων. Atque heroes fluuiis comparantur ſaepe a poetis. vt Il. Λ. 492. Aiax. a Quinto
Calabr. X, 171. pariter, et XI, 228. exercitus cum
fluctibus maris, a. Virgilio X, 602.

Talia per campos edebat funera victor
Dardanius, torrentis aquae vel turbinis atri
More furens.

confer XII, 523. et Valerium Flacc. VI, 389. vide
plura collecta a Drakenborch. ad Sil. It. XVII, 122.
IV, 522. etc. et Dorvill. ad Chariton. p. 573. Pul-
cherrime etiam Gallorum Horatius, Malherbe, L. II.
p. 33.

Tel qu'a vagues épandues
Marche un fleuve imperieux,
De qui les neiges fondues
Rendent les cours furieux:
Rien n'est seur en son rivage,
Ce qu'il trouve il le ravage,
Et traisnant comme buissons
Les Chesnes & leurs racines,
Oste aux campagnes voisines
L'esperance des moissons:

(quod Malherbe expressit ex Aeneid. II, 305. et Horat. III, 29, 26. Odar. id quod notare oblitus est Menagius)

Tel, & plus epouvantable,
S'en alloit ce Conquerant &c.

Denique vtuntur etiam, vt h. l. verbis κῦμα et *fluctus* in hac re. Aeschylus, sed paullo audacius fere, in Sept. c. Theb. 63. βοᾷ γὰρ κῦμα χερσαῖον ϛρατοῦ, vbi Schol. παραχεχινδυνευμένως δ' ἆχε. et v. 116. κῦμα γὰρ περὶ πτόλιν ἰαχμολόφων ἀνδρῶν καχλάζει πνοαῖς ἄρεος ὀρό-μενον. vide Stanleium ad Perf. 90. vbi laudat e Ciceron. ad Att. ep. 4. L. VII. *fluctum enim totius barbariae ferre vrbs vna non potest.* adde Sil. It. IX, 527.

Quantos Gradiuus fluctus in Punica castra,
Respice, agit:

vbi vide Drakenborch. et ad VIII, 32. atque Abresch. in Animadu. ad Aeschyl. p. 159. Sic arbitror etiam bene explicari posse ex his exemplis Horatium II. 7, 15.

Te rursus in bellum resorbens
Vnda fretis tulit aestuosis,

neque cum Dacierio, ad historiam respexisse poetam, fingendum esse. Poetice tantum dixit: tu rursus abreptus es in bellum. Sed Dacierius plerumque vidit multa, quae nullus alius, vt v. 18.

Longaque fessum militia latus
Depone sub lauru mea,

intelligit

intelligit per laurum praesidium Maecenatis. quo
nihil ineptius dici cogitarique poteſt. Vt autem paucis dicam, nec longior ſim, eodem ſenſu ſimilique
figura, vt Tyrtaeus, dixit Pindarus Iſthm. VII, 37.
ὅς τις ἐν ταύτᾳ νεφέλᾳ χάλαζαν αἵματος πρὸ φίλας πάτρας
ἀμύνεται λοιγὸν ἀμύνων ἐναντίῳ ϛρατῷ ἀϛῶν· et Nem. IX,
89. παῦροι δὲ βλεῦσαι φόνε παρποδίε νεφέλαν τρέψαι ποτὶ
δυσμενέων ἀνδρῶν ϛίχας χερσὶ καὶ ψυχᾷ δυνατοί. — Finem
huic diſputatiunculae imponat locus Hieron. Vidae
ex Poeticor. l. III. (nam hunc Vidam ſemper ad eos
retuli, qui feliciſſima imitatione veterum poetarum
elegantias expreſſerint, quorumque carmina non mi-
norem ſpirent ſuauitatem, quam fructum legentibus
afferant) ille igitur ſic:

Saepe ideo cum bella canunt, incendia credas
Cernere, dilauiumque ingens ſurgentibus vndis,
Contra etiam Martis pugnas imitabitur ignis
Cum furit accenſis acies Vulcania campis.
Nec turbato oritur quondam minor aequore pugna,
Confligunt animoſi Euri certamine vaſto
Inter ſe, pugnantque aduerſis molibus vndae.
Vsque adeo paſſim ſua res inſignia laetae
Permutantque iuuantque viciſſim et mutua ſeſe
Altera in alterius transformat protinus ora.
Tum ſpecie capti gaudent ſpectare legentes.
Nam diuerſa ſimul datur e re cernere eadem
Multarum ſimulacra animo ſubeuntia rerum. —

Quae quidem etſi ita ſint, non tamen aſſentiri poſſum Cl. Sallierio, qui in loco Longini, cap. XLIV.
ἐπείτοι γε ἀφεθεῖσαι τὸ σύνολον, ὡς ἐξ εἱρκτῆς, ἄφετοι κατὰ
τῶν πλησίων αἱ πλεονεξίαι κἀν ἐπικαύσειαν τοῖς κακοῖς
τὴν οἰκουμένην. — pro ἐπικαύσααν, quod Graecum eſſe
negat, legit ἐπικλύσααν in Actis Academ. Pariſ. Inſcript.
T. III. diſſ. 31. Primum enim illud bene conuenit
ſtilo Longini, in quo examinando multa nobis occur-
rent ἅπαξ λεγόμενα, illius propria, quaeque non ad

aliorum fcribendi genus expendi debent. Deinde
nonne apud alios fcriptores eadem, fimilis certe,
formula dicendi (fit etiam audacior) occurrit? fic
certe Lyfias in λόγῳ Ὀλυμπ. p. 521. Θαυμάζω δὲ Λακε-
δαιμονίας πάντων μάλιστα τίνι ποτὲ γνώμῃ χρώμενοι καιομέ-
νην τὴν Ἑλλάδα περιορῶσιν κ. λ. Pariter eſt apud Homerum Il. Δ. 342. μάχη καυσαρή· et M. 177. περὶ τάχος ὀρώρει Θεσπιδαὲς πῦρ. quod Euſtathius exponit: τὸ
Θερμὸν τῆς μάχης. et Λ. 595. Ὣς οἱ μὲν μάρναντο δέμας
πυρὸς αἰθομένοιο. Et fic de bello Latini quoque. Aen. I,
566. *tanti incendia belli* et Florus III, 21. de bello:
refurrexit male obrutum incendium. et fic *incendium*
de bello, et *bello accendere terras* faepe occurrit.
vide Gebhardum ad Liv. XXIX, 31, 3. et Burmannum ad Sueton. Caef. 70. Ego etiam apud *Horat.*
Carm. IV, 14, 24. *frementem Mittere equum medios
per ignes,* nihil puto effe aliud, quam: *per medium
pugnae feruorem,* vt vetus Schol. explicat. Et nonne
prope fimilis eſt illa Catilinae vox: *fi quod effet in fuas
fortunas incendium excitatum, id fe non aqua, fed ruina,
reſtinfturum.* Cic. pro Muraen. c. 25. Et fi vel apud
nullum fimile dicendi genus occurrat, eſt tamen Longino hoc relinquendum. de quo nemo dubitabit, qui
aureum hunc libellum ita legat, vt fublimem fubli-
mitatis magiſtrum Longinum effe intelligat. Ne
quid de eo dicam, non fatis bene, fi Sallierii emen-
datio admittatur, imaginem emiffarum cauea beſtia-
rum mutari et abire in fluuium, atque adeo de his
maxime illud Quintiliani VIII, 6, 50. vfurpari poffe:
*Nam id quoque inprimis eſt cuſtodiendum, vt quo ex
genere coeperis translationis, hoc definas. Multi enim
cum initium a tempeſtate fumferunt, incendio aut ruina
finiunt: quae eſt inconfequentia rerum foediffima.* quanquam eiusmodi exempla etiam apud alios fcriptores
occurrere memini et oftendi alio loco. fed cur nulla
vrgente neceffitate, ad hanc defenfionem confugia-
mus? Quare refte Francicus interpres reddidit: *por-
ter le feu aux quatre coins de la terre.* Video tamen
eandem coniefturam in mentem veniffe Marklando
ad Max. Tyr. diff. 33. p. 711. Idem Sallierius, vt
hoc

hoc vnum addam, paullo poſt in diſſert. 41. in Plutarcho de ſuperſtitione. (p. 167. ed. Fr.) οἱ μὲν παρορῶσιν, οἱ δὲ δοξάζοσι φοβερὸν τὸ εὐμενὲς, καὶ τυραννικὸν τὸ κατρικὸν, καὶ βλαβερὸν τὸ κηδεμονικὸν καὶ τὸ ἄμικτον ἄγριον ἄναι καὶ θηριῶδες, infeliciter locum hunc tentat. Nempe quoniam vltima ſibi non reſpondeant, aut τὸ μαλλίχιον pro ἄμικτον legere, aut ἤμερον addere, aut, quia ἄμικτον malo ſenſu ponatur, τὸ μὴ ἄμικτον legere mavult. Vltimum non intelligo. De prioribus ita ſtatuo. Occurrunt interdum apud veteres ſcriptores loca, vbi, ſiue aliquid humani paſſi, ſiue gratam quandam negligentiam amantes, non ſatis attendiſſe videntur et curaſſe, vt poſteriora membra prioribus accurate reſponderent. In talibus aliquid mutare periculoſum, aut nefas potius eſt. Obſeruauimus aliquot exempla, quae adſcribemus, quoniam haec res nondum ſatis explicita a quoquam videtur. Sic apud Platonem in Alcib. II. med. τί δὲ εἴ τις ἱππεύειν ἢ τοξεύειν οἶδεν, ἢ ἂν παλαίειν, ἢ πυκτεύειν, ἤ τι τῆς ἄλλης ἀγωνίας, ἢ καὶ ἄλλο τι τῶν τοιέτων, ὅσα τέχνη οἴδαμεν, τί καλῶς ὃς ἂν ἄδη τὸ κατὰ ταύτην τὴν τέχνην βέλτιον γεγνόμενον ἆρʼ οὐ τὸν κατὰ τὴν ἱππικὴν ἱππικόν; Ἀλ. ἔγωγε. Σ. τὸν δέ γε οἶμαι κατὰ τὴν πυκτικὴν πυκτικὸν, τὸν δὲ κατὰ τὴν αὐλητικὸν κ. λ. non obſeruatur propoſitus ordo. nihil eſt, quod τῷ τοξεύειν opponatur. Sic et apud Xenophont. in Memor. Socr. L. I. c. 1. n. 7. et L. II. c. 7. n. 5. 6. ſunt ſimilia exempla, ſed loca longiora ſunt, quam quae huc transferre liceat. Ita forte defendi poteſt locus Ariſtotelis Rhet. I, 9, 37. Ληπτέον δὲ καὶ τὰ σύνεγγυς ὑπάρχοσιι, ὡς ταυτὰ ὄντα καὶ πρὸς ἔπαινον καὶ πρὸς ψόγον, οἷον τὸν εὐλαβῆ καὶ εὔψυχον, δαλὸν καὶ ἐπίβελον. pro quo Geſnerus ad Quintil. III, 7, 25. legit παράβολος. Sed puto etiam inter haec verba vicinitatem eſſe: ſi εὔψυχον explices virum fortem, animoſum, et aperto Marte agentem: ἐπίβελον, ex inſidiis alterum adorientem. In Cicerone locus occurrit in L. III. de orat. c. 18. *Sed vtrumque eſt in his, quod ab hoc, quem quaerimus, oratore valde abhorret, vel quod omnes, qui ſapientes non ſint, ſeruos, latrones, hoſtes, inſanos eſſe dicant, neque tamen quenquam eſſe ſapientem.* Val-

de autem eſt abſurdum ei concionem, aut ſenatum aut
vllum coetum hominum committere, cui nemo illorum, qui adſint, ſanus, nemo ciuis, nemo liber eſſe
videatur. Quis hinc verbum *latrones* deleat ideo,
quoniam nihil ei reſpondeat? Sed, vt ad Plutarchum
redeam, forte etiam alio modo defendi poteſt, ſi aut
ἄμικτον aliter explices, quam ſit, aut alteram lectionem ἀμίμητον recipias. Nam ſtatim addit: igitur eos
fabris credere et deorum corpora humanis ſimilia putare, et ſic ea effingere, adornare, adorare. Τὸ θηριῶδες vero tum non ſaeuum, ſed animale foret, quod-
que formam animalis habeat. Tum poſſes explicare, eos rem, quae non exprimi, non imitatione ef-
fingi poſſit, tamen animali habitu proponere velle.
Sed deſino.

ὤλεσε θυμὸν] Scholiaſt. Π. Λ. 173. θυμὸν παρὰ τῷ ποιητῇ σημαίνει πέντε — τὴν ψυχὴν ὡς ὅταν ἄπη μελιηδέα θυμὸν ἀπηύρα. vid. Graeuium in Lect. Heſiod. c. 19.
p. 101.

τύμβος] Pulcherrimus dignusque, qui cum hoc com-
paretur locus Thucydidis eſt, II, 43. κοινῇ γὰρ τὰ σώματα διδόντες, ἰδίᾳ τὸν ἄγηρον ἔπαινον ἐλάμβανον, καὶ
τὸν τάφον ἐπισημότατον, οὐκ ἐν ᾧ κᾶνται μᾶλλον,
ἀλλ᾽ ἐν ᾧ ἡ δόξα αὐτῶν παρὰ τῷ ἐντυχόντι ἀεὶ καὶ λόγε καὶ
ἔργου καιρῷ ἀείμνηστος καταλείπεται κ. λ. Sed ſolebant
etiam Graeci eos, qui in bello occubuerant, ho-
neſtiſſima ſepultura afficere. Athenienſes in bello
interemtos publice multisque caeremoniis ſepeliue-
runt, id quod docet Langbaenius ad Longin. Sect. 16,
36. et Meurſius in Ceramico Gemino c. 22. et 23.
p. 522. (T. I. edit. quam Florentiae, a. 1741. Io. La-
mius dedit.) quibus addemus locum Lyſiae ex Orat. II.
p. 67. οἱ πενθ᾽ἕνται μὲν διὰ φύσιν ὡς θνητοί, ὑμνοῦνται δὲ
εἰς ἀθάνατοι διὰ τὴν ἀρετήν καὶ γάρ τοι θάπτονται δημοσίᾳ,
καὶ ἀγῶνες τίθενται ἐπ᾽ αὐτοῖς ῥώμης καὶ σοφίας καὶ πλού-
του, ὡς ἀξίους ὄντας τοὺς ἐν τῷ πολέμῳ τετελευτηκότας ταῖς
αὐταῖς τιμαῖς καὶ τὰς ἀθανάτους τιμᾶσθαι. Quem tumu-
lum nacti ſint in pugna Marathonia caeſi, narrat Pauſanias in Atticis c. 32. p. 79. Verum etiam Lacedaemonii,

monii, ad quos proprie haec spectant, et quorum
antiquitates illustrare iuuat, quoniam iis Tyrtaeus
carmina sua dicauit, magnam in hac re curam adhi-
buerunt. Nam etsi omnibus liceret monimenta ne-
cessariis suis statuere, titulum tamen honorisque elogium et nomen eorum tantum monimentis inscribere
placuit, qui pro patria mortui essent. Testatur hoc
Plutarchus duobus in locis. in Lycurgo, p. 56. ἐπι-
γράψαι δὲ τοὔνομα θάψαντας οὐκ ἐξῆν τοῦ νεκροῦ, πλὴν ἀνδρὸς ἐν πολέμῳ καὶ γυναικὸς ἱερῶς ἀποθανόντων: et in Instit.
Lacon. p. 238. ἀνεῖλε δὲ καὶ τὰς ἐπιγραφὰς τὰς ἐπὶ τῶν
μνημάτων πλὴν τῶν ἐν πολέμῳ πεσόντων. confer Cragium
de Rep. Laced. L. III. T. I. Inst. XI. Meursius quoque
in Miscell. Lacon. L. II. c. 1. ostendit, Lacedaemonios sepulchris leonem, insigne fortitudinis, impo-
suisse. Herodotus L. VII. memoriae prodidit, Leonidae sepulchro leonem lapideum impositum fuisse.
quanquam memini, me legere in Pausan. Boeotic.
c. 40. p. 739. similem historiam de Cheronea: προ-
σιόντων δὲ τῇ πόλει πολυάνδριον Θηβαίων ἐστὶν ἐν τῷ πρὸς
Φίλιππον ἀγῶνι ἀποθανόντων. οὐκ ἐπιγέγραπται μὲν δὴ ἐπί-
γραμμα, ἐπίσημα δὲ ἔπεστιν αὐτῷ λέων· φέροι δ' ἂν ἐς τῶν
ἀνδρῶν μάλιστα τὸν θυμόν. adde Torrentium ad Horat.
Epod. XVI, 14. et lege, quae de leonibus sepulchris
impositis docte scripsit Bottarius ad Museum Capitolin.
T. III. p. 185. Cetera, quae huc pertinent, repetere nolo. Potius iocosum dabo carmen Meleagri
ex Anthologia inedita:

Ἠγρεύθην ἔμπροσθεν ἐγώ ποτὲ τοῖς δυσέρωσι
    Κώμοις ἠιθέων πολλάκις ἐγγελάσας·
Καὶ μ' ἐπὶ σοῖς ὁ πτανὸς Ἔρως προθύροισι Μυΐσκε
    Στῆσεν ἐπιγράψας ΣΚΥΛ' ΑΠΟ ΣΩΦΡΟ-
           ΣΥΝΗΣ.

Quod ad sententiam prioris distichi attinet, compara epigramma Callimachi, 47. p. 314.

παῖδες] Huc faciunt, quae notant Petitus et Wesselingius de legibus Atticis, fuisse legem: ne liberi,
                              quorum

quorum parentes in bello occubuiſſent, iniuria aliqua afficerentur, ſed educarentur iidem publico ſum-
tu et inſtituerentur, in theatris primas ſedes occu-
parent etc. vide eos in Iurisprudent. Rom. et Attic.
T. III. p. 699.   Notandus, notatisque ab illis adden-
dus eſt Lyſiae locus, Or. II, p. 65. μόνην δ' ἄν μοι δο-
κῶμεν ταύτην τοῖς ἐνθάδε καμένοις ἀποδοῦναι χάριν, εἰ τοὺς
μὲν τοκέας αὐτῶν ὁμοίως, ὥσπερ ἐκεῖνοι, περὶ πολλοῦ ποιοί-
μεθα, τοὺς δὲ παῖδας ἔτως ἀσπαζοίμεθα ὥσπερ αὐτοὶ πατέρες ὄντες, ταῖς δὲ γυναιξὶν εἰ τοιᾶτες βοηθοὺς ἡμᾶς αὐτοὺς
παρέχοιμεν, οἱοίπερ ἐκεῖνοι ζῶντες ἦσαν.

παίδων παῖδες] expreſſum hoc e ſimilibus Homericis, vt
Il. T. 308. Καὶ παῖδες παίδων, τοίκεν μετόπισθε γένωνται.
vid. Vptonium ad Epictet. p. 218.

Oὐδέποτε] Steph. Hert. Oὐδὲ ποτε. Similis argumenti
ſententias, qui cognoſcere cupiat, conſulat Clarkium
ad Homer. Od. Ω. 195. Rittershuſium ad Oppian.
Halieut. II, 460. Gataker. ad Antonin. II, 17. p. 78.
et 79. quaeque collata in I. Gruteri notis ad Syri et
Senecae Sentent. v. 825. p. 519. quae compilare, pro
more aliorum, non lubet.   Theognidis tantum locum
addimus, vt pateat, quod aliquoties diximus, prope
illum a Tyrtaeo abeſſe v. 855.

   — ἀρετῆς δὲ μέγα κλεός οὔποτ' ὀλεῖται,
      Αἰχμητὴς γὰρ ἀνὴρ γῆν τε καὶ ἄςυ σάοι.

φύγη] St. H. W. — φύγοι — ἔλοι.

αἰχμῆς εὖχος] illud verbum h. l. eo ſenſu ſumendum
eſt, quo pro fortitudine, virtute bellica etc. ſumi-
tur. Sophocl. in Oed. Colon. 1386. γῆς ὅσουπερ ἀπίας
πρῶτοι καλῶνται καὶ τετίμηνται δορί. int. ob bellicam virtutem in honore ſunt. Pindarus ſimiliter, vt h. l.
Pyth. I, 12. ὧν κλέος ἄνθησεν αἰχμᾶς. qui fortitudinis
fama floruerant.   Iſthm. V, 42. κάςορος δ' αἰχμὰ πολυ-
δεύκεός τε. virtus bellica Caſtoris: etſi etiam pro ipſo
bello ſumi videatur Nem. X, 23. θρέψεν δὲ αἰχμὰν Ἀμ-
φιτρύονος, vbi vide interpretes: et aliis locis pro ipſo
exercitu, vt Olymp. VII, 35. ἐργάφ σὺν αἰχμᾷ Schol.
                                                     σὺν

σὺν ἀλκᾷ Ἀργεΐων. adde Dionyſium Perieget. 210. Οὓς Διὸς οὐκ ἀλέγοντας ἀπώλεσεν Αὐσονὶς αἰχμή et v. 1052. Αὐσονίᾳ βασιλῆος ἐπεπρήϋνεν ἀκωκή· etſi his locis poſſis etiam *fortitudinem* interpretari. Grotius h. l. interpretatur: *Et ſpolia e bello victor opima ferat.*

τερπνὰ παθών] etiam de bonis dici παθεῖν et notum eſt, et docent, ſi quis exempla deſideret, Budaeus in Comment. G. L. p. 85. Faber ad Ariſtoph. Eccleſiaz. 884. Hombergius Parerg. Sacr. ad Marc. V, 5. aliique.

Γηράσκων —] Totum diſtichon legitur etiam in ſententiis Theognidis v. 1231. quod quomodo factum ſit, iuuat verbis Camerarii narrare, qui in prolegomenis p. 2. dicit: νῦν δὲ φανερὸν, ὅτι τὰ Θεόγνιδος ἐπιγραφὴν ἔχοντα ἔπη συναθροισμός τις ἐςὶ ποιημάτων διαφόρων, περιαιρεθέντων δηλαδὴ ἐκ τῶν ἐκείνου, ὅσα τινὸς αἰσχρολογίας ἔχεσθαι, ἔδοξεν, καὶ ἀντὶ τούτων ἐμβληθέντων ἄλλων· διὸ καὶ ἀσυνάρμοςά ἐςι τὰ πλᾶςα, καὶ τὰ αὐτὰ ἀναπολιτικῶς παλιλλογεῖται. Ὅτι δὲ καὶ Σόλωνος, καὶ Εὐήνε καὶ Τυρταίου ἔπη κατεμέμικτο τοῖς Θεογνιδείοις, σαφῶς ἐνεδείξαμεν ἐν τοῖς ὑπομνήμασι, καὶ ὑπολάβοι ἄν τις οὐκ ἀλόγως ἐκ τούτων, ὅτι καὶ ἄλλα παντοῖα παρενεβλήθη.

μεταπρέπει] in Stobaeo vitioſe μετατρέπει. Ceterum ſenum erat apud Lacedaemonios magnus honor, magna auctoritas. vnde Plutarchus in diſſ. an ſeni ſit gerenda respublica, p. 795. narrat; Lyſandrum dixiſſe, ὡς ἐν Λακεδαίμονι κάλλιςα γηρῶσιν. quemuis enim ſenem quodammodo vices magiſtratus gerere alicuius, aut tutoris, aut paedogogi, non modo rempublicam, ſed ſingula etiam ſingulorum iuuenum facta, exercitationes, ludos, victum inſpectare: colere eosdem ſenes atque ſectari adoleſcentes. vid. Valkenar. et Weſſeling. ad Herodot. L. II. p. 140. Συμφέρονται δὲ καὶ τόδε ἄλλο Αἰγύπτιοι Ἑλλήνων μούνοισι Λακεδαιμονίοισι· οἱ νεώτεροι αὐτέων τοῖσι πρεσβυτέροισι συντυγχάνοντες εἴκουσι τῆς ὁδοῦ καὶ ἐκτράπονται· καὶ ἐπιοῦσι ἐξ ἕδρης ὑπανιςέαται. Pariter et Aeschines in orat. in Tim. p. 195. de iisdem, — τῶν γερόντων, οὓς ἐκεῖνοι καὶ αἰσχύνονται καὶ δεδίασι. atque Damaſcenus de moribus Graecor. in T. V. theſauri Gronou.

Gronou. p. 3854. τοὺς δὲ γέροντας αἰσχύνοντα οὐδὲν ἧττον ἢ πατέρας. confer Gellium N. A. II, 15. Euſtathium ad Il. B. 471. et Rittershuſ. ad Oppian. Halieut. I, 683.

πάντες μὲν] Iterum imitatorem hic Theognidem agnoſce: v. 929.

Πάντες μὲν τιμῶσιν ὁμῶς ἴσοι, οἵτε κατ᾽ αὐτὸν
Ἔικωσιν χώρης οἵτε παλαιότεροι.

vbi Camerarius notat in ὑπομνημ. p. 106. ἔτι δ᾽ ἐν ἐνίοις προσέκειντο οἱ δύο στίχοι οἵδε, οἳ καὶ φέρονται ὡς Τυρταίου Γηράσκων δ᾽ ἀ͡ςοῖσι κ. λ.

θώκοισιν] de more adſurgendi et de via decedendi multi multa ſcripſerunt. Nos tantummodo loca claſſica indicabimus, quae nobis eſſe videntur ap. Cicer. de Senect. c. 18. Iuuenal. XIII, 54. Valer. Max. IV, 5, 2. Plutarch. Apopht. Lacon. p. 235. et in Lycurg. p. 48. vberius autem rem explicuerunt Cerda ad Virgil. Ecl. VI, 66. Lipſius in Elect. I, 23. et Gragius de Rep. Lac. L. III. Tab. VII. Inſt. 3. et L. IV. c. 9. Nec errare me puto, ſi per θώκας intelligam ſubſellia in theatris. vid. Caſaubon. ad Theophr. Char. p. 261. et viros doctos ad Thomam Magiſtr. p. 430.

οἵτε κατ᾽] Hert. οἵγε. vt paullo poſt οἱ παλαιότ. male.

ἀρετῆς] non virtutis ſed gloriae h. l. explicandum puto. Suidas: ἀρετὴ Ἀνδοκίδης καὶ Θουκυδίδης ἀντὶ τοῦ εὐδοξία. Thucydid. I, 33. καὶ προσέτι φέρουσα ἐς μὲν τοὺς πολλοὺς ἀρετὴν. vbi vide Waſſium. Anthol. L. III. p. 295. Ἀλλ᾽ ἀρετὰν ἀντ᾽ ἀρετῆς ἔλαβον.

πόλεμον] in marg. πόλεμε vt etiam St. W. H. Il. N. 114. ἡμέας γ᾽ οὔπως ἐστὶ μεθιέμεναι πολέμοιο. et Δ. 351. πῶς δὴ φῂς πολέμοιο μεθιέμεν. vide Valkenarium ad Euripid. Phoeniſſ. 522. Frob. male θυμὸν μὴ etc. πόλεμε.

Δ.

Μέχρις τεῦ κατάκεισθε; κότ᾽ ἄλκιμον ἕξετε
                θυμὸν,
Ὦ νέοι, οὐδ᾽ αἰδεῖσθ᾽ ἀμφιπερικτίονας
Ὧδε λίην μεθίεντες; ἐν εἰρήνῃ δὲ δοκεῖτε
Ἧσθαι, ἀτὰρ πόλεμος γαῖαν ἅπασαν ἔχει.

  .   .   .   .

Καί τις ἀποθνήσκων ὕστατ᾽ ἀκοντισάτω.
Τιμῆέν τε γάρ ἐστι καὶ ἀγλαὸν ἀνδρὶ μάχεσθαι
Γῆς πέρι, καὶ παίδων, κουριδίης τ᾽ ἀλόχου

G   Δυσμε-

Δυσμενέσιν· θάνατος δὲ ποτ' ἔσσεται, ὁππότε
κεν δὴ

Μοῖραι ἐπικλώσωσ'. ἀλλά τις ἰθὺς ἴτω
Ἔγχος ἀνασχόμενος καὶ ὑπ' ἀσπίδος ἄλκιμον
ἦτορ

Ἔλσας, τὸ πρῶτον μιγνυμένω πολέμω.
Ου γὰρ κώς θάνατόν γε φυγεῖν εἱμαρμένον ἐσὶν
Ἄνδρ', οὐδ' εἰ προγόνων ἦ γένος ἀθανάτων.
Πολλάκι δηϊοτῆτα φυγὼν καὶ δοῦπον ἀκόντων
Ἔρχεται, ἐν δ' οἴκω μοῖρα κίχεν θανάτου.
Ἀλλ' ὁ μὲν οὐκ ἔμπας δήμω Φίλος οὐδὲ ποθεινός,
Τὸν δ' ὀλίγος στενάχει καὶ μέγας, ἤν τι πάθη·
Λαῶ γὰρ συμπάντι πόθος κρατερόφρονος ἀν-
δρὸς

Θνήσκοντος· ζώων δ' ἄξιος ἡμιθέων.
Ὥσπερ γὰρ μιν πύργον ἐν ὀφθαλμοῖσιν ὁρῶσιν,
Ἔρδει γὰρ πολλῶν ἄξια μένος ἐών.

COMMENTARIVS.

Tribuitur haec Elegia a Stobaeo in S. XLIX. Callino, vbi Gefnerus in margine notauit; Camerarium Callimachum auctorem exiſtimare. Et tribuit profecto huic eam in orat. de bello Turcico. vid. Fabricium in Bibl. Gr. L. III. c. 19. p. 484. A Stephano edita eſt
inter

inter fragmenta Tyrtaei, hac epigraphe addita. τοῦ
αὐτοῦ ἢ καλλίνου et in Id. p. 22. id quod etiam fecerunt Wintert. p. 437. Hertelius: Lect. p. 731. Froben.
p. 232. quos sequi visum est. De Callino quidem, cuius ἐλεγεῖα commemorantur ab Athenaeo L. XII.
p. 527. et cuius nomen cum Callimachi nomine interdum confunditur, vt docet Fabricius l. c. L. III,
c. 28. p. 713. consule, quae notauit Ruhnkenius ad
Callimachi Fragment. p. 439.

Μέχρις] Initium Elegiae mihi in memoriam reuocat
duo carmina, ex Anthologia inedita nunc expromenda,
quoniam non nimis multa ad reliquos versus nobis
adferenda esse videmus. Vtrumque carmen est Stratonis:

Μέχρι τινός σε γελῶντα μόνον, μηδὲν δὲ λα-
λοῦντα

Οἴσομεν; εἰπὸν ἁπλῶς ταῦτα σὺ πᾶσι, φίλε.
Αἰτῶ, καὶ σὺ γελᾷς· πάλιν αἰτῶ, κοὐκ ἀπο-
κρίνῃ

Δακρύω, σὺ γελᾷς· βάρβαρε τῦτο γέλως.

in 3. v. erat pro altero αἰτῶ in chartis αἰθῶ· in v. 4.
vltima pars non integra videtur. an β. τ. γελᾷς; nam
et γελάω interdum casui quarto additur. Sed nec
hoc placet satis. Videant acutiores: ego hic nihil
melius video.

Ἄχρι τίνος ταύτην τὴν ὀφρύα τὴν ὑπέροπτον,
Μέντορ, τηρήσεις, μηδὲ τὸ χαῖρε λέγων,
Ὡς μέλλων αἰῶνα μένειν νέος, ἢ διὰ παντὸς
Ὀρχᾶσθαι πυρίχην; καὶ τὸ τέλος πρόβλεπε·
Ἥξει σοι πώγον, κακὸν ἔσχατον, ἀλλὰ μέγιστον,
Καὶ τότ' ἐπιγνώσῃ, τίς σπάνις ἐςὶ φίλων.

Nihil hic mutauimus, praeter diſtinctionum ſigna.
Similis argumenti non pauca habet carmina eadem
Anthologia.   Liceat tantummodo tria addere, prae-
ſertim cum nihil fere ad eorum interpretationem
addendum ſit. nam, praeter vltimum, facilia ſunt.
Primum Διοκλέχς eſt:

Χαῖρε ποτ᾽ οὐκ εἰπόντα προεῖπέ τις, ἀλλ᾽ ὁ πε-
ρισσὸς

Κάλλει νῦν Δάμων οὐδὲ τὸ χαῖρε λέγει.

Ἥξει τις τούτῳ χρόνος ἔκδικος, εἶτα δασυνθεὶς

Ἄρξει χαῖρε λέγειν οὐκ ἀποκρινόμενος·

In v. 1. margo habebat προσᾶπε. quam lectionem ego
veram puto.   Vltima ita interpretaberis: veniet tempus, quo ille, qui nunc nil reſpondet, prior ſaluta-
bit. reliqua quam habent difficultatem? Alterum
Strato fecit:

Οὐχ᾽ ἐχθὲς παῖς ἦσθα καὶ οὐδ᾽ ὄναρ οὗτος ὁ
πώγων

Ἤλυθε; πῶς ἀνέβη τοῦτο τὸ δαιμόνιον

Καὶ τριχὶ πάντ᾽ ἐκάλυψε τὰ πρὶν καλὰ· Φεῦ
τί τὸ θαῦμα

Ἐχθὲς Τρώιλος ὢν πῶς ἐγένɤ Πρίαμος;

an recte interpretabor primum verſum e Moſchi Id.
IV, 18. τόδ᾽ ɤ᾽ ὄναρ ἤλυθεν ἄλϕ᾽ quod neque per
ſomnium alteri in mentem veniret! puto igitur:
Nonne heri puer eras. nec in ſomno quidem, te bar-
batum mox fore, cogitaſti? Tertium eſt Φρόντωνος:

Τὴν ἀκμὴν θησαυρὸν ἔχειν κωμῳδὲ νομίζεις

Οὐκ εἰδὼς αὐτὴν Φάσματος ὀξυτέρην

Ποιήσει σ᾽ ὁ χρόνος μισέμενον, εἶτα γεωργὸν

Καὶ τότε μαξεύσεις τὴν περικειρομένην.

Reſpicit

Respicit auctor ad fabulas eo tempore celeberrimas.
Ex Γεωργῷ seu γοργίᾳ, comoedia Menandri, aliquot
versus laudantur a Stobaeo et Scholiastis, quos collegit Clericus in Fragm. Menandri p. 32. Idem dat
p. 126. fragmenta ἐκ τοῦ μισουμένου. E fabula quae
περιχειρομένης titulo nota fuit, nihil dat Clericus.
sed vide Vincentium Obsopoeum ad Epigr. Agathiae
in Anth. L. VII. p. 588. et consule Wesselingium in
Disseriat. Herodot. p. 159. His monitis sententia
carminis clara est. Respicit etiam forte τὸ θησαυρὸν
ad comoediam huius nominis? Certe talem Menandrum fecisse ex Prologo Eunuchi Terentiani v. 10.
notum est, et fragmenta data ab eodem Clerico p. 84.
testantur.

αἰδᾶσθ᾽] Pulcherrimus locus est, qui huc pertinet Platonis de Leg. L. III. p. 699. quem cognosces, quicunque huius adhortationis vim capere volueris. Ve-
rissime Plinius in H. N. XXXVI, 15. *Pudor, Romani nominis proprius, qui saepe res perditas seruauit
in praeliis.* et exemplum vide apud Liuium XXX, 18.
*Simul et peditum legio duodecima, magna ex parte caesa,
pudore magis quam viribus tenebat locum.* Apud
Homer. Il. O. p. 657. Οὐδ᾽ ἐκέδασθεν ἀνὰ στρατόν, ἔσχε
γὰρ αἰδὼς καὶ δέος. Lege etiam pulchram adhortationem Il. E. 530. Ἀλλήλους τ᾽ αἰδεῖσθε κατὰ κρατερὰς ὑσμί-
νας, Αἰδομένων τ᾽ ἀνδρῶν πλέονες σόοι, ἠὲ πέφανται etc.
et O, 661. Ὦ φίλοι, ἀνέρες ἔστε καὶ αἰδὼ θέσθ᾽ ἐνὶ θυμῷ
Ἄλλων ἀνθρώπων. Confer Eustath. ad Il. B. p. 455. ad E.
p. 1237. et notata a Dukero et Freinshemio ad Flor.
IV, 2, 82.

ἀμφιπερικτίονας] edidisse me puto sic recte, docente id etiam
Schradero ad Musaeum, p. 49. Steph. aliique male ἀμ-
φιπερικτύονας· Quae dicuntur in Etymologico M. ἀμ-
φικτύονες, οἱ περιοικοῦντες· τὸ γὰρ κτίσαι ἐπὶ τῷ οἰκῆσαι ἔλαβον οἱ παλαιοί· ὡς φησὶν ὅμηρος· Εὐκτίμενον πτολίεθρον καὶ
Εὐκτιμένην κατ᾽ ἀλωήν· ἔστιν οὖν οἰκίζω, οἰκίσω, οἰκιῶν καὶ οἰκ-
τιῶν κατὰ πλεονασμὸν τοῦ τ᾽, καὶ μετὰ τῆς ἀμφὶ προθέσεως,
ἀμφικτιῶν· καὶ τροπῇ τοῦ ι εἰς υ ἀμφικτύων, ὡς τριφάλεια,

τρυφά-

τρυφάλεια, merae argutiae funt Grammaticorum. Ego ea falfa puto et inepta, licet eadem fere habeat Phauorinus.   Potius praeter verba Scholiaftae Thucydid. III, 104, 36. καὶ περικτιόνων νησιωτῶν· περικτίονές εἰσι καὶ ἀμφικτίονες οἱ περιοικοῦντες· Ὅμηρος· Ἄλλους τ᾽ αἰδέσθητε περικτίονας ἀνθρώπους, οἱ περιναιετάουσιν (Odyſſ. B. 65.) ἐϋκτίμενον δὲ τὸ καλῶς οἰκούμενον. quemadmodum etiam minor Scholiaft. ad Il. P. 220. Σ. 212. interpretatur περίοικοι: huc pertinet locus Pauſaniae, qui L. X. c. 8. p. 815. vbi de concilio Amphictyonum exponit: dicit: Ἀνδροτίων δὲ ἐν τῇ Ἀτθίδι ἔφη συγγραφῇ, ὡς τοεξαρχῆς ἀφίκοντο ἐς Δελφὸς παρὰ τῶν προσοικούντων συνεδρεύσοντες· καὶ ὀνομασθῆναι μὲν Ἀμφικτίονας (ita legendum ibi eſſe ſatis clare Sylburgius docuit) τοὺς συνελθόντας, ἐκνικῆσαι δὲ ἀνὰ χρόνον τὸ νῦν σφισιν ὄνομα.   Qui locus apprime vtilis eſt, cum ad originem concilii Amphictyonum, tum ad vtriusque verbi differentiam notandam. nempe dicit, eos, qui e circumuicinis in Delphicum conſeſſum de more coiuerint, primum ἀμφικτίονας fuiſſe appellatos, poftea vero eosdem nomen Ἀμφικτυόνων obtinuiſſe, deductum illud ab auctore concilii.   Interim vtrumque verbum fere perpetuo a librariis fuit permixtum in codicibus, vt in Herodoti L. VIII, 104. p. 667. ἐπεὰν τοῖσι ἀμφικτίοσι, πᾶσι τοῖς ἀμφὶ ταύτης οἰκέωσι τῆς πόλεος, licet haec interpolata cenſeat Valckenarius, qui neque Tyrtaei hunc locum praeteriit. vide inprimis Politum ad Euſtath. ad Il. B. T. II. p. 547. Schmidium ad Pindar. Iſtm. IV, p. 71. Dau. Ruhnkenium ad Timaei Lexic. Vocum Platonicar. p. 20.   De collegio vero Amphictyonum, de quo, vt diximus, hic non ſermo eſt, vid. *Charles Valois de la Mare Differtation ſur les Amphictyons (dans les Memoires de l'Acad. des Inſcript. T. IV. p. 265. T. VII. p. 641.)* quam differtationem e commentario Prideauxii ad marmora Oxonienſ. pag. 122. exſcriptam compilatamque eſſe docet Chriſt. Cruſius, in Probabil. Criticis p. 220. adde Ant. van Dale in Diſſ. VI. de Antiqu. et Marm. p. 430. ſequ. Io. Taylorum ad marmor Sanduicenſe, p. 52. viros doctos ad Heſych. p. 302.

p. 302. 11. et Weſſelingium ad Diod. Sic. T. II.
p. 104. Caeterum, ne, quod ad locum intelligendum facit, omittamus, ſaepius ſit mentio in rebus
Laconicis τῶν περιοίκων, vt notum eſt: per hos Heinſium τὰς Εἱλώτας intelligere Dukerus in Addend. ad
Thucyd. p. 510. notat. Sed recte Valkenarius ad
Herodotum L. IX. p. 696. diſſentit, et vbicunque, dicit, in hiſtoria Graeca περίοικοι vel iunguntur vel op-
ponuntur Spartiatis, Lacedaemonii ſunt intelligendi,
cuiuscunque fuerint vrbis Laconicae ciues, excepta
Sparta, Spartiatarum imperio parentes. Tum ex
Scholiaſt. inedito Ariſtid. profert haec: οἱ περίοικοι,
οἱ περιοικοῦντες Σπάρτην τὴν μητρόπολιν.

Ἧσθαι] vſurpatur ſaepe hoc verbum de otioſis, pigris,
pugnam detrectantibus, nihil agentibus, deſidibus, etc.
Il. A. 133. Ἦ ἐθέλεις, ὄφρ᾽ αὐτὸς ἔχῃς γέρας, αὐτὰρ ἔμ᾽
αὔτως Ἧσθαι δευόμενον Γ. 134. Οἱ δὴ νῦν ἕαται σιγῇ, πόλεμος δὲ πέπαυται. Δ. 412. τέττα, σιωπῇ ἧσο, ἐμῷ δ᾽ ἐπι-
πείθεο μύθω. N. 252. οὐδέτι αὐτὸς Ἧσθαι ἐνὶ κλισίῃσι
λιλαίομαι, ἀλλὰ μάχεσθαι. Demoſth. de Coron. pag.
317. ed. Wolf. καθῆντο ἐν Μακεδονίᾳ τρεῖς ὅλους μῆνας.
Pindar. Olymp. I, 132. τί κε τις ἀνώνυμον γῆρας ἐν σκότῳ
καθήμενος ἕψοι μάταν. Quintus Cal. II, 73. ἀπόσχεο
δηιοτῆτος, μίμνε δ᾽ ἐνὶ μεγάροισι καθήμενος. et X, 16. παρὰ
τεῖχος ἀκηδήσωσι μένοντες, Ἀκλέες ἑζόμενοι. Et ſic Latini ponunt verbum *federe*. Liv. XXVI. 11. *Qui cum
ipſe ad moenia vrbis Romae armatus federet.* Cornel.
Dat. 8. *congredi, quam cum tantis copiis refugere,
aut tam diu vno loco federe.* Cic. Ep. XVI, 7. *iis enim
ventis iſtuc nauigatur, qui ſi eſſent, nos Corcyra non
federemus.* Claudian. B. Gild. 375. *an patiar tot probra
feders?* vid. Euſtath. ad Il. E. 355. Εὗρεν ἔπειτα μάχης
ἐπ᾽ ἀριστερῷ θοῦρον Ἄρηα Ἥμενον. Seruium ad Aen. XI,
460. Graeuium in Lect. Heſiod. c. 11. p. 54. Heinſium ad Aen. XII, 237. Drakenborch. et Heinſ. ad
Sil. It. XII. 64. Io. Vpton. in indice Epicteti ſ. v.
κάθημαι. Steph. Berglerum ad Alciphron. I. ep. 25.
et Krebſium ad Plutarch. περ. ἀκούειν. p. 153. Pariter ἕδρα etiam notat μονήν, ἀργίαν, διατριβὴν. do-

cente

cente Wassio ad Thucyd. V, 7. Ita enim ἐκ ἕδρας ἔργον, occurrit, de quo vid. Abrah. Gronouium ad Aelian. Hist. Anim. VI, 1. p. 1031. Hoc sensu ponitur quoque οὐχ ἕδος. Il. Ψ. 205. οὐχ ἕδος. vid. Barnesium ad Il. Λ. 647. Οὐχ ἕδος ἐςὶ, γεραιὲ διοτρεφὲς, οὐδέ με πάσας. Sophocl. Aiac. 825. Οὐχ ἱδρυτέον-χρωμεν-οὐχ ἕδρας ἀκμή. consule Valkenarium ad Eurip. Phoeniss. 591. sed recedit etiam in aliis locis a proprio sedendi vsu hoc verbum, vt sedere dicatur, qui etiam inambulet. Homer. Od. XVI. 144. ἀλλὰ στοναχῇ τε γόωτε ἧσαι ὀδυρόμενος, φθινύθα δ' ἀμφ' ὀστεόφιν χρώς. Eurip. Iphig. in Aul. 1175. ἐπὶ δὲ δακρύοις μόνη κάθημαι, τήνδε θρηνῦσ' ἀεί. de homine in perpetuo luctu versante dicitur. vid. Schultensium in comment. ad Iobum, T. I. pag. 38. ἵζειν, καθῆσθαι, καθίζεσθαι ἐπὶ τῆς ἑςίας, dicuntur supplices. Herodot. Erat. 108. ἱκέται ἱζόμενοι ἐπὶ τὸν βωμὸν ἐδίδοσαν σφέας αὐτούς. Sophocl. Oed. Col. 1218. προσπεσόντα πας Βωμῷ καθῆσθαι τῷ Ποσειδῶνος. vid. Wassium ad Thucyd. I, 133. et 136. Spanhemium ad Callim. H. in Del. 325. et Taylorum ad Lys. or. II, p. 35. 36. Quoniam etiam paullo ante elegantissimi libelli Plutarchi περ. ἀκούειν mentionem fecimus, non praetermittemus hanc occasionem leuia quaedam menda tollendi. Vtimur vero Krebsiana editione. p. 4. in versu πολύποδος κεφαλῇ ἐν μὲν κακόν, ἐν δὲ καὶ ἐσθλόν, aut bis lege ἐν aut retine ἐν et scribe κεφαλῆς. de eodem pisce: ὅτι τῷ βρωθῆναι μέν ἐςιν ἥδιςος, δυσόνειρον δὲ ὕπνον ποιεῖ, φαντασίας ταραχώδεις καὶ ἀλλοκότας δεχόμενον. an potius δεχομένοις: iis, qui eo vescuntur? p. 24. αἵματα τ' ἐξημοιβὰ, λοετρά τε θερμὰ καὶ εὐναί: etsi sic hic versus exstat in Odyss. θ. 249. hic tamen legendum est εὐνάς, quoniam verbum ad ἀγαπῶντας referendum est. p. 58. ἐν ποιητικῇ λέξει καὶ μυθεύματι περικεχυμένοις πολλὰ διαφεύγει τὸν νέον. vide an praestet legere περικεχυμένῃ· p. 74. οἱ δὲ παῖδες ἂν ὀρθῶς ἐκτρέφωνται τοῖς ποιήμασιν. scribo ἐντρέφωνται. nec inuitis, puto, viris doctis. nota est dicendi formula vel e nouo Test. vbi in Ep. I. ad Tim. IV, 6. est ἐντρεφόμενος τοῖς λόγοις τῆς πίςεως. plura

dat

dat Dorvillius ad Chariton. p. 36. Sic etiam Latini.
Senec. ad Polyb. 21. *liberalibus disciplinis, quibus non
innutritus est tantum, sed etiam innatus.* et ep. 2.
Certis ingeniis immorari et innutriri oportet.

v. 4. deest hic versus, quem Camerarius ex ingenio sic suppleuit: Ἐν νύτις ἀσπίδα θέδω ἐναντίβιυς πο-
λεμίζων. Sed satius est in his nihil tentare, quam
frustra hariolari. Mihi certe de lacunis sine codi-
cum ope sola coniectura repletis idem videtur quod
Broukhusio, quem vide ad Tibull. III, 5, 17. et
Propert. II, 20, 28. Nam quid prodest, aut versus
operose fingere, aut fictos ab aliis antiquis addere,
cum tamen per rerum naturam fieri nequeat, vt, quae
ab ipso auctore scripta sint, inueniamus reddamusque?

ἀποθνήσκων] Pulcher est hic locus. Iubet poeta milites,
iam moribundos, adhuc iaculari, et hoc quasi sola-
tium, re bene gesta, ad inferos secum auferre, aut,
vt Polybius L. III, pag. 298. dicit, ἕως τῆς ἐσχάτης
ἀναπνοῆς διαγωνίζεδαι. Veniunt hic mihi in mentem
aliquot similia loca, quibus eadem nobilitas, fortitudo et constantia animi bene depingitur. Quid
potest sublimius esse illo sermone Hectoris Il. X. 303.
νῦν αὐτέ με μοῖρα κιχάνει, Μὴ μὰν, ἀσπυδάγε καὶ ἀκλαῶς
ἀπολοίμην, Ἀλλὰ μέγα ῥέξας τι καὶ ἐσσομένοισι πυθέδαι.
Talia cum legimus et diuinum miramur Homerum, et
ipsi aliquo modo tollimur et sentimus vim, quae herois pectus animasse videtur. Quem non defectat
ille miles apud Lucanum in L. III, 622. qui post alia
facinora — *vulnere multo*

> *Effugientem animam lapsos collegit in artus,*
> *Membraque contendit toto, quicunque manebat;*
> *Sanguine, et hostilem defessis robore membris* (alii
> *neruis*)
> *Insiliit solo nociturus pondere, puppim.*

aut qualia sunt, quae legimus eodem libro, 796.

Non

Non perdere letum
Maxima cura fuit, multus sua vulnera puppi
Afflixit moriens et rostris abstulit ictus.

Et quid videtur de illis Sidonii V, 252.

si forte premantur
Seu numero seu forte loci; mors obruit illos,
Non timor: inuicti perstant, animoque supersunt
Iam prope post animam.

Atque haec ex poetis nunc succurrunt, quibus addere potes notata a Drakenborchio ad Sil. It. IV, 607. et IX, 512. cuius recordor illa:

Si studium et saeuam cognoscere Amilcaris vmbram,
Illa est, cerne procul, cui frons nec morte remissa
Irarum seruat rabiem.

Dabimus vero etiam quaedam e prosaicis. Iam primum in aurea descriptione, aut pictura potius pugnae quam intexuit Xenophon laudationi Agesilai παρῆν δὲ θεάσασθαι — ἐγχειρίδια γυμνὰ κελεῶν, τὰ μὲν χαμαὶ τὰ δ᾽ ἐν σώμασι, τὰ δ᾽ ἔτι μετὰ χεῖρας. Tum narrat Sallust. B. C. 61. *Catilina longe a suis inter hostium cadauera repertus est, paululum etiam spirans, ferociamque animi, quam habuerat viuus, in vultu retinens.* Florus I. 18, 17. *Quinam illi fuerunt viri, quos ab elephantis primo praelio obtritos accepimus? omnium vulnera in pectore: quidam, hostibus suis immortui: omnium in manibus enses: et relictae in vultibus minae: et in ipsa morte ira viuebat.* Velleius Pat. II, 17. *Telesinus postero die semianimis repertus est, victoris magis, quam morientis vultum praeferens.* Quid? quod post mortem etiam viuere indignationem et iras quidam et credidere et memoriae prodidere. Certe in campis Marathoniis Pausanias in Atticis p. 79. c. 32. narrat audiri singulis noctibus equorum hinnitus, et pugnantium etiam virorum species cerni. cui adstipulatur Iac. Sponius in Itinerar. Orient. P. II. L. VI. p. 59.
consule

consule Hieron. Magium in Miscell. L. IV, c. 12. et interpretes ad Lucan. VII, 175. *Edere nocturnas belli Pharsalia voces.* Sed desino plura dare.

ϗ παῖδα] Grotius edidit ϗ τέκνων.

ὁππότε κεν δή] Idem ὁππότερον δή.

ἐπικλώσως] vide Gatakerum ad Antonin. IV, 26. p. 149.

Ἑλσας] Paullum negotii nobis hic locus fecit. Putabamus primum eum corruptum esse, et coniectura aliqua succurrere volebamus. Illam arcessere lubebat e Pindari Pyth. III, 168. Διὸς δὲ χάριν ἐκ προτέρων μεταμειψάμενοι καμάτων Ἔσασαν ὀρθὰν καρδίαν. In animo quoque versabatur ille locus in Il. Ξ. 371. Ἀσπίδας, ὅσσαι ἄρισαι ἐνὶ σρατῷ ἠδὲ μέγισται, Ἑσσάμενοι. Sed melius deinde visum est, nihil mutare, et explicationem potius loci quaerere. Hic primum in mentem venit Phauorini interpretatio. Ἑλσαν παῤ Ὁμήρῳ ἐν τῷ Λ. (v. 413.) τῆς Ἰλιάδος, τυτέσι ἤλασαν, ἢ ἄλησαν, ὅ ἐσι συνέκλεισαν μέσον τὸν ἥρωα, ὡς μηδὲ ἀ θέλει ὑποχωρεῖν ἐξᾶναι αὐτῷ. atque etiam Eustathius dicit: Ἑλσαν τυτέσιν ἤλασαν ἢ ἄλησαν ὅ ἐσι συνέκλασαν μέσον. atque pariter Scholiast. Il. Λ. 409. ἀμφ᾽ ἅλα ἑλσαι Ἀχαιὰς exponit; συνελάσαι, συγκλᾶσαι. quanquam etiam hoc quidam ad verbum ἀλέω referunt. Apud Pindarum in Ol. X, 51. ἐν πίσᾳ ἑλσας ὅλον τε σρατόν. Scholiast. notat συναγαγὼν ϗ κατασχών, et alter συγκλάσας, κατασχών. Praeterea legitur in Etymolog. M. Ἑλσαι τὸ συνελάσαι, ἀπὸ τῆ ἑλάσαι, κατὰ συγκοπήν et Hesychii Glossario: Ἑλσαι, συσχᾶν, συνελάσαι, συγκλᾶσαι. Ἑλσαν, συνήλασαν. Putabam igitur esse eandem huius loci sententiam, quae est Latinae formulae: *colligere animum* v. c. apud Liuium III, 60. *Retulere primo pedem hostes: deinde cum animos collegissent, restituitur pugna.* Atque hanc interpretationem fere firmare videtur locus Il. Δ. 152. Ἀψόῤῥον οἱ θυμὸς ἐνὶ σήθεσσιν ἀγέρθη Scholiast. τυτέσιν ἐπισυνηθροίσθη, ἐπισυνήχθη. quem locum Ernestius nec intellexit recte nec explicuit.

explicuit. Tota feries narrationis docet, non fermonem effe de terrore, fed de eo, qui ad fe redit, ante perterritus. compara Il. O. 240. νἱὸν δ᾿ ἐσαγεάρατο θυμόν. Ita etiam συνλέγειν ἑαυτὸν dicunt Graeci, notante Petro Horreo ad Aefchin Dial. 3. p. 123. Mox fufpicari lubuit, an h. l. ἔλσας effet idem quod apud Virgil. Aen. XII, 491. *Subftitit Aeneas et fe collegit in arma Poplite fubfidens.* quod Seruius exponit: *ita fe texit, vt nulla parte poffet feriri.* Non tamen memini, me hoc fenfu pofitum inuenire hoc verbum. Praeterea non ἦτορ, fed σῶμα, aut γυῖα dicere poeta debuiffet. Confului etiam aliquando virum, dum viueret, amiciffimum nobis, Heilmannum, doctiffimum Thucydidis interpretem, qui pro infigni Graecarum litterarum peritia, haec refpondit. ἦτορ, inquit, non interpretor fortitudinem, fed cor, quafi fedem fortitudinis. Haec fignificatio neque dubia eft, et auctoritate Euftathii confirmatur, explicantis Il. I. 492. μεγαλήτορ θυμὸς ita: μέγας θυμὸς ἐπὶ τὸ ἦτορ, ἤτοι τὴν καρδίαν τὴν ἐπὶ τὰ στήθη. Iam ἔλσας, fiue illud cum (᾿) fiue (῾) fcripferis, aut idem notat, quod ἔλσας, i. e. ἔλσας ὑπὸ τῆς ἀσπίδος, vel ἐπικαρασηρίξας τὸ στῆθος τῇ ἀσπίδι: forte pectus applicare fortiter, adigere ad fcutum, aut eft fumendum pro ἔλσας, ab αἰλέω pro ἀλύω, conglobari, recipere fe, quod proprie quidem tantum de turma et caterua dicitur, fortaffe tamen audacius de heroe, qui aequat totum exercitum, vt Homerus aliquo loco canit, dici poteft. Scholiaftae veteres vtramque fignificationem proponunt, fed prior huic loco melius conuenire videtur. Haec vir nuper eruditiffimus. Noui ἐλάυνειν effe etiam interdum, *incitare, excitare, ftimulare.* vid. Budaeum in Comment. Graec. L. p. 883. quanquam exempla ab eo allata paullum diuerfa funt. Videant doctiores an hic locus eam vim admittat. Mihi fufficiat haec propofuiffe, e quibus eligat quisque, quod fibi placuerit. Mea fententia haec eft: Tyrtaeus iubet milites haftas tollere, et bene munito pectore f. corpore tecto fcuto, hoftes recta inuadere. Deduco igitur

igitur verbum (pofitum pro ἀλήσαις) ab ἀλέω, attice
ἀλέω, quod notat praeter alia, occulto, includo etc.
In Il. P. 492. Τὼ δ' ἰθὺς βήτην, βοῆς ἀλυμένω ὤμους,
malunt alii quoque legere: ἀλημμένοι. Haec interpretatio mihi fimpliciffima videtur ideoque optima.
Latinus interpres reddidit: *fub fcuto forte pectus fouens*
et alter: *tegensque fortia praegrandi pectora fub clypeo:*
Grotius: *clypeo generofa recondens Pectora.* Ofius:
Muniti clypeo robuftum pectus abeno obiiciant haftis.

πολέμῳ] hoc loco verbum hoc pugnam, ipfum praelium
notat, quemadmodum πολεμᾶν eft faepe pugnare, docente magno Cafaubono ad Polybium pag. 147. ed.
Gronou. Ita inprimis frequenter Homerus. Il. B.
443. κηρύσσειν πολεμόνδε καρηκομόωντας Ἀχαιᾶς. Δ. 281.
Δήϊον ἐς πόλεμον πυκιναὶ κίνυντο Φάλαγγες. M. 181. Σὺν
δ' ἔβαλον Λαπίθαι πόλεμον καὶ δηϊοτῆτα. Sic apud Latinos *bellum* eft nonnunquam idem quod *praelium.*
Nam praeter Florum III, 5. *omnes copias Chaeroneam,*
apud Orchomenon altero bello diffipauit, et Velleium II,
69. *acri atque profperrimo bello Caffius-Rhodum ceperat,*
hunc vfum in Vegetio aliquoties notauit Stewechius.
vide eum ad II, 13. et III, 26. p. 226. adde Graevium
in Lect. Hefiod. p. 99. Drakenborchium ad Sil. It. I,
621. ad Liu. III, 61, 2. et ad Epit. L. 52. T. V. p. 1011.
Cortium ad Salluft. B. C. IX, 4. Burman. ad Lucan.
VII, 523. et 650. Arntzenium ad Aurel. Vict. de Vir.
Ill. c. 54. p. 220. et Verheyk ad Eutrop. III, 10. *nullo*
tamen Punico bello Romani grauius accepti funt.

Ὀυ γάρ πως κ. λ.] Similis fententia aliquoties apud Homerum occurrit, vt Il. Z. 488. Μοῖραν δ' οὔτινά φημι
πεφευγμένον ἔμμεναι ἀνδρῶν, Ὀυ κακὸν, οὐδὲ μὲν ἐσθλὸν
ἐπὴν τὰ πρῶτα γένηται. Et, qui locus propius accedit
ad hunc Il. M. 322.

Ὦ πέπον, εἰ μὲν γὰρ πόλεμον περὶ τόνδε φύ-
γοντες

Ἀιεὶ δὴ μέλλοιμεν ἀγήρω τ' ἀθανάτω τε
Ἔσσεθ'

Ἔσσεσθ' οὔτε κεν αὐτὸς ἐνὶ πρώτοισι μαχοί-
μην —

Νῦν δ' ἔμπης γὰρ κῆρες ἐφεςᾶσιν θανάτοιο
Μυρίαι, ἃς ἐκ ἔςι φυγεῖν βροτὸν ἐδ' ὑπα-
λύξαι,

Ἴομεν κ. λ.

vbi Clarkius ex aliis fcriptoribus plura contulit. Ad
fequens diftichon illuftrandum pulchre faciunt, quae
notauit, pro magna eruditionis varietate, Gatakerus
ad Antonin. VI, 10. p. 223. et VII, 46. p. 277. quibus nos addamus locum Alciphronis L. I, 25. καὶ ὀυκ
ἔςι τὸ χρέος φυγεῖν, κἂν ἐν οἰκίσκῳ τις καθάρξας αὐτὸν
τηρῇ ἐνεργὸς γὰρ ἡ ἡμέρα ἑκάνη, καὶ τὸ πεπρωμένον ἄφυκτον,
vbi vide Berglerum. Illud Simonidis: ὁ δ' ἂν θάνατος
ἔφικε καὶ τὸν φυγόμαχον notum eft. vide etiam Lam-
binum ad Horat. III, 2, 14.

Ἔρχεται] credo effe explicandum: abit, e pugna, e praelio, et incolumis domum redit. Il B. 381. Νῦν δ' ἔρ-
χεθ' ἐπὶ δᾶκνον. et E, 150. τοῖς ὀυκ' ἐρχομένοις ὁ γέρων
ἐκρίνατ' ὀνάρους, quod quidem explicant quidam, ὅτι
ὀυκ ἐπανήξυσιν ἀπὸ τοῦ πολέμε: fed fenfus eft: quibus
abeuntibus in bellum non fomnia etc. vid. Raphelii
Annotat. ex Polyb. et Arrian. ad Matth. XVI, 28.
Alberti Obf. Philol. pag. 113. et 504. eundemque ad
Hefychium p. 1452. vbi eft: ἔρχομαι, ἀπέρχομαι, ἐλ-
θῦσα, ἀπελθοῦσα. aut habet ἔρχομαι h. l. eam vim,
quam faepe, vbi pro ἄναι ponitur: de quo vide
Abrefch in Animadu. ad Aefchyl. p. 302.

κίχεν] Etiam hoc e fonte Homerico deriuatum. Il. I. 416.
Ὀυδέ κε μ' ὦκα τέλος θανάτοιο κιχάη quanquam fic etiam
in Anthol. L. III. pag. 256. ἐν δέ σε πόντῳ κλάδενες
ἐυξίνῳ κῆρ ἔυχεν θανάτε, et Theogn. 340. fimiliter,
qui v. 818. dicit, ἀμφοτέρες μοῖρα λάβοι θανάτε.

δήμῳ] Steph. δαλῷ. fed fiue δαλὸν h. l. interpreteris
timidum, (nam δαλὸς opponitur ἀγαθοῖς in bello notante

tante. Marklando ad Max. Tyr. diff. 8. p. 665.) fiue
inutilem, improbum (vt faepe hoc verbum ἰϑλῷ opponitur.. vid. Lamb. Bos in Exercit. Phil. in N. T.
p. 304. et Valkenarium ad Eur. Phoeniff. v. 1011.)
melior tamen vulgata lectio. fed fequens verfus clare
oftendit, δήμῳ non effe reddendum: *populo:* fed *plebi.*
Ifte homo ne a viliori quidem populi parte amatur:
fed virum fortem et nobiles et ignobiles ciues lu-
gent etc.   Euftathius ad Il. B. p. 381. Δήμα δὲ ἄνδρα
τὸν ἰδιώτην λέγει. τὸν δὲ αὐτόν που καὶ δῆμον καλᾶ, ὡς ἄν τις
εἴποι δημότην ἢ δημοτικὸν, τῷ τοῦ ὅλου ὀνόματι, ἤγουν τῷ
τοῦ δήμου, ὀνομάσας τὸ μέρος, ἤτοι τὸν δημότην. vide eundem ad Il. Γ. p. 859. et Waffium atque Duckerum ad
Thucyd. II, 65. Grotium video h. l. edidiffe λαῷ.

συμπάντι] Steph. Hert. ξυμπάντι.

ἤν τι πάϑη] formula, quae faepius apud Graecos fcriptores occurrit pro: fi quid illi humani acciderit:
Omittitur τὸ κακὸν, vt in aliis formulis. vide Reima-
rum ad Dion. Caff. p. 211. plene Homerus Od. β. 179.
μή που τι κακὸν πάσχωσιν ὀπίσω. Diod. Sic. XIII, p. 621.
νῦν ἀναδακνύω ναύαρχον, ἂν ἐγώ τι πάϑω, τὸν διαδεξόμε-
νον κλέαρχον.   Addo carmen ineditum Ἀσχληπιάδου:

> Οὐκ εἰμ᾽ οὐδ᾽ ἐτέων δύο ἢ εἴκοσι καὶ κοπιῶ
> ζῶν,
>
> ᾦ ἔρωτες, τί καλὸν τῆτο; τί με Φλέγετε;
> Ἤν γὰρ ἐγὼ τί πάϑω, τί ποιήσετε; δῆλον
> ἔρωτες,
>
> ἶς τὸ πάρος, παίξεϑ᾽, ἄφρονες ἀςραγά-
> λοις.

In v. 2. puto potius κακὸν legendum effe, quam καλὸν, quod nôn facilem explicationem admittit.   Illud δήμῳ Φίλος in memoriam reuocát nomen pueri,
in quem Diofcorides hos verfus fcripfit, qui in eadem Anthologia Stratonis exftant.

ΔημόΦι-

Δημόφιλος τοιοῖσδε Φιλήμασιν εἰ πρὸς ἐρασὰς
Χρήσεται ἀκμαίην, Κύπρι, καθ᾽ ἡλικίην,
ὡς ἐμὲ νῦν ἐφίλησεν ὁ νήπιος, οὐκ ἔτι νύκτωρ
Ἥσυχα τῇ κείνου μητρὶ μένει πρόθυρα.

Exigua mutatione v. 4. lego *μενᾶ*, quod tempus fententia poftulat. Caeterum compara illa Horatii I,
25. *amatque Ianua limen, quae prius multum facilis
mouebat cardines.*

ἡμιθέων] an huc pertinet fortaffe, quod Plato aliquo
loco narrat: οἱ Λάκωνες ὅταν τίνα ἐγκωμιάζουσιν ἀγαθὸν
ἄνδρα, θεῖος ἀνήρ, Φασιν, ἔτος. vid. Cragium de Rep.
Lac. L. IV. c. 9. Etiam Aefchines Dial. I. de virt.
pag. 29. edit. Horrei. Καὶ Λακεδαιμόνιοι, ὅταν τίνα
μεγαλοπρεπῶς ἐπαινῶσι, θεῖον ἄνδρα Φασιν εἶναι. Ad Tyrtaei vero verſum fenſum intelligendum egregie facit
locus Theodoreti Serm. III. ad Graecos infidel. p. 42.
χρόνῳ δὲ ὕστερον καὶ τοὺς εὖ τι δεδρακότας, ἢ ἐν πολέμοις
ἀνδραγαθισαμένες, ἢ γεωργίας τινὸς ἄρξαντας, ἢ σώ-
μασί τισι θεραπείαν προσενηνοχότας, ἐθεοποίησάν τε καὶ
νεὼς τούτοις ἐδάμαντο. Frequentiffime autem, qui inter
homines aliis praeftant, diis comparantur a poetis,
vt Il. Ω. 258. Ἕκτορά θ᾽ ὃς θεὸς ἔσκε μετ᾽ ἀνδράσιν οὐδὲ
ἐῴκει Ἀνδρός γε θνητοῦ παῖς ἔμμεναι, ἀλλὰ θεοῖο. Plura
dat Schraderus ad Muſaeum, p. 151. cap. IV. Animadu.
Apud poetas amatorios quoties non comparantur pueri atque poetae cum diis et deabus? Non lubet nunc
exempla paffim obuia, et quorum plurima pars nota
eft, addere. Iucundius erit Graecarum litterarum
ftudiofis carmina aliquot eiusmodi argumenti ex Anthologia inedita cognoſcere. Dabimus igitur primum carmen Meleagri:

Εἰ μὴ τόξον Ἔρως, μηδὲ πτερὰ, μηδὲ Φαρέ-
τραν
Μηδὲ πυριβλήτους εἶχε πόθων ἀκίδας,

Οὐκ

Οὐκ, αὐτὸν τὸν πτανὸν ἐπόμνυμαι, οὐ ποτ' ἂν
ἔγνως

Ἐκ μορφᾶς, τὶς ἔφυ Ζώιλος, εἴ τις Ἔρως.

Πυρίβλητος, quod videtur idem esse debere ac πυριη-
κὴς, aut πυρεκβόλος, non memini me legere alibi. aut
ego fallor, aut aliud verbum substituendum est. Cogitaui de verbo: πυριχμήτες. Callim. H. in Del. 145.
πυρίχμητοί τε λέβητες. Sed nec hoc placet. in mentem
venit verbum ὁ, ἡ βαπτὸς, quod est tinctus: et ἀκίδες
πυρὶ βαπτοὶ nonne bene conuenirent Cupidini, de
quo dicit Moschus, α, 29.

Ἢν δὲ λέγῃ, λαβὲ ταῦτα, χαρίζομαι, ὅσα μοι
ὅπλα,

Μήτι θίγῃς· πλάνα δῶρα. τὰ γὰρ πυρὶ πάντα
βέβαπται.

Quis ignorat bellissimos Horatii versiculos: *ferus et
Cupido, semper* ardentes *acuens sagittas Cote cruenta*.
II, 8, 14. adde in Anthol. IV. 470.

Γυμνὸς ἔρως διὰ τῦτο γελᾷ καὶ μείλιχός ἐστιν,
Οὐ γὰρ ἔχει τόξον καὶ πυρόεντα βέλη.

adde Alciphron. Ep. I, 19. et confer Drakenborch. ad
Sil. It. XI, 398. Quod vero ad syllabam attinet, notum est caesuram syllabam breuem in fine verbi et
initio pedis extendere, cuius rei causam hanc reddit
Morellius, quia mora quaedam in illa syllaba fit, et,
vt ait, ictus pronunciationis in hanc versus partem
cadit. Eiusdem Meleagri hi sunt versiculi:

Ἀρνεῖται τὸν Ἔρωτα τεκεῖν ἡ Κύπρις ἰδῦσα
Ἄλλον ἐν ἠιθέοις ἵμερον Ἀντίοχον.
Ἀλλὰ νέοι στέργοιτε νέον πόθον· ἦ γὰρ ὁ κῦρος
Εἴρηται κρέσσων ἄλλος Ἔρωτος ἔρως.

H in

in quo carmine nihil video, quod corruptum fit aut
emendatione opus habeat. illud ἦ eft ὄντως, vt verbum
explicat Schol. Sophocl. ad Electr. 315. Tertium,
quo puerum fuum nec deorum amore indignum cenfet idem poeta, carmen hoc eft:

Οὐκ ἐθέλω Χαρίδαμον· ὁ γὰρ καλὸς εἰς Δία
λεύσσει,

ὡς ἤδη νέκταρ τῷ θεῷ οἰνοχοᾶν.

Οὐκ ἐθέλω· τί δέ μοι τὸν ἐπƝράνιον βασιλῆα
Ἄνταθλον νίκης τῆς ἐν ἔρωτι λαβεῖν;

Αἰροῦμαι δὴ μƝνον· ὁ παῖς ἀνιὼν ἐς ὄλυμπον
Ἐκ γῆς νίπτρα ποδῶν δάκρυα τἀμὰ λάβῃ,

Μναμόσυνον ςοργῆς, γλυκὺ δ᾽ ὄμμασι νεῦμα
διϋγρον·

Δοίη καί τι φίλημ᾽ ἁρπάσαι ἀκροθιγὲς·
Τἄλλα δὲ πάντ᾽ ἐχέτω Ζεὺς, ὡς θέμις· εἰ δὲ
θελήσοι,

Ἦ τάχα πƝ κἠγὼ γεύσομαι ἀμβροσίης.

In v. 1. Illud λεύσσω bene capies, fi confulueris notata a Ienfio in Lection. Lucian. I, 10. p. 112. nempe
βλέπƝν, et ὁρᾶν effe affectare, petere, cupere. vt in
Hermotim. p. 532. Ἀλλὰ θαῤῥεῖν χρὴ καὶ θυμὸν ἔχειν
ἀγαθὸν, ἐς τὸ τέλος τῆς ὁδƝ ὁρῶντα καὶ τὴν ἄνω εὐδαιμο-
νίαν. In v. 2. recipere debui lectionem, in margine
notatam. nam in textu corrupte legitur: ὡς ἤδη τῷ
θεῷ νέκταρ οἰνοχοῶν. Ad v. 6. nota verba Pollucis in
Onomaft. L. VII. f. 40. τὸ δὲ τῶν ποδῶν νίπτρον, νίπτρα μὲν
Αἰσχύλος, Ἀριστοφάνης δὲ ἀπόνιπτρον atque L. X. f. 78.
Ὑδρία τις ἢ χαλκοῦς ποδανίπτηρ, λέβης· τὸ δὲ ἀπ᾽ αὐτοῦ ὕδωρ
νίπτρον, ἢ λούτριον ἢ ποδάνιπτρον. in v. 7. mallem legere
διϋγροις, quod bonum fenfum efficit. Intelligere lubet *oculos* natantes *et quadam voluptate fuffafos*, vt ait
Quintilianus Inft. XI, 3, 76. Graeci poetae ita loquuntur,

tur, vt Anacreon, c. 28. amicae oculum vult pingi Ἅμα
γλαυκὸν, ὡς Ἀθήνης, Ἅμα δ᾽ ὑγρὸν, ὡς Κυθήρης. Leo-
nidas Tarentinus in Anthol. p. 367. ῶς ὁ γέρων λίχνοι-
σιν ἐν ὄμμασιν ὑγρὰ δέδορχώς. Antipater Sidonius ibid.
p. 277. Ὑγρὰ δὲ δερχομένοισιν ἐν ὄμμασιν — ἀάδοις. confer
Burmann. ad Ouid. Art. III. 510. in reliquis inter-
punctionem ita dispofui, vt fenfus obfcurus effe nequeat. Addam duo alia, licet liberius illa fcripta:
alterius auctor ignoratur, alterius eft Diofcorides.

Ζεῦ προτέρω τέρπε Γανυμήδει, τὸν δ᾽ ἐμὸν ὦναξ
  Δέξανδρον δέρκευ τηλόθεν᾽ οὐ φθονέω.
Εἰ δὲ βίη τὸν καλὸν ἀποίσεαι, ἐκέτ᾽ ἀνεκτῶς
  Δεσπόζεις· ἀπίτω καὶ τὸ βιῆν ἐπὶ σοῦ.

In v. 1. habebat cod. ζεὺς. vitiofa etiam lectio erat in
v. 3. ἀποίσεται. vltima non intelligo, nec quomodo
βιῆν locum habere poffit video. an de verbo βιάω
cogitandum, quod de violento ftupro vfurpatur?
Addo alterum

Πυγὴν Σωσάρχοιο διέπλασεν Ἀμφιπολίτεω
  Μυελίνην παίζων ὁ προτολογὸς Ἔρως,
Ζῆνα θέλων ἐρεδίξαι ὅθ᾽ ἕνεκα τῶν Γανυμή-
                              δου
  Μηρῶν οἱ τέτου πελὺ μελιχρότεροι.

Nihil, quod moneam, inuenio. nifi quod, fi quem
in v. 3. ὅθ᾽ ἕνεκα oftendat, ille locum Sophoclis re-
cordari debeat: in Aiac. 121. ἐγὼ μὲν οὐδὲν οἶδ᾽, ἐποιχ-
τάρω δὲ νιν — ὅθ᾽ ἕνεκ᾽ ἄτη συγκατέζευκται κακῇ. Quid?
quod ipfi poetae, potiti amore, fibi diis fimiles videntur. Tale argumentum habet carmen Stratonis:

Ἑσπέρην Μοῖρίς με, καθ᾽ ἥν ὑγιαίνομεν, ὥρην
  Οὐκ οἶδ᾽ εἴτε σαφῶς εἴτ᾽ ὄναρ ἠσπάσατο.

H 2   Ἤδη

Ἤδη γὰρ τὰ μὲν ἄλλα μάλ' ἀτρεκέως ἐνόησα,
Χὠκόσα μοι προσέφη, χὠκόσ' ἐπυνθάνετο.
Εἰ δέ με καὶ πεφίληκε, τεκμαίρομαι· εἰ γὰρ
ἀληθές;

Πῶς ἀποθεωθεὶς πλάζομ' ἐπιχθόνιος;

In v. 1. ὑγιαίν. interpretor: conualuimus. nempe
antea deſiderio et amore ſaucius iacuit. vid. Heinſ.
ad Ou. Metam. IX, 494. in vlt. v. chartae Lipſienſ. habent: ἀποθελιοθὰς. Sed credo me veram lectionem
feliciter reſtituiſſe. Eiusdem ad Iouem exſtat in chartis Lipſienſ. aliud carmen, quo finem imponemus
huic diſputatiunculae:

ὤμοσά σοι, Κρονίδη, μὴ πώποτε, μήδ' ἐμοὶ
αὐτῷ

Ἐξειπεῖν, ὅτι μοι Θεῦδις ἔειπε λαβεῖν.
Ψυχὴ δ' ἡ δυσάπιςος ἀγαλλομένη πεπότηται
Ἠέρι, καὶ ςέξαι τ' ἀγαθὸν οὐ δύναται.
Ἀλλ' ἐρέω, σύγγνωθι σύ μοι κεῖνος δὲ πέπεισαι
Ζεῦ πάτερ, ἀγνώςου τίς χάρις εὐτυχίης;

v. 2. λαβᾶν compara cum Ouidianis illis: Amor. I, 4,
63. *Oſcula iàm ſumet, iam non tantum oſcula ſumet.*
et Art. I, 669. *Oſcula qui ſumſit, ſi non et caetera ſum-*
ſit. v. 4. de verbo ςέγαν pro tacere vid. Georg. D'arnaud in Lect. Graec. p. 123. v. 5. Ignoſce mihi Iupiter, ille puer etiam mihi ignouit.

πύργον] Sic ſolent poetae Graeci de heroibus virisque
fortibus loqui. Homer. Od. Λ. 555. de Aiace, τοῖος
γάρ σφιν πύργος ἀπώλεο. Eurip. Med. 390. Ἤν μέν τις
ἡμῖν πύργος ἀσφαλὴς φανῇ. Pindarus Pyth. V, 75. de
Batto: πύργος ἄςιος, ὄμμα τε φαεννότατον ξένοισι.
Theo-

Theognis, v. 233. Ἀκρόπολις καὶ πύργος ἐὼν κενόφρονι δήμῳ, κύρν᾽, ὀλίγης τιμῆς ἔμμορεν ἐσθλὸς ἀνήρ. Eleganter etiam Hippocrates in epist. ad Abderitas, S. VIII. p. 6. ed. Wechel. καὶ μακάριοί γε δῆμοι, ὁκόσοι ἴσασι τοὺς ἀγαθοὺς ἄνδρας ἐρύματα ἑαυτῶν, καὶ οὐ τοὺς πύργους οὐδὲ τὰ τείχεα, ἀλλὰ σοφῶν ἀνδρῶν σοφὰς γνώμας. Vtuntur vero similibus formulis, si quendam aut fortem, aut praesidio auxilioque vrbi, ciuibus etc. esse indicare volunt, de ducibus non solum, sed de aliis etiam loquentes: dabimus aliquot exempla. Sophocles in Aiac. 1234. Πρὶν μὲν οὖν ἐννύχια Δάμικτος ἦν μοι προβολὰ καὶ βελέων θάρσος Αἴας. Eurip. in Iph. in Taur. 57. Στύλοι γὰρ οἴκων εἰσὶ παῖδες ἄρσενες. Pindarus Ol. II, 18. Σικελίας ὀφθαλμὸς, vbi in edit. Oxon. notatur, Gl. MS. habere: φῶς καὶ δόξα, al. ἀσφαλὴς φυλακή. Ibid. ὃς Ἕκτορ᾽ ἔσφαλε, Τροίας ἄμαχον ἀστραβῆ κίονα. et VIII. τεθμὸς δέ τις ἀθανάτων καὶ τάνδ᾽ ἁλιερκέα χώραν παντοδαποῖσιν ὑπέστασε ξένοις κίονα δαιμονίαν. Audacius autem in Isthm. VIII. 112. Τρωΐας ἶνας ἐκταμὼν δορὶ. vocat Hectorem, Memnonem etc. neruos Troiae. Lycophron. v. 278. Ὦ δαῖμον οἷον κίον᾽ αἰστώσεις δόμων ἔρεισμα πάτρας δυσυχοῦς ὑποσπάσεις. Homeri ἕρκος hoc sensu positum notum est, et vide Eustath. ad Il. p. 621. 54. et 626. 30. ed. Rom. Quintus Calaber, I, 159. Θυμοβόρου πολέμοιο πελώριον ἔμμεναι ἄλκαρ· quanquam apud eundem I, 12. Ἕκτορα θ᾽ ὡς ἐδάμασσε καὶ ἦμαρ ἔρυσσε πόληϊν, nolo explicare cum Pauone de Hectore, quasi hic dicatur *lux, salus* vrbis, etsi sciam illud Virgilii de Hectore, *O lux Dardaniae* etc. atque illa Homeri Il. Θ. 282. αἴκεν τι φάος Δαναοῖσι γένηαι πατρί τε σῷ, me non lateant. vide Hier. Columnam ad Ennium p. 231. *O lux Troiae germane Hector.* Sed malim hoc loco exponere, vt est Il. Z. 6. φόως δ᾽ ἑτάροισιν ἔθηκεν, Scholiast. χαρὰν, σωτηρίαν, aut apud Horat. IV, 5, 5. *Lucem redde tuae dux bone patriae.* Ita etiam apud eundem poetam III, 561. Briseis de Achille: ἐπεὶ σύ μοι ἱερὸν ἦμαρ, καὶ φάος ἠελίοιο πέλες, καὶ μείλιχος αἰών. sed vide plura apud Rittershusium ad Oppian. Cyneg. I, 1. γαίης ἐρικυδὲς ἔρεισμα et Halieut. V, 45. βασιλῆες ὀλύμπια

ὀλύμπια τάχεα γαίης. Sunt talia etiam apud Latinos. Claudian in Ruf. I, 266.

Hic cunctis optata quies , hic sola pericli
Turris erat clipeusque trucem porrectus in hostem.

Senec. Troad. 125. *Tu praesidium Phrygibus fessis tu murus eras.* Ouid. Met. XIII. 281. *Graium murus Achilles.* vbi vid. Burman. et Drakenb. ad Sil. It. XVI, 68. Ni fallor, dedit etiam quaedam huc pertinentia ex aduersariis Patrui Burmannus in Anthol. P. I. p. 84.

E.

E.

Ἄμφω τώδ᾽ ἐμάχοντ᾽ ἐννεακαίδεκ᾽ ἔτη
Νολεμέως αἰεὶ ταλασίφρονα θυμὸν ἔχοντες
Αἰχμηταὶ πατέρων ἡμετέρων πατέρες.
Εἰκοςῷ δ᾽ οἱ μὲν κατὰ πίονα ἔργα λίποντες
Φεῦγον Ἰθωμαίων ἐκ μεγάλων ὀρέων.

Exſtat hoc fragmentum apud Strabonem in L. VI.
p. 428. ed. Almel. qui eo probat, Meſſeniam demum
nono ac decimo anno captam fuiſſe. Priores tres verſus etiam leguntur apud Pauſaniam in Meſſen. c. 15.
hac tamen diuerſitate: Ἀμφ᾽ αὐτὴν δ᾽ ἐμ. quod non
diſplicet, vt Il. Z. 461. ὅτε Ἴλιον ἀμφεμάχοντο et X.
381. ἀμφὶ πόλιν σὺν τεύχεσι πειρηθῶμεν. vltimum
diſtichon dat etiam Pauſanias c. 13. p. 312. Confer
de toto hoc loco Eraſm. Vindingium in Hellen. p. 106.
in Theſ. Gronou. T. XI. et Hauercampium ad Oro-
ſium p. 80.

πίονα ἔργα] ſunt agri fertiles, loca culta. Il. M. 283.
καὶ πεδία λωτεῦντα καὶ ἀνδρῶν πίονα ἔργα. et E. 92.
πολλὰ δ᾽ ὑπ᾽ αὐτοῦ ἔργα κατήριπε καλ᾽ αἰζηῶν. Schol. τὰ
γεώργια. Callimach. H. in Dian. 156. σύες ἔργα, σύες
φυτὰ λυμαίνονται. Vide Vulcanium ad v. 125. κτήνεά
φιν λοιμὸς καταβόσκεται ἔργα δὲ πάχνη. qui comparat
haec cum Virgilianis: *ſternit agros, ſternis ſata laeta,
boumque labores.* vide eundem ad Bion. Id. VI, 5.

Budeum in Commentar. Gr. L. p. 274. Rittershusium ad Oppian. Cyneg. II, 151. πάντη δ᾽ ἔργα βοῶν θαλερὰς βέβριθεν ἀλωάς. Graeuium Lect. Hesiod. c. 23. p. 119. et c. 9. pag. 95. et Heinsium in Introd. in Hesiod. c. 21. Vigerumque de Idiot. C. III. S. IV, 12. adde Albertum ad Hesych. s. v. ἔργον et quos laudat ad v. ἔργα. Apud Anacreontem c. 37. de vere: Νεφελῶν σκιαὶ δονεῦνται τὰ βροτῶν δ᾽ ἔλαμψεν ἔργα: recte interpretatur Barnesius *agri:* id quod ea, quae sequuntur, firmant: minus accurate Baxterus intelligit vrbes, arces, et templa. Plenius est apud Xenoph. Oecon. XV. 9. ἔργα τῆς γεωργίας. Etiam ἐργάζεσθαι de cultura terrae dicitur, ibid. IV, 15. ὅτι οὐδ᾽ ἂν οἱ ἄλκιμοι δύναιντο ζῆν ἂ μὴ ἐεν οἱ ἐργαζόμενοι. *nisi sint qui agros colant.* vid. Munckerum ad Lactant. Fab. III. p. 810. et Marklandum ad Max. Tyr. diss. 30. p. 707. vt *opus* Latinis de agricultura. vid. Cellarium ad Eutrop. I, 17. *Is cum in opere et arans esset inuentus.* et quos laudat Henr. Io. Arntzenius ad Sedulii Carm. Pasch. I. 100. *Nec debet arator Dignum opus exercens.*

Z.

Z.

Αὐτὸς γὰρ Κρονίων καλλιςεφάνȣ πόσις
Ἥρης
Ζεὺς Ἡρακλείδαις τήνδε δέδωκε πόλιν.
Οἷσιν ἅμα προλίποντες Ἐρινεὴν ἠνεμόεντα,
Εὐρεῖαν Πέλοπος νῆσον ἀφικόμεθα.

Profert etiam hos verſus Strabo L. VIII, p. 557. eosque legi dicit, ἐν τῇ ποιήσει ἐλεγεία, ἣν ἐπιγρά-φȣσιν Εὐνομίαν. Quod Seuinus l. c. legere vult Ἐρι-κέην pro Ἐρινεὴν, qui pagus eſt Atticae, ideo, quia Tyrtaeus Athenienſis fuerit, non probo. nam in eius-modi locis decerptis e maiori opere vix ordinem ſen-tentiarum coniectura aſſequi licet.

ἠνεμόεντα] Euſtath. ad Il. B. v. 606. p. 639. ἣν ἠνεμόεσσαν λέγȣ, ὡς ἐπὶ ὀρῶν καμένην, atque Scholiaſt. ὑπὸ ἀνέμȣ καταπνεομένην, ὑψηλήν. vide illum ad Γ. p. 889. et 901. atque Erneſtium ad Callim. H. in Del. 11. res nota eſt.

H.

Ὥσπερ ὄνοι μεγάλοις ἄχθεσι τειρόμε-
νοι,
Δεσποσύνοισι φέροντες ἀναγκαίης ὑπὸ λυγρῆς,
Ἥμισυ πάνθ᾽ ὅσσων καρπὸν ἄρουρα φέρει.

Sumſimus fragmentum hoc e Pauſania, qui in
Meſſeniac. c. 14. p. 313. illatas Meſſeniis a Lacedaemoniis iniurias hoc teſtimonio probat.

ὄνοι] valetne fortaſſe etiam hic locus ad molliendam
aſperitatem, quam ſibi multi in comparatione illa
Homerica, Il. Λ. 557. Aiaciſ cum aſino inueniſſe
viſi ſunt. Praeter ea, quae Dacieria, Bochartus,
Falſterus (in Amoenit. T. III. p. 118. ſequ.) Geſnerus in Comment Societ. Gotting. et Iacob. Rhoer
in Feriis Dauentrienſ. de honeſtate aſini diſputaue-
runt, praeterque ea, quae Riccius in Diſſert. Homeric.
P. II. Diſſ. 39. p. 203. habet, quaeque vir doctus du
Bos in elegantiſſimo libro ſuper poetarum et picto-
rum arte, P. II. c. 35. bene monuit, nihil magis arbitror ad defendendum Homerum facere, quam locum Strabonis, quem, quoniam ille, quantum noui,
nondum a quoquam in hac diſputatione allatus eſt,
adſcribam. χρῶνται δ᾽ ὄνοις οἱ πολλοί (de Carmania loquitur) καὶ πρὸς πόλεμον σπάνει τῶν ἵππων· ὄνον τε θύουσι τῷ
Ἄρει, ὃν Πέρσαι σέβονται θεῶν μόνον καί εἰσι πολεμισταί.
L. XV. p. 1057. ed. Almel. adde ſimilem, nec minus memorabilem locum ex Aeliani Hiſt. Animal. XII,
34. p. 703. (ed. London.) Σαρακόροι δὲ οὔτε ἀχθοφόρους,
οὔτε ἀλοῦντας ἔχουσι τὰς ὄνους, ἀλλὰ πολεμισὰς, καὶ ἐπ᾽
αὐτῶν

αὐτῶν γε τοὺς ἐνοπλίους ὑπομένουσιν, ὥσπερ οὖν οἱ Ἕλληνες
ἐπὶ τῶν ἵππων. Ὅτις δ᾽ ἄρα παρ᾽ αὐτοῖς ὄνων ὀγκωδέτερος ἄναι
δοκῶ, τῦτον τῷ Ἄρει προσάγωσιν ἱερόν. Nihil dicam de
afino apud Hyperboreos Apollini facrificato, cuius
mentionem facit Pindarus Pyth. Od. X. Quis illu-
ftriorem defideret locum de vfu afinorum in bello?
Quemadmodum igitur nemo Homerum et Virgilium,
heroas cum equis comparantes, vituperat, ita non
video, cur comparationem illam improbemus, cum
afinus nationibus quibusdam eundem in bello vfum,
quem aliis equi, praeftiterit. Nihil dicam de eo,
quod alios quoque monuiffe puto: non extendi latius debere hanc comparationem, eaque tantum fpe-
ctari, quae poeta ante oculos habuit. Compara
Callimach. H. in Del. 228. vbi Iridis vigilantia com-
paratur cum vigilantia canis. Neque tamen male
praeftantiffimus poeta Hieron. Vida in pulcherrima
Arte Poet. L. II. cecinit, fi tantummodo recentiora
tempora Romanaeque linguae indolem refpexit:

> *Sed non Aufonii recte foediffima mufca*
> *Militis aequarit numerum, cum plurima mulctram*
> *Peruolitat, neque enim in Latio magno ore fonantem*
> *Arma ducesque decet tam viles decidere in res.*
> *Nec dictis erit vllus honor, fi cum actus ab vrbe,*
> *Daunius hoftili, Teucris vrgentibus, heros*
> *Vix pugna abfiftit, fimilis dicetur afello,*
> *Quem pueri laeto pafcentem pinguia in agro*
> *Ordea ftipitibus duris detrudere tendunt*
> *Inftantes quatiuntque fudes per terga, per armos:*
> *Ille autem campo vix cedere, et inter eundum*
> *Saepe hic atque illic auidis infiftere malis.*
> *Omnia conueniunt, rerumque fimillima imago eft:*
> *Credo equidem, fed turpe pecus, nec Turnus afellum*
> *Turnus auis atauisque potens dignabitur heros.*
> *Aptius hanc fpeciem referet leo etc.*

Διόσκο-

·Δεσποσύνοισι] id eft, δεσπόταις· vid. Stephanum ad Aeſchyl.
Perſ. 588. οὐκ ἔτι ἀσμοφοροῦσι Δεσποσύνοισιν ἀνάγκαις·
ibi hoc ἀνάγκαις explicat ὑπ᾽ ἀνάγκης. adde eundem in
obſeruat. ad Schol. p. 682. ed. Stanl. Cogitabam
quidem de alia huius verbi ſignificatione, qua tor-
menta, miſerias, aerumnas, notat, docente Weſ-
ſelingio ad Diod. Sic. T. I. L. III. p. 183. μέχρις ἂν
κακουχούμενοι τελευτήσωσιν ἐν ταῖς ἀνάγκαις et ad IV,
p. 287. τὰς μὲν ἐν ταῖς ἀνάγκαις ὄντας. ſed illam interpretationem praefero. vide etiam Krebſium in Obſeru.
ad N. T. ex Ioſepho p. 131.

Ἥμισυ πᾶνθ᾽ ὅσσων] Kuhnius emendat: ἥμισυ πᾶν ὅσσον
καρπόν poſſis fortaſſe etiam ſic legere: ἥμισυ πᾶν καρ-
πῶν ὅσσον κ. λ. nempe Meſſenii cogebantur dimidiam
frugum partem Spartam deportare. Aelian. V. H.
VI, 1. Λακεδαιμόνιοι Μεσσηνίων κρατήσαντες τῶν μὲν γινο-
μένων ἁπάντων ἐν τῇ Μεσσηνίᾳ τὰ ἡμίση ἐλάμβανον αὐτοί.
vbi vide Perizonium.

Θ.

Δεσπότας οἰμώζοντες ὁμῶς, ἄλοχοί τε καὶ
αὐτοὶ,

Εὖτέ τιν᾽ οὐλομένη μοῖρα κίχοι θανάτε.

Exſtat hoc diſtichon ibidem. Quod Pauſanias narrat, Lacedaemoniorum iuſſu Meſſenios, cum viros, tum foeminas, nobilium funera veſte atra ſumta proſequi debuiſſe, teſtatur etiam Aelianus l. c. καὶ τὰς γυναῖκας τὰς ἐλευθέρας εἰς τὰ πένθη βαδίζειν ἠνάγκαζον, καὶ τοὺς ἀλλοτρίους, καὶ μηδέν σφισι προσήκοντας νεκροὺς κλαίειν. vide ibi Kuhnium, quaeque docte notauit Perizonius.

I.

I.

Ἡμετέρῳ βασιλῆι θεοῖσι Φίλῳ Θεοπόμπῳ,
Ὂν διὰ Μεσσήνην εἵλομεν εὐρύχορον.

Inueniuntur hi verſus in Pauſan. Meſſen. c. 6.
p. 294. vide de iis *diſſertat. ſur un fragment. de Dio-
dore de Sicule dans les Memoir. de litterature de
l'Academie des Inſcript.* T. II. p. 103. ſequ. (ed. Pariſ.)

εὐρύχορον] vox Homerica, quam Schol. ad Il. B. 498.
explicat πλατεῖαν, μεγάλην. regio ſpatioſa et choris apta. vid. Clarkium ad Od. O. 1. Hoelzlinum ad
Apollon IV, 48. et Taylorum ad Demoſthen. T. III.
p. 179. Weſſeling. ad Herodot. L. VII. p. 608. vbi
oraculum edixit: Ὑμῖν δ' ὦ Σπάρτης οἰκήτορες εὐρυχόροιο.
et lege quae eleganter de ſcriptura, vtrum ſit εὐρύχορος an εὐρύχορος, diſputat Cl. Alberti ad Heſych.
h. v. p. 1528. 13.

K.

K.

Φοίβου ἀκούσαντες πυθωνόθεν, οἱ τάδε νικᾶν

Μαντείας τε θεοῦ καὶ τελέεντ᾽ ἔπεα.

Ἄρχειν μὲν βελῆς θεοτιμήτους βασιλῆας,

Οἷσι μέλει Σπάρτας ἱμερόεσσα πόλις,

Πρεσβύτας τε γέροντας, ἔπειτα δὲ δημότας
ἄνδρας,

Εὐθείαις ῥήτραις ἀνταπαμειβομένους.

Ita editum eft hoc fragmentum in editione Plutarchi vulgari T. I. pag. 43. in Lycurgo. Plutarchi
totus locus hic eft: ὕςερον μέν τοι τῶν πολλῶν ἀφαι-
ρέσει καὶ προσθέσει τὰς γνώμας διαςρεφόντων καὶ
παραβιαζομένων, Πολύδωρος καὶ Θεόπομπος οἱ βα-
σιλεῖς τάδε τῇ ῥήτρᾳ παρενέγραψαν· αἰ δὲ σκολιὰν
ὁ δᾶμος ἔροιτο, τὼς πρεσβυγενέας καὶ ἀρχαγέτας
ἀποςατῆρας εἶμεν. τοῦτ᾽ ἔςι, μὴ κυροῦν, ἀλλ᾽ ὅλως
ἀφίςασθαι. καὶ διαλύειν τὸν δῆμον, ὡς ἐκτρέποντα
καὶ μεταποιῶντα τὴν γνώμην παρὰ τὸ βέλτιςον.
ἔπεισαν δὲ καὶ αὐτοὶ τὴν πόλιν, ὡς τοῦ θεῶ ταῦτα
προςτάσσοντος, ὧν πω Τυρταῖος ἐπιμέμνηται διὰ
τούτων: Φοίβου — Verfus primus fic exhibetur etiam
in edit. Aldina, a, 1519. Frobeniana, a. 1560. et fplen-
dida Auguft. Bryani, T. I. 93. nifi quod hic in notis
p. 78.

p. 78. fcribit: οἱ τάδε νικᾶν. *lectio prorfus reiicienda, pro qua lege cum A. (cod. ἀnonymo) οἴκαδ᾽ ἔνεικαν, domum attulerunt.* quae lectio etiam inter variantes in Francof. ed. apparet. ea autem nihil verius. nam vulgatae nullus eſt fenfus. vnde miror, quomodo interpres Latinus extorquere potuerit:

> *Eximias fortes atque haec oracula vobis*
> *Vincere fi eſt animus Phoebus Apollo dedit etc.*

Illam vero etiam fecutus eſt, Dacierius in verfione Gallica, p. 199. *Ces Ambaſſadeurs ayant entendu la voix d'Appollon rapporterent dans leur patrie ces divines paroles, que &c.*

Θεοτιμήτους] vt faepe διογενᾶς, διοτρεφᾶς reges appellantur. vid. Car. Drelincurtium in Achille Homer. p. 6. Spanhemium ad Callim. H. in Iou. v. 49. Scherpezeelium ad Hom. Il. B. 197. Ibidem p. 377. Euſtathius notat. ἐνταῦθα δὲ καὶ ἐφερμηνεύει, διότι διογενᾶς καὶ διοτρεφᾶς τοὺς βασιλᾶς λέγει, οὐχ ὅτι ἐκ Διὸς τὸ γένος ἕλκουσιν, ἀλλ᾽ ὅτι ἐξ ἐκείνου αὐτοῖς ἡ τιμὴ etc. Callimachus in H. in Iou. 73. σὺ δ᾽ ἐξείλεο πτολιάρχους αὐτοὺς κ. λ.

ῥήτραις] Rhetras docet Cragius de Rep. Lac. L. III. c. 1. dictas fuiſſe leges diuinae promulgationis, quamuis poſtea latius patuerit nomen, eoque intellectae fuerint aliorum quoque leges, Lycurgi vero leges ideo fic appellatas, quia non vulgatae fuerint fcripto, atque provocat ad Plutarchum, (in Lycurg. pag. 47.) νόμους δὲ γεγραμμένους οὐκ ἔθηκεν — τὰ μὲν οὖν τοιαῦτα νομοθετήματα ῥήτρας ὠνόμασεν, ὡς παρὰ τοῦ θεοῦ νομιζόμενα, καὶ χρησμοὺς ὄντα. Suidas. T. III. p. 295. παρὰ Λακεδαιμονίοις ῥήτρα Λυκούργου νόμος, ὡς ἐκ χρησμῶν τιθέμενος, vide Fabricium in Bibl. Graeca, L. II. c. 14. S. 11. pag. 540. et Pfeifferum in Antiqu. Graec. L. II. c. 34. p. 291.

Λ.

Λ.

Apud Dionem Chrysostomum in Orat. II. p. 51. ed. Morell. exstat locus hic: Ἔτι δὲ οἶμαι τὴν παρακλητικὴν οἷα τῶν Λακωνικῶν ἐμβατηρίων, μάλα πρέπουσαν τῇ Λυκούργου πολιτείᾳ καὶ τοῖς ἐπιτηδεύμασιν ἐκείνοις. ἄγετ' ὦ

Σπάρτας εὐάνδρου κοῦροι πρῶτον (al. πρότερον) πολῖται

Λαιᾷ μέν τοι ἴτυν προβάλεσθε δόρυ δ' εὐτόλμως

Βάλλοντες, μὴ φειδόμενοι ζωᾶς περὶ πάτρας.

Operae pretium est adferre, quae Frider. Morellus in commentar. p. 10. notauit: "ἄγετ' ὦ Σπάρτας." Schol. admonet haec παρακλητικά esse ἐκ τῶν Τυρταίου. ac primus quidem versus heroicus ἀκατάληκτος occurrit. Alter vero numeris impar et liberior, vt ei tibicine opus fuerit. Tertio, quod spondaicus inconcinnus esset, et quarti hemistichium mutilum, inutilibus ramis amputatis, si non feliciores, certe politiores ex tempore inseruimus." postea animaduertimus Theod. Canterum L. I. V. L. c. 10. huius classici concentum ad numeros anapaesticos apte reuocasse (non inconsulto fortasse oracu-"

I

„ oraculari ſuo noſtroque Aurato) et ſex verſuum κα-
„ ταληκτικῶν cancellis circumſcripſiſſe hoc modulo:

Ἄγετ' ὦ Σπάρτας εὐάνδρου

Κοῦροι πατέρων πολιῆται.

Λαιᾷ μὲν ἴτυν πρขβαλέϑε,

Δόρυ ἐυτόλμως βάλλοντες

Μὴ Φειδόμενοι τᾶς ζωᾶς

Οὐ γὰρ πάτριον τᾶς Σπάρτας.

„ Quod in ſecundo verſu lôco πρῶτον vel πρότερον re-
„ poſuit πάτέρων fecit congruenter rationi et cod.
„ Regio. In tertio retinuimus noſtrum προβαλέϑε,
„ vt Iambus hic hoſpes domino Anapaeſto cederet.
„ Sextus ſyllabae reſtitutione ſtabilitus et auguſtior
„ factus eſt. Cod. Reg. coniecturae fauet: οὐ γὰρ
„ πρὶν τὰς Σπάρτα a compendio ſcripturae πριον pro
„ πάτριον.” Haec ille. Ego vero apponam e Tzetzae
Chil. I, 26. quae huc apprime facere arbitror:

Τυρταῖος Λάκων ϛρατηγὸς καὶ ποιητὴς ὑπῆρ-
χεν,

Προτρεπτικὰ πρὸς πόλεμον γράψας ἀσμά-
των μέλη,

Ἅπερ ᾖδον οἱ Λάκονες ἐν συμβολαῖς πολέμων,

Πυῤῥίχιον ὀρχύμενοι τοῖς νόμοις τοῦ Λυκέργυ,
ὣς

ὡς Δίων ὁ χρυσόστομος ὅτω πε γράφει λέγων·

Ἄγετ᾽ ὦ Σπάρτης εὐάνδρου κοῦροι πατέρων

Λαιᾷ μὲν ἴτυν προβάλλεσθε, δόρυ δ᾽ εὐτόλμως
βάλλοντες,

Μὴ φείδεσθε ζωᾶς. οὐ γὰρ πάτριον τᾷ
Σπάρτᾳ.

Ceterum in editione Dionis, quae Venetiis apud Turrifanum prodiit, legitur πρῶτον, et δόρυ δ᾽ ετόλμως, et οὐ γὰρ πατρὶ τᾶς σπάρτας. fed fcatet illa editio pluribus erroribus, vt obferuaui paffim.

M.

In libello Plutarchi de Stoicorum repugnantiis hic locus legitur p. 1039. (ed. 1624).

Καὶ μὴν οὐχ ἕτερα δᾶ βιβλία διαλῆσαι τὰ Χρυσίππου τὴν πρὸς αὐτὸν ἐνδακνυμένας μάχην. ἀλλ' ἐν αὐτοῖς τούτοις ποτὲ μὲν τοῦ Ἀντιθένυς ἐπαινῶν προφέρεται τὸ δᾶν κτᾶθαι νῦν ἢ βρόχον. καὶ τὰ Τυρταίου τὸ

Πρὶν ἀρετῆς πελάσαι τέρμασιν ἢ θανάτου.

καί τοι τί ταῦτα βέλεται δηλοῦν ἄλλα, πλὴν ὅτι τὸ μὴ ζῆν λυσιτελέτερόν ἐςι τοῦ ζῆν τοῖς κακοῖς καὶ ἀνοήτοις.

N.

N.

Ἄιθανος δὲ λέοντος ἔχων ἐν ςήθεσι θυμόν.

Hunc verſum ſeruauit nobis Galenus in L. III. de
decret. Plat. et Hippocr. p. 267. (ed. Baſil. a. 1538.)
cuius illuſtrandi cauſa adſcribamus, quae paullo poſt
ibi dicuntur: Τυρταῖος δέ γε, καθάπερ οὖν καὶ
Ὅμηρος καὶ Ἡσιόδος καὶ ἁπλῶς εἰπεῖν ἅπαντες οἱ
ποιηταὶ σφοδρότατον ἔχειν φασὶ τὲς λέοντας τὸν θυμόν, ὥςε καὶ τῶν ἀνθρώπων ὅςις ἂν ᾖ θυμοειδέςατος
εἰκάζουσι λέοντι, καὶ χωρὶς δὲ τῶν ποιητῶν ἅπαντες
ἄνθρωποι τὲς θυμιωτάτες λέοντας ὀνομάζεσι.

Ἄιθανος] Phauorinus variis ſignificatibus huius verbi
explicitis, addit: καὶ αἴθων λέων ὁ διάπυρος. In Etymolog. Magno, vt vocant, notatur: αἴθων ἀνδρεῖος
ἢ πολεμικὸς, ἰσχυρὸς, ἢ ἵππε χρῶμα. τὸν δὲ λέβητα ἀπὸ
τῦ αἴθεσθαι· οἱ δὲ λαμπρὸν, ἢ μέλανα, ἢ πολιόν. τὸν δὲ
λέοντα, τὸν κατὰ ψυχὴν ἔμπυρον, ἢ δασὺν, ἢ μέγαν κ. λ.
Apud Homer. Il. E. 638. legimus: πατέρα θρασυμέμνονα,
θυμολέοντα. In Anthol. VII. p. 596. legi: Παρθένε
θυμολέαινα. vide etiam Libanii epiſtolam in Anecdot.
Wolfii, T. II. p. 333.

Ξ.

Ultimo loco ponamus verba Platonis e L. I. de Leg. p. 567. Διαβάντες δ᾽ εὖ καὶ μαχόμενοι, ἐθέλοντες ἀποθνήσκειν ἐν τῶ πολέμω (φράζει Τυρταῖος) τῶν μισθοφόρων εἰσὶ πάμπολλοι, ὧν οἱ πλεῖζοι γίγνονται θρασεῖς καὶ ἄδικοι καὶ ὑβρισαὶ καὶ ἀφρονέςατοι σχεδὸν ἀπάντων, ἐκτὸς δὴ τινῶν μάλα ὀλίγων. E Platone eadem laudat repetitque Eusebius in Praeparat. Euang. p. 574. (ed. Parif.) Sed neque praetereunda funt, quae notat vir quidam eruditus in Obf. Mifcell. Vol. I. T. I. p. 127. „πάμπολλοι „Multi mercenarii (quod diferte etiam agnofcit Tyr-„taeus) qui in externo bello intrepide pugnant. ibi „διαβάντες εὖ vertunt; intrepide. ad fenfum non ad „verba. deinde de fuo addunt, in externo bello quafi „vox mercenarii non id per fe indicaret. Denique „haec ita vertunt, quafi Tyrtaeus locutus fuiffet de „mercenariis militibus. minime. Plato ibi ex elegia „Tyrtaei, quae re vera imago eft ciuis pro patria non „timentis mori, has tres phrafes transtulit, διαβάν-„τες εὖ, καὶ μαχόμενοι, ἐθέλοντες ἀποθνήσκειν ἐν „πολέμω, in genere ita fortiffimum virum defcri-„bens: inde et malim variantem in margine notatam „lectionem: φράζοι ὁ Τυρταῖος: id eft, φράζοι „ἂν. dixerit Tyrtaeus.”

DISSERTATIO PRIMA

DE

TYRTAEO.

In vita Tyrtaei enarranda, comparandisque et con-
ciliandis inter se veterum scriptorum de Tyrtaeo
locis complures subortae sunt nobis difficultates,
quas ab iis, qui de vita Tyrtaei exposituros se esse pol-
liciti sunt, non sublatas fuisse miramur. Neque enim
pauci illius historiam explicandam sibi illustrandamque
sumserunt. Sed omnes rem leuiter attigerunt nec
protulere aliud quidquam quam quod vulgo notum
esset. Certe nihil inaius mihi egisse videntur Lil.
Gregor. Gyraldus (*a*), Fr. Floridus Sabinus (*b*),
Meursius (*c*), Vossius (*d*), Tanaguidus Faber (*e*),

I 5   Fabri-

(*a*) in *Dial. III. de poetarum historia*. p. 128. in oper.
T. II.   (*b*) in *Lection. Subseciu.* III,|1. in T. I. *Fac.
Critic. Gruter*   (*c*) in *Miscell. Lacon.* II, 3. IV, 17.
(*d*) in *Instient. Poes.* III. p. 53.   (*e*) in *vitis poetar.*
Graecor. p. 753. in T. X. *Thes. Gronou. Antiqu. Graec.*

Fabricius (*f*), Io. Burchardus et Frider. Otto Men-
ckenii (*g*). Hi enim omnes Tyrtaei vitam ac res
geſtas deſcripſerunt, ſed ſumma in hac re breuitate
vſi, nec adiuti vbique veterum ſcriptorum auctori-
ritate et teſtimoniis. Verboſius reliquis hoc argumentum tractauit Abbas Seuinus in libello, quem in
Pariſinae Academiae conſeſſu recitauit (*h*). Sed neque hic nobis ſatisfecit. Nam néc diligenter ſatis veterum auctorum de Tyrtaeo loca indagauit, nec in-
dagata accurate attulit, pro more gentis ſuae, quae
diuturnum laborem fugit et Germanorum ingenio
relinquit. Praeterea coniecturis indulſit, vt leuiſſime
dicam, non neceſſariis, atque de rebus nullius momenti admodum multa dixit. Quare faciendum nobis eſſe duximus, vt, quae de vita et fatis Tyrtaei
ex antiquis ſcriptoribus cognita haberemus, exprome-
remus atque non ſolum poetae, cuius ingenio praecipua laus debetur, memoriam renouaremus, ſed in-
ſeruiremus etiam illorum vtilitati, qui, carminum prae-
ſtantia perſpecta, ipſum poetam paullo accuratius
cognoſcere velint. Vt vero eo luculentius omnia
explicen-

(*f*) in *Bibliotheca Graeca*. L. II. c. 11. p. 449. (*g*) in
biblioth. virorum militia aeque ac ſcriptis illuſtrium p. 458.
(*h*) *Recherches ſur la vie & ſur les ouvrages de Tyrtée*
dans les *Memoires de litterature tirez des regiſtres de l'Academie des Inſcriptions.* T. XI. p. 225. ſequ. edit. Amſtel.

explicentur, age, pauca de tempore dicamus, quo
Tyrtaeus vixiſſe dicitur.

Conſtat Lacedaemonios tria bella cum Meſſeniis
geſſiſſe magno animorum ardore, licet iniuſte, vt
equidem credo, et ſola gloriae atque regnandi cupidi-
tate a Lacedaemoniis incepta. Primi belli initium,
quod, Alcamene et Theopompo Spartae imperanti-
bus Meſſeniisque Antiocho et Androcle praefectis,
exarſit, cadit in annum ſecundum Olymp. IX. eius-
demque finis in annum primum Olymp. XIV. Hoc
bello Ithome, vrbs, quam neceſſitate coacti Meſſenii
deſeruerant, capta eſt: Meſſenii victi atque duriſſime
a Spartano victore habiti. Hinc ſub regibus Anaxan-
dro et Anaxidamo, annis poſt Ithomes excidium
peractis XXXIX. alterum bellum conflatum eſt anno
quarto Olymp. XXIII. Hoc bello inprimis Ariſto-
menis, qui Meſſeniorum res incredibili virtute geſ-
ſit, et Tyrtaei, qui Lacedaemoniis dux miſſus fuerat
ab Athenienſibus, nomina celebrata fuerunt. Ira
capta bellum finitum fuit anno primo Olymp. XXVIII.
Tertio Meſſenii arma ceperunt ſeditionemque contra Lacedaemonios excitauerunt, quanquam de tempore non conuenit inter hiſtoricos, vt docet Kuhnius (i). Sed vltimum bellum ad noſtri inſtituti

rationem

(i) in notis ad Pauſaniam. p. 338.

rationem non pertinet. Primum bellum defcripfit Myron Prienenfis, hiftoricus, et alterum poeta Rhianus, quorum libros iniuria temporum periiffe valde dolemus, licet vterque non ab initio belli ad finem perpetua ferie omnia defcripferit. De his bellis, fi plura cognofcere volueris, expofuerunt Paufanias (k); Diodorus Siculus (l), Iuftinus (m). Ex his fcriptoribus hauferunt fua, qui inter recentiores haec bella defcripferunt, quorumque principes funt Erafmus Vindingius (n) et viri docti in Anglia, qui immenfum illud de vniuerfi orbis hiftoria opus compilauerunt (o).

Licet vero haec ita fint, de annorum tamen numero magna eft inter hiftoricos diffenfio. Nos quidem fecuti fumus Paufaniam, cui eo maiorem fidem habendam effe cenfemus, quo probabilius eft, eum et Tyrtaei et Rhiani carmina legere atque inde verum annorum numerum difcere potuiffe. Eiusdem Paufaniae auctoritatem in ferie annorum collocanda fecutus eft Langbaenius (p). Eufebius vero atque Iuftinus annos LXXX. inter primum et fecundum bellum

(k) in *L. IV.* inde a *cap. IV.* p. 287. fequ. (l) *Lib. XV.* p. 54. ed. Weffel. (m) in *L. III.* c. 5. fequ. (n) in *Hellen.* p. 123. fequ. in T. XI. *Thef. Gronou.* (o) in T. V. c. 19. S. 668. fequ. (p) in notis ad Longinum περὶ ὕψ. IV, 11. confer Corfini *Faft. Attic.* ad Ol. XXIII, 4.

lum effluxiffe, fecundique belli initium in tertium annum Olymp. XXXV. incidere fcribunt, quos, Graevius (*q*) aliique fequuntur. Ex hoc igitur diffenfu
mira rerum confufio orta eft, quae non accurate fatis examinantem omnia et recordantem vbique varias
horum fcriptorum fententias facile turbare poteft.
Confuli poffunt de hoc diffenfu Sylburgius et Kuhnius (*r*). Quid? quod etiam fuerunt, qui primum et
fecundum bellum permifcerent, procul dubio diuerfa
auctorum narratione in hunc errorem inducti.

Hinc igitur apparet, cui tempori Tyrtaei aetas
affignanda fit, curque in illa definienda non confen-
tiant hiftorici. Floruit poeta tempore belli fecundi.
Strabo (*s*): ἐπὶ μὲν οὖν τοῦ Τυρταίου ὁ δεύτερος
ὑπῆρξε πόλεμος. Sed diffentit, vt iam dixi, Eufebius. Hieronymus enim in Chronico Eufebiano (*t*)
ad Olymp. XXXVI. habet: *Myrthaeus Athenienfis
poeta cognofcitur.* vnde et in Graeco textu Χρονικ.
Κανων. (*u*) ad Olymp. Λϛ´ legitur: Μυρταῖος Ἀθη-
ναῖος ποιητὴς ἐγνωρίζετο quo loco Scaliger (*x*), Tyrtaei nomen reponendum effe cenfet, fiue Eufebii er-
ror

<hr/>

(*q*) in notis ad Iuftin. III, 5. 2. (*r*) ad Paufaniam
p. 312. et 315. (*s*) L. VIII. p. 556. ed. Almel. (*t*) p. 122.
ed. Scalig. fec. (*u*) p. 158. (*x*) in Animaduerf.
p. 83.

ror hic fit, fiue auctoris, vnde haec defcripfit. cui
fententiae recte affentitur Conr. Sam. Schurzflei-
fchius (*y*). Eundem errorem memini me obferuare
in Syncelli Chronico (*z*) vbi legitur: Μυρταῖος ὁ
ποιητὴς ἐγνωρίζετο. Nam etiam hoc loco Tyrtaei
nomen ponendum effe patet. Cum Eufebio confen-
tit Suidas (*a*) Τυρταῖος, Ἀρχιμβρότου, Λάκων ἢ Μι
λήσιος ἐλεγειοποιὸς καὶ αὐλητὴς, ὃν λόγος τοῖς μέλεσι
χρησάμενον παροτρύναι Λακεδαιμονίους καὶ πολεμοῦν-
τας Μεσσηνίοις ταύτῃ ἐπικρατεστέρους ποιῆσαι. Ἔτι
δὲ παλαίτατος σύγχρονος τοῖς ἑπτὰ κληθεῖσι Σοφοῖς
ἢ καὶ παλαίτερος. ἤκμαξε γοῦν κατὰ τὴν Λέ ὀλυμ-
πιάδα ἔγραψε πολιτείαν Λακεδαιμονίοις καὶ ὑπο-
θήκας δι᾽ ἐλεγείας καὶ μέλη πολεμιστήρια βιβλία ε̄.
Inde etiam Simfonius, qui Tyrtaeum ad Olymp. XXIV.
refert (*b*), in loco Suidae praue legi putat λέ pro
κέ. cui tamen opinioni Wefſelingius non affentitur.
Eadem fere, quae Simfonius, Marshamius (*c*) etiam
habet. Cui nos tempori Tyrtaei aetatem adfigne-
mus, facile intelliget, qui nos Paufaniae fententiam
amplexos effe, recordetur. Mentio quoque fit noftri
poetae in celeberrimo marmore Chronico, quod in

insula

(*y*) in *Caftigat. et Animadu. ad Eufeb.* p. 244. in Henr.
Leon. Schurzfleifch. *Notit. Bibl. Vinarienf.* (*z*) p. 213.
ed. Parif. 1652. (*a*) f. v. Τυρταῖος. (*b*) in *Chronic.*
biftor. p. 537. (*c*) in *Canon. Chronic.* p. 555.

insula Paro repertum atque marmoribus Arundelianis additum fuit. Leguntur enim ibi (d) haec:

ΛΦΟΥ......Ο..Υ....ΕΤΗΗΗΗΔΠ
ΙΙΑΡΧΟΝΤΟΣΑΘΗΝΗΣΙΑΥΣΙΑ.

quae temporum iniuria exesa ita restituuntur: αφ ου [Λακεδαιμ]ο[νιοις Τ]υ[ρ ταιοσ συνεμαχησεν] ετη ΗΗΗΗΔΠΙΙΙ αρχοντος Αθηνησι Λυσι[ου] et vertuntur sic: *a quo cum Lacedaemoniis Tyrtaeus militavit anni CCCCXVIII. Archonte Athenis Lysia.* Quantum hic marmori ipsi debeatur, quantum addiderit coniectura, me tacente patet. Illud tantum moneo, Archontis nomen me paullum turbare. Pausanias enim dicit (e): καὶ Ἀθηναίοις Τλησίας ἦρχεν. Equidem puto virgulam transuersam, quae incumbit litterae Τ, periisse, oblitteratam longa annorum serie, atque adeo literam ad verbum proxime sequens trahendam esse. His scriptis vidi Iacob. Palmerium a Grentemesnil (f), eodem errore deprehenso, Τλησία rescribere voluisse.

Transeamus ad patriam Tyrtaei, et fata, quae expertus est, recenseamus. Errat vero Suidas, qui loco supra commemorato Tyrtaeum Milesium aut

Lacedae-

(d) v. *Marmora Oxoniensia.* P. II. n. 23. p. 24. (e) L. IV. c. 15. p. 315. (f) in *Exercitat. in optim. Auctor. Graec.* p. 700.

Lacedaemonium fuisse scribit, inductus procul dubio in errorem ab eo, quem descripsit, id quod ei saepius accidisse obseruauimus. Atheniensem eum fuisse patria clare ostendunt veterum auctorum testimonia, quorum suo quidque loco dabimus. *Lacedaemonii,* inquit Iustinus (*g*), *de belli euentu oraculo Delphis consulto iubentur ducem belli ab Atheniensibus petere. Porro Athenienses, cum responsum cognouissent, in contemtum Spartanorum Tyrtaeum poetam claudum pede misere.* Ita etiam Pausanias (*h*) rem narrat. Athenienses, dicit, hac re sibi nunciata, primum dubios fuisse, quid facerent. nam et periculosum nimis fore reipublicae suae iudicasse, si Lacedaemonii parte Peloponnesi optima siue insignibus cladibus potirentur, et diuinis vocibus non parere iudicasse nefas (*i*). Καὶ ἦν, addit, Τυρταῖος διδάσκαλος γραμμάτων, νοῦν τε ἥκιστα ἔχειν δοκῶν καὶ τὸν ἕτερον τῶν ποδῶν χωλός. τοῦτον ἀποστέλλουσιν εἰς Σπάρταν. Tyrtaeum non fuisse patria Lacedaemonium testantur etiam verba Aristidis (*f*): καὶ τὰ τελευταῖα Κίμωνος εἰς Ἰθώμην ἄφιξις καὶ Τυρταίου πρὸ Κίμωνος εἰς Σπάρτην· His adde testimonium Aeliani (*k*) qui Lacedaemonios Musices imperitos fuisse narrat: si

quando

(*g*) III, 5, 4.   (*h*) l. c. p. 316.   (*i*) in *Orat. Leuctr.* I. T. II. p. 121. ed. Steph.   (*k*) *Var. Histor.* XII, 50.

quando autem Mufarum auxilio, vel morbo laboran-
tes vel mente capti, aut fimile quid publice paffi, indi-
guiffent, arceffiuiffe eos homines peregrinos, tanquam
malorum iftorum medicos, hosque ex oraculo Apollinis. (nam ita hunc locum recte interpretatur Perizonius) μετεπέμψαντό γε μὴν Τέρπανδρον καὶ Θά-
λητα καὶ Τυρταῖον. Huc etiam Diodori Siculi locus pertinet: ὑςέρον δὲ ἀπλευόντων Μεσσηνίων τοῖς
Λακεδαιμονίοις, Ἀρισομένης ἔπεισε τοὺς Μεσσηνίους
ἀποςῆναι τῶν Σπαρτιατῶν καὶ πολλὰ κακὰ διειργ-
γάσατο τοὺς Σπαρτιάτας, ὅτι καὶ Τυρταῖος ὁ ποιητὴς ὑπὸ Ἀθηναίων ἡγεμὼν ἐδόθη τοῖς Σπαρτιάταις.
Ex his locis praeter reliqua difcimus tria, quae ad
Tyrtaeum pertinent. Primum non fatis animi viribus illum vigere credebant Athenienfes, forte quia reliquos prudentia fuperauit. Nam ita plerumque accidit, vt, quem reliquis fapientiorem effe intelligant,
eum defipere homines fibi aliisque perfuadere ftu-
deant. Deinde illum altero pede claudum fuiffe
fcriptores commemorant. Quae quidem corporis
imbecillitas Iofepho Barberio occafionem dedit, fat
inepto modo acumen ingenii oftendendi. Hoc enim
falfiffimus homo elogium compofuit (*l*).

Tyrtaeo

(*l*) de miferia poetarum Graecorum.

K

Tyrtaeo poetae

Deformi, lusco et claudo,

Litteratori militi contemto

Qui

Parnaffi montem non confcendit.

Quia claudus erat

Quia lufcus erat.

Montemque male videret,

Quem fi confcendiffet.

Mufae propter eius deformitatem eieciffent

Cenotaphium

Trias hominum

Deformium, lufcorum claudorumque

Finxerunt.

Hoc ora viator,

Ne Tyrtaeus fis.

Poteratne puer fexennis aliquid ftolidius fcribere? Sed totus ifte libellus futilis indigniusque eft, cuius repetitam editionem in Germania daret Io. Burchardus Menckenius (*m*). Quare ora, lector, ne fis Barberius. Iacobum Gronouium his nugis repetendis (*n*) chartas bonas perdidiffe non miror. nam plures his fimiles libellos in Thefauro fuo propofuit. In eodem volumine exftat Io. Henr. Boecleri *commentatio de fcriptoribus Graecis et Latinis.* qui libellus

(*m*) addit. Petri Alcyonii *de Exilio libris duobus.* Lipfiae, 1707. (*n*) in *Thef. Antiqu. Graec.* T. X. p. 797. fequ.

lus plenus est puerilibus peccatis, vna eademque re aliquoties repetita, ordine rerum turbato, nominibus auctorum ridicule inter se confusis, relictus ille procul dubio a Boeclero non eo consilio, vt ederetur a lucri cupidis bibliopolis aut stultis haeredibus, non sine dedecore Boecleriani nominis. Sed haec obiter. Lege potius, quae de claudo Tyrtaeo sapientius disputat Ger. Io. Vossius (*o*). Denique eorumdem scriptorum testimoniis apparet, litteras docuisse Tyrtaeum Athenis. Quod vero Seuinus negat, in contemtum Spartanorum missum fuisse Tyrtaeum, nihil agit. Nam nec quomodo fides claris scriptorum testimoniis derogari possit, video, nec hanc rem ab Atheniensium ingenio abhorruisse credo.

Quid egerit Tyrtaeus, posteaquam ad Lacedaemonios venit, narrat Pausanias. Illum dicit modo principibus, modo plebi elegos et anapaestos decantasse. Mox, quando praelium committebatur, Tyrtaeus magnarumque dearum antistites nihil egerunt aliud, quam vt extremos agminis sui exhortationibus incitarent animosque accenderent. Victi hoc praelio Lacedaemonii et valde perculsi belli finem spectabant: Tyrtaeus recitatis elegis eos de hac sententia deduxit, numerumque militum, qui in cohor-

K 2   tibus

(*o*) in *Instit. Rhetor.* L. I. p. 78.

tibus desiderarentur, de Helotum delectu supplevit.
ὁ δὲ ἀφικόμενος ἰδίᾳ τε τοῖς ἐν τέλει καὶ συνάγων
ἑπόσους τύχῃ καὶ ἐλεγεῖα καὶ τὰ ἔπη σφίσι τὰ
ἀνάπαιστα ᾗδεν — Τυρταῖος δὲ καὶ οἱ τῶν θεῶν ἱε-
ροφάνται τῶν μεγάλων ἔργου μὲν ἥπτοντο οὐδενὸς,
τοὺς τελευταίους δὲ τῆς ἑαυτῶν ἑκάτεροι ςρατιᾶς
ἐπήγειρον — Λακεδαιμονίων δὲ ἐχόντων ἀθύμως
μετὰ τὴν πληγὴν καὶ ὡρμημένων καταθέσθαι τὸν
πόλεμον, Τυρταῖός τε ἐλεγεῖα ᾄδων μετέπεισεν· οἱ
τοὺς καὶ ἐς τοὺς λόχους ἀντὶ τῶν τεθνεώτων κατέ-
λεγεν ἄνδρας ἐκ τῶν εἱλώτων.   Iustinus hanc historiam ita narrauit: *Tyrtaeum misere: qui tribus prae-*
liis fusos eo usque desperationis Spartanos adduxit,
vt ad supplementum exercitus seruos suos manumitte-
rent hisque interfectorum matrimonia pollicerentur,
vt non numero tantum amissorum ciuium, sed et
dignitati succederent. Sed reges Lacedaemoniorum
ue contra fortunam pugnando maiora detrimenta
ciuitati infligerent, reducere exercitum voluerunt,
ni interuenisset Tyrtaeus, qui composita carmina
exercitui pro concione recitauit, in quibus horta-
menta virtutis, damnorum solatia, belli consilia
conscripserat. Itaque tantum ardorem militibus in-
iecit, vt non de salute, sed de sepultura solliciti
tesseras, insculptis suis et patrum nominibus, dextro
                                        brachio

brachio deligarent, vt ſi omnes aduerſum praelium
conſumſiſſet et temporis ſpatio confuſa corporum li-
neamenta eſſent, ex indicio titulorum tradi ſepul-
turae poſſent. Itaque tantis animis concurſum eſt,
vt raro vnquam cruentius praelium fuerit. Ad
poſtremum tamen victoria Lacedaemoniorum fuit.
Quod ad teſſeras attinet, brachiis alligatas, narrat
rem quoque Polyaenus (p) atque hoc conſilium Tyrtaeo tribuit. quare locum huc transferemus. Τυρταῖον
Λακεδαιμονίων μελλόντων παρατάξεσθαι Μεσσηνίοις
καὶ βεβουλευμένων νικᾶν ἢ ἀποθανεῖν ἐν τῇ μάχῃ
ἵνα δὲ ὑπὸ τῶν οἰκείων ἐν τῇ τῶν νεκρῶν ἀναιρέσει γνωρί-
ζοιτο ἕκαστος, ἐπὶ τὰς σκυταλίδας τ᾽ ὄνομα γράψαντων
καὶ περὶ τῇ λαιᾷ χειρὶ φερόντων, βουλόμενος ἐκπλή-
ξαι τοὺς Μεσσηνίους τοῦτο μαθόντας παρήγγειλε μὴ
παρατηρεῖν τοὺς αὐτομολοῦντας Εἵλωτας· οἱ δὲ μη-
δενὸς παραφυλάττοντος ἀνέδην αὐτομολήσαντες ἤγ-
γειλαν τοῖς Μεσσηνίοις τὴν ἀπόνοιαν τὴν Λακωνικήν·
οἱ δὲ καταπλαγέντες ἀσθενέστερον ἀγωνισάμενοι τὴν
νίκην οὐ διὰ μακροῦ Λακεδαιμονίοις ἔδωκαν.

Illa de accenſis Lacedaemoniorum animis Tyrtaei carminibus celeberrima fuit antiquis temporibus
hiſtoria. Inde eam complures veterum auctorum
attigerunt. Maximus Tyrius inquit (q): Καὶ Σπαρ-

K 3 τιώτας

(p) in Stratag. I, 17. (q) in Diſſert. XXI.

τιώτας ἤγειρε τὰ Τυρταίου ἔπη, et copiosius Themistius (*r*): Λακεδαιμονίοις τοῖς πάλαι πολέμῳ πιεζομένοις ὑπὸ Μεσσηνίων ἀνεῖλεν ὁ θεὸς συμμαχίαν αἰτεῖσθαι Ἀθήνηθεν πρεσβευσαμένοις δὲ τοῖς Λάκωσιν, οἱ Ἀθηναῖοι, καὶ συμμαχίαν τὴν πυθόχρηστον αἰτησαμένοις οὐχ ὁπλίτας ἔδοσαν, οὐδὲ ἱππέας, οὐδὲ μὰ Δία ψιλοὺς ἢ γυμνῆτας. Ἀλλὰ Τυρταῖον τὸν ποιητὴν ᾔδεσαν γὰρ ἅτε σοφοὶ ὄντες Ἀθηναῖοι τοῖς μὲν σώμασι Λακεδαιμονίους Μεσσηνέων οὐχ ἡττωμένους, θάρσει δὲ καὶ προθυμίᾳ βελτίους γίνεσθαι καὶ ἰσαρίθμους ἰσαρίθμων καὶ πολλῷ ἐλάττους πλειόνων. — ἀναστῆσαι δὲ τούτους ἐπτηχότας· καὶ ἀνεγεῖραι αὐτῶν τὰ φρονήματα καὶ πρὸς τὸν ἀρχαῖον ζῆλον ἀναγαγεῖν ἱκανὸς μὲν ἦν καὶ Τυρταῖος. Vnde apparet, de duobus diſſentire Themiſtium ab iis, quorum teſtimonia ſupra protulimus, auctoribus. Nam, vt ii ſcribunt, ducem petere debuiſſe oraculo admonitos Lacedaemonios, ſic hic narrat, eos auxilium imploraſſe, atque etiam intuere videtur, non ludibrii aut contemtus cauſa, ſed bono animo miſiſſe Athenienſes claudum poetam. quanquam Themiſtii opinio vix probabilis mihi videtur. cui etiam aduerſari videtur Ampelius (*s*). *Tyrtaeusque* (nam ita recte
. emenda-

───

(*r*) in *orat. XV.* p. 197. (ed. Hard.)   (*s*) in *libro memoriali c.* 14.

emendauit Meurſius (*t*), probante Fabricio (*u*):
ante corrupte legebatur *Tertiusque) Meſſenio bello
ex oraculo Apollinis dux ab Athenienſibus per ludibrium
miſſus paeanum cantu militum animos concitauit, vt
tam diuturnum praelium victoria conſummarent.*
Huc etiam Aelianus (*x*) ſpectat, qui de Elephantis
dicit, eos, ad certamen vt incendantur, ſeſe pro-
muſcide verberare, neque cuiusquam egere praece-
ptis. οὐδὲ μὴν τὰ Τυρταίου μέτρα ἀναμένυσι. Hoc
vero loco, vbi Graecorum ſcriptorum teſtimonia re-
cenſemus, non eſt omittendus locus Suidae, quam-
quam non ſat accurate ille rem geſtam complectitur:
Τυρταῖος. οἱ Λακεδαιμόνιοι ὤμοσαν, ἢ Μεσσήνην
αἱρήσειν, ἢ αὐτοὶ τεθνήξεσθαι. Χρήσαντος δὲ τοῦ
Θεοῦ στρατηγὸν παρὰ Ἀθηναίων λαβεῖν, λαμβάνουσι
Τυρταῖον, τὸν ποιητὴν, χωλὸν ἄνδρα, ὃς ἐπ᾽ ἀρετὴν
αὐτοὺς παρακαλῶν εἷλε τῷ κ᾽ ἔτει τὴν Μεσσήνην
καὶ ταύτην κατέσκαψαν καὶ τοὺς αἰχμαλώτους ἐν
τοῖς Εἵλωσι κατέταξαν. Quid in hoc loco emendandum ſit, facile intelligent, qui recordentur loca
ſuperius a nobis allata. Nec Latini ſcriptores rem
ſilentio praeterierunt. Quis non recordatur pulchros
Horatii verſus (*y*),

poſt

(*t*) in *Miſc. Lac. II,* 2.   (*u*) in *Biblioth. Gr. L. II, c.* 11.
p. 449. adde Duckerum ad h. l.   (*x*) in *Hiſtor. Anim.*
VI, 1. p. 307. ed. Lond.   (*y*) in *Art. Poet.* 401.

post hos insignis Homerus
Tyrtaeusque mares animos in Martia bella
Versibus exacuit.

vbi Baxterus in nota illum non longe ab Homeri aetate
abfuisse dicit, etsi nesciam qua coniectura sit ductus.
Totam rem etiam commemorat Orosius (z): *Lace-*
daemonii Tyrtaeum poetam Athenienfem ducem prae-
lio legunt, qui tribus conflictibus fusi amissum exer-
citum vocata in libertatem feruorum manu supplue-
runt. Sed cum sic quoque defistendum certamine
propter metum periculi arbitrarentur, Tyrtaei poetae
et ducis composito carmine et pro concione recitata
rurfus accensi mox in certamen ruunt. Procul dubio hanc historiam etiam in animo habuisse Quintilianum haec illius verba testantur (a): *duces maxi-*
mos et fidibus et tibiis cecinisse traditum et exercitus
Lacedaemoniorum muficis accensos modis. Sed ex-
perti sunt similem fere carminum vim alio quoque
tempore Lacedaemonii. Historiam legimus a Diodo-
ro Siculo (b) memoriae proditam. Citharoedus, inquit, Terpander genere Methymnaeus. Ciuili quondam bello agitatis Lacedaemoniis oraculum editum
est, iterum consensuros, si ex Methymna Terpander
illis

(z) adverf. Pagan. Hiftor. I, 21. p. 82. ed. Hauercamp.
(a) Inftit. Orat. I, 10.   (b) v. Fragmenta Diod. Sic.
p. 639.

illis caneret. Et sane carmen quoddam cum artifi-
ciose cecinisset, ipsos iterum coniunxit. Cantu enim
animis mutatis sese complectebantur lacrimisque pro-
fusis osculabantur. Possumus huc etiam referre similem historiam, quam de Solone memoriae prodide-
runt veteres auctores (c). In diuturna Atheniensium contentione cum Megarensibus de insula Sala-
mina, cum capitis poenam illi proposuissent relatura
de ea recuperanda ad populum, Solon insaniae specie consilium texit, in forum se proripuit, atque elegis recitatis, vt bellum decernerent, Athenienses
commouit. Horum versuum aliquot seruati ad nostram memoriam peruenerunt:

Ἴωμεν ἐς Σαλαμῖνα μαχησόμενοι περὶ νήσου
  ἱμερτῆς χαλεπόν τ᾽ αἶσχος ἀπωσόμενοι κ. λ.

Sed in viam redeamus.

Hac igitur re praeclare gesta et nominis immor-
talitatem consecutus est Tyrtaeus et optime meritus
de Lacedaemoniis. Praemium reportauit ius ciuitatis. Causam etiam aliam discimus e Plutarcho (d):
πυνθανομένου δέ τινος, διὰ τί Τυρταῖον τὸν ποιητὴν

K 5   ἐποιήσαντο

(c) v. Diog. Laert. L. I. S. 46. 47. Polyaenum in
Stratag. L. I. c. 20. Iustinum II, 7, 9. et Vlpianum ad
orat. Demosth. περ. παραπρεσβ. (d) in Lacon. Apophtheg.
p. 230.

ἐποιήσαντο πολίτην, ὅπως, ἔφη, μηδέποτε ξένος
Φαίνηται ἡμῶν ἡγεμών. Meurfius vero, qui nemini
ius ciuitatis tributum fuiſſe dicit a Spartanis, narrat (e), Tyrtaeo conceſſam quidem in ſpeciem fuiſſe
ciuitatem, datumque habitare Spartae, quod omnino
non licuit peregrino, ſed iura tamen omnia ciuium
illi non data eſſe. quod myſterium quis Meurſio nar-
rauerit, ignoro.

Sed alia quoque de Tyrtaeo memoriae prodita
eſſe recordamur, quae nobis non omittenda ſunt.
Primum dicitur auctor fuiſſe triplicis chori apud Lacedaemonios. Pollux (f): Τρχορίαν δὲ Τυρταῖος
ἔζησε, τρεῖς Λακώνων χοροὺς καθ᾽ ἡλικίαν ἑκάστης
παῖδας, ἄνδρας, γέροντας. Triplicis huius chori
mentionem facit inſtitutumque hoc tribuit Plutarchus
Lycurgo (g): τριῶν γὰρ χορῶν κατὰ τὰς τρεῖς
ἡλικίας συνισαμένων ἐν ταῖς ἑορταῖς ὁ μὲν τῶν γερόντων ἀρχόμενος ᾖδεν

    Ἄμμες ποκ᾽ ἦμες ἄλκιμοι νεανίαι.

Ὁ δὲ τῶν ἀκμαζόντων ἀμειβόμενος ἔλεγεν,

    Ἄμμες δὲ γ᾽ ἀμὲν αἱ δὲ λῆς πεῖραν λαβέ.

Ὁ δὲ τρίτος, ὁ τῶν παίδων,

    Ἄμμες δὲ γ᾽ ἐσσόμεσθα πολλῷ κάρρονες.

Meurſius

(b) in *Mifcell. Lacon.* L. IV. c. 11.   (f) in *Onomaſt.*
L. IV. f. 106. conf. Florent. Chriſtianum ad *Ariſtoph. Veſp.*
1063. p. 147. et Cragium *de Rep. Laced.* I, 6.   (g) in
Lycurg. p. 53. add. *Inſtit. Lacon.* p. 237.

Meursius vero (*b*) nec Lycurgum triplicis huius chori
auctorem fuisse ostendere laborat, non frustra fortasse.
Consulatur etiam de hoc argumento Io. Seldenus (*i*).

Porro tubarum quoque inuentio Tyrtaeo tribuitur, quanquam non certissimis ab auctoribus. Acron
enim, Horatii Scholiastes, haec notauit (*k*): *Tyrtaeus: Lacedaemoniis diu aduersum Athenienses* (male haec ita narrantur: legi debet: Messenios) *cer-
tantibus oracula responderunt, non aliter posse victoriam habere, nisi Atheniensem ducem habuissent.
Missis legatis, qui hoc ab Atheniensibus postularent,
Athenienses in contumeliam ipsis Tyrtaeum* (praue
quidam libri *Dircaeum* et *Dyrcaeum* habent) *quem-
dam claudum dederunt, dicentes, iuxta ignauiam
ipsorum hunc eis ducem sufficere posse. Sic oracula,
quae promiserant, non frustrata sunt. Nam Tyrtaeus licet corpore esset debilis, scripsit tamen carmen heroicum, quo accensi Lacedaemonii in aciem
processerunt sicque consecuti sunt victoriam. Item
Tyrtaeus fuit genere Atheniensis, poeta omni deformi parte membrorum. Is primus tubam inuenit,
qua etiam Lacedaemonii usi vicerunt Messenios. Nam
cum diuturno tempore inter Lacedaemonios et Messenios*

(*b*) in *Miscell. Lacon.* L. II. c. 10. (*i*) ad *Marmora
Arundel.* p. 1509. (ed. Londin. a. 1726.) (*k*) ad *Art.
Poet.* v. 402. p. 121. ed. Venet. 1567.

nios bellum traheretur, consuluerunt Lacedaemonii
Apollinem. Quibus responsum est, non aliter eos
posse vincere, nisi cum duce Atheniensi pugnarent.
Quibus Athenienses Tyrtaeum dederunt et ita Lacedaemonii vicerunt, cum hostes nouus tubae sonitus ter-
ruisset. Recte ad h. l. obseruat Glareanus, Acronem historiam bis, narrare cum suis verbis, tum
Porphyrionis, quae illum et inuertisse et mutilasse
apparebit toto loco adscripto: Tyrtaeus: fuit hic
genere Atheniensis poeta, omni parte membrorum de-
formis: primus hic tubae moderationes dedit ex hac
causa. Nam cum Lacedaemonii bellum aduersum
Messenios gererent diuque traherent dubium Martis
euentum, responsum acceperunt ab Apolline, si vel-
lent vincere, Atheniensi vterentur duce, a quibus ro-
gati Athenienses miserunt Tyrtaeum claudum et lu-
scum, quem deformem crederent: vsi sunt auxilio
Lacedaemonii, quibus ille eantum monstrauit tubarum, quarum inaudito territi sono Messenii fuge-
runt, adepti sunt victoriam Lacones. Quo auctore
haec referantur, nescio. Quod vero ad tubae inuen-
tionem attinet, falso putat Tyrtaeo eam tribui Sou-
chaeus (*). Certe valde fides Scholiastae minuitur,

si

(*) dans le premier Discours sur les poetes Elegiaques
dans les Memoires de litterature de l'Academie des Infcriptions T. VII. p. 370.

si cogitamus, neminem eorum, qui accuratissime
de Tyrtaeo et bellis Messenicis egerunt, tubae mentionem fecisse. Quare Acronem et Porphyrionem
aut memoria lapsos aut ab aliis in errorem inductos
esse puto. Nisi me omnia fallunt, nominis simili-
tudine decepti sunt. Nam plurima veterum pars
Tyrrhenum, Herculis filium, tubam inuenisse credidit (m). Tyrrheni igitur nomen cum Tyrtaei
nomine confusum ab illis fuit. Sed reuertamur ad
illa, quae toti huic disputationi occasionem dederunt, agamusque paullo copiosius de Tyrtaeo poeta,
illiusque carminibus.

Fuisse enim poetam Tyrtaeum et composuisse
carmina quaedam iam diximus. Subiungitur ille plerumque Homero, quo tamen inferior fuisse dicitur.
Sic Themistius (n), inquit, τὸν Τυρταίου μεγαλο-
φωνότερον Ὅμηρον. Galenus etiam illius mentionem
facit bis (o). ἔτι δὲ πρὸς τούτοις ἐκ τῆς τραγῳδίας
καὶ παρὰ Τυρταίου καὶ τῶν ἄλλων ποιητῶν οὐκ ὀλίγα
παραθέμενος. et: οὐχ ὅπως γὰρ Εὐριπίδης ἢ Τυρταῖος, ἢ τις ἄλλος ποιητής. Quintilianus (p).
Quid? Horatius frustra Tyrtaeum Homero subiungit.
et

(m) v. Pausan. L. II. c. 21. p. 158.   (n) l. 6. p. 198.
(o) περὶ τῶν καθ᾽ Ἱπποκρ. καὶ Πλατ. δογμ. β. γ. p. 268. 269.
ed. Basileens. 1538.   (p) Instit. Orat. XI. s. XII.

et: *Neque enim si quis Achillis gloriam in bellicis consequi non potest, Aiacis aut Diomedis laudem aspernabitur, neque qui Homeri, non Tyrtaei.* Plato noſtrum poetam (*q*), reprehendit quidem, quod in militaris peritiae laude nimius fuerit, non diſtinxerit genera belli, atque vnam fortitudinem commendans reliquas virtutes omiſerit, ſed idem et eodem loco, ὦ Τυρταῖε, ποιητὰ θειότατε, inquit, δοκεῖς γὰρ δὴ σοφὸς ἡμῖν εἶναι καὶ ἀγαθὸς, ὅτι τοὺς μὲν ἐν τῷ πολέμῳ διαφέροντας διαφερόντως ἐγκεκωμίακας et alio: Ἀλλὰ αἰσχρὸν δὴ μᾶλλον Ὁμήρῳ τε καὶ Τυρταίῳ, καὶ τοῖς ἄλλοις ποιηταῖς περὶ βίου τε καὶ ἐπιτηδευμάτων κακῶς θέσθαι γράψαντας, Λυκούργῳ δὲ ἧττον καὶ Σόλωνι καὶ ὅσοι δὴ νομοθέται γενόμενοι γράμματα ἔγραψαν; Etiam apud Plutarchum (*r*) eſt egregia laus Tyrtaei, Λεωνίδαν μὲν γὰρ τὸν παλαιὸν λέγουσιν ἐπερωτηθέντα, ποῖός τις αὐτῷ φαίνεται ποιητὴς γεγονέναι Τυρταῖος, εἰπεῖν, ἀγαθὸς νέων ψυχὰς αἰκάλλειν. ἐμπιπλάμενοι γὰρ ὑπὸ τῶν ποιημάτων ἐνθουσιασμοῦ παρὰ τὰς μάχας ἠφείδουν ἑαυτῶν. Quod Leonidae iudicium repetit alio loco (*s*): Τὸν Τυρταῖον ὁ Λεωνίδας ἐρωτηθεὶς ποῖόν τινα νομίζοι, Ἀγαθὸν ποιητὴν, ἔφη, νέων ψυχὰς

(*q*) *de Leg.* I. p. 628. ed. Steph. et L. IX. p. 858.
(*r*) *in vit. Parall.* p. 805. (*s*) *terreſtriane an aquat. animalia ſint callidiora.* p. 959.

χας καλλύνειν ως τοῖς νέοις διὰ τῶν ἐπῶν ὁρμὴν ἐμ-
ποιοῦντα μετὰ θυμοῦ καὶ φιλοτιμίας ἐν ταῖς μάχαις
ἀφειδοῦσαν αὐτῶν. Idem Plutarchus (t) alius atque ab hoc diuerſi Tyrtaei mentionem facit, nempe Τυρταίου τῶ Μαντινέως, Muſici. Euſtathius
praeclare laudat vim Tyrtaei poeticam (u): Τοιαῦτα
ὁ λόγος δύναται. Τοιοῦτον ἡ ἱσορία καὶ τὸν Τυρταῖον
οἶδε ῥήτορα, οἷον ἐρεθίζειν προθύμως ἀποκινδυνεύειν
εἰς πόλεμον. Καὶ ὁ ἐντυχὼν ἔπεσι ἐκείνω εἴσεται,
ὅπως ἐνθουσιᾷ τῷ εἰς μάχην ἐγερτικῷ. qua quidem
laude nihil verius dici poteſt. Porro indicatur noſter poeta ab Harpocratione in Lex. Τυρταῖος, Λυκοῦργος ἐν τῷ κατὰ Λεωκράτους ὁ τῶν ἐλεγειῶν ποιητὴς καὶ αὐλητής. Strabo (x) non folum teſtatur
ducem fuiſſe Tyrtaeum, ſed etiam verſus e poemate
deperdito, quod εὐνομία inſcriptum fuit, laudat: ἡνίκα
φησὶν αὐτὸς ςρατηγῆσαι τὸν πόλεμον τοῖς Λακεδαι-
μενίοις· καὶ γὰρ εἶναι φησὶν ἐκεῖθεν ἐν τῇ ποιήσει ἐλεγεία, ἣν ἐπιγράφουσιν Εὐνομίαν· Huius etiam carminis mentionem facit Ariſtoteles (y) Συνέβη δὲ
καὶ τοῦτο καὶ Λακεδαίμονι ὑπὸ τὸν Μεσσηνιακὸν πόλεμον. δῆλον δὲ καὶ τοῦτο ἐκ τῆς Τυρταίου ποιήσεως
τῆς

(t) de Muſica p. 1137.   (u) ad Il. Γ. p. 839. T. II.
ed. Polit.   (x) in Libr. VIII. p. 556.   (y) in L. V.
Polit. c. 7.

τῆς καλουμένης Εὐνομίας. Meursius (z) censet,
opus, quod Εὐνόμω ab Aristotele appellatur, esse
idem quod Πολιτείαν Suidas appellauit, compara
quae Seuinus dicit (a).

Maxime vero nomen Tyrtaei celebratum est ἐμ-
βατηρίοις illis, quorum rationem clare explicabimus.
Pertinet enim res inprimis ad argumentum proposi-
tum. Quemadmodum Lacedaemonii multis vsi sunt
institutis, quae longe diuersa essent ab aliarum gen-
tium institutis, ita etiam in bello singularia multa
commiserunt. Nam et pugnaturi purpureis thora-
cibus induebantur, siue, vt non viderent sanguinem,
quo adspersi essent, siue vt terribili colore metum
incuterent hostibus, et rex ante praelium sacrificabat
Musis (b). Sic etiam ante praelium in tentorium
regis sui conuocati audiebant carmina Tyrtaei. Lu-
culentus locus est apud Lycurgum (c). Τίς γὰρ οὐκ
οἶδε τῶν Ἑλλήνων, ὅτι Τυρταῖον στρατηγὸν ἔλαβον
παρὰ τῆς πόλεως, μεθ᾽ οὗ καὶ τῶν πολεμίων ἐκρά-
τησαν, καὶ τὴν περὶ τὰς νέας ἐπιμέλειαν συνετάξαν-
το; οὐ μόνον εἰς τὸν παρόντα κίνδυνον, ἀλλ᾽ εἰς
ἅπαντα τὸν αἰῶνα βουλευσάμενοι καλῶς. κατέλειπε
γὰρ

(z) in *Biblioth. Attic.* p. 1623. in T. X. *Thes.* Gronou.
(a) loco cit. p. 238. (b) v. Meursii *Miscell. Lacon.*
L. II. c. 19. et Cragium de *Rep. Lac.* L. III. tab. VI. inst. 6.
et t. XII. inst. 9. (c) in *orat. contra Leocrat.* c. 28.

γὰρ αὐτοῖς ἐλεγεῖα ποιήσας, ὧν ἀκούοντες παιδεύονται πρὸς ἀνδρείαν. καὶ περὶ τοὺς ἄλλους ποιητὰς οὐδένα λόγον ἔχοντες, περὶ τούτου οὕτω σφόδρα ἐσπουδάκασιν, ὥστε νόμον ἔθεντο, ὅταν ἐν τοῖς ὅπλοις ἐστρατευμένοι εἰσι, καλεῖν ἐπὶ τὴν τοῦ βασιλέως σκηνὴν ἀκουσομένους τῶν Τυρταίου ποιημάτων ἅπαντας· νομίζοντες οὕτως ἂν αὐτοὺς μάλιστα πρὸ τῆς πατρίδος ἐθέλειν ἀποθνῄσκειν. Huc etiam spectat Dio Chrysostomus (d): μόνοι γὰρ Ὁμήρου μνημονεύουσιν οἱ ποιηταὶ αὐτῶν ἐν τοῖς ποιήμασι, καὶ ἄλλως μὲν εἰώθασι λέγειν, ἀεὶ δὲ ὁπόταν μέλλωσι μάχεσθαι, παρακελεύονται τοῖς αὐτῶν ὥσπερ τὰ Τυρταίου ἐν Λακεδαίμονι ἐλέγετο. Paullo aliter rem narrat Athenaeus (e). Πολεμικοὶ δ' εἰσὶν οἱ Λάκωνες, οἳ καὶ υἱοὶ τὰ ἐμβατήρια μέλη ἀναλαμβάνουσιν, ἅπερ καὶ ἐνόπλια καλεῖται. Καὶ αὐτοὶ δ' οἱ Λάκωνες ἐν τοῖς πολέμοις τὰ Τυρταίου ποιήματα ἀπομνημονεύοντες ἔνρυθμον κίνησιν ποιοῦνται. Φιλόχορος δὲ φησι κρατήσαντας Λακεδαιμονίους Μεσσηνίων διὰ τὴν Τυρταίου στρατηγίαν ἐν τοῖς στρατείαις ἔθος ποιήσασθαι, ἂν δειπνοποιήσωνται καὶ παιωνίσωσιν, ᾄδειν καθ' ἕνα Τυρταίου· κρίνειν δὲ τὸν πολέμαρχον καὶ ἆθλον διδόναι τῷ νικῶντι κρέας. Vnde fortasse colligi

(d) In Orat. XXXVI. p. 440.   (e) in Lib. XIV. p. 630.

L

ligi poteft, Lacedaemonios progredientes in hofles
carmina illa ceciuiffe. Cui fententiae etiam fauere
videtur locus Thucydidis (f). Λακεδαιμόνιοι δὲ καθ᾽
ἑκάσους δὲ, καὶ μετὰ τῶν πολεμικῶν νόμων ἐν σφίσιν αὐτοῖς ὧν ἠπίσαντο τὴν παρακέλευσιν τῆς μνή-
μης ἀγαθοῖς ἕσιν ἐποιεῦντο. Duckerus quidem locum perplexa orationis ftructura obfcuriffimum effe
dicit, mihi vero probatur Hudfoni interpretatio: *Lacedaemonii vero et per fe ipfos et carminibus ad modos militares factis* (vel *quadam militaris muficae
difciplina*) *fe mutuo hortabantur.* Eadem prope
habet Cl. Abrefch (g) qui fenfum facit hunc: Lacedaemonios non exfpectaffe exhortationes ducum fuorum, verum inter fe, fortes quippe atque ftrenuos
fingulos, adiutos animatosque carminibus προτρεπτι-
κοῖς, quae praeclara maiorum facta ipfis in memoriam renocabant, fefe excitaffe recordatione atque
commemoratione rerum geftarum. Facit etiam ad
rem noftram nota Scholiaftae: νόμες πολεμικὰς λέγει τὰ ἄσματα, ἅπερ ᾖδον οἱ Λακεδαιμόνιοι μέλλον-
τες μάχεσθαι, ἢ γράφεν (fed haec lectio certiffime
eft corrupta, et vnice vera Schol. Caff. notante Du-
ckero, lectio: ἣν δὲ προτρεπτικὰ) ἐκάλεν δὲ ἐμβατήρια. ἡ δὲ διάνοια. ἕκαςος τῶν Λακεδαιμονίων αὐτοῖς
παρεχε-

(f) V, 69. (g) in *Dilucidat. Thucyd.* p. 543.

παρεκελεύοντο, ἀγαθοῖς οὖσι, μεμνῆσθαι, ἃ μεμαθήκεσαν καὶ ἠπίσαντο· ἐποίουν δὲ τοῦτο ᾄδοντες. Iam primos tibiarum vsum adhibuisse Lacedaemonios atque ad earum cantum gressus posuisse plures scriptores compluribus in locis testantur, vt Athenaeus (h): Διόπερ καὶ οἱ ἀνδρειότατοι Λακεδαιμόνιοι μετ᾽ αὐλῶν στρατεύονται· Κρῆτες δὲ μετὰ λύρας κ. λ. Polybius (i): εδὲ τοὺς παλαιοὺς Κρητῶν καὶ Λακεδαιμονίων αὐλὸν καὶ ῥυθμὸν ἐς τὰν πόλεμον ἀντὶ σάλπιγγος εἰκῇ νομιστέον εἰσαγαγεῖν. Maximus Tyrius (k): Λυκοῦργος ἐπιτάξαι τοῖς νέοις αὐλὸν ἡγεμόνα ἐν ταῖς μάχαις· οἱ δὲ ἐπείθοντο καὶ ἐπολέμουν χοροῦ νόμῳ adde his Lucianum (l), Polyaenum (m), Aul. Gellium (n). Nunc ad ἐμβατήριος redeamus. De iis praeter Hesychium, qui habet: ἐμβατήριον, εἶδος αὐλήματος, Thucydides (o): Καὶ μετὰ τοῦτο ἡ ξύνοδος ἦν· Ἀργεῖοι μὲν καὶ οἱ ξύμμαχοι ἐντόνως καὶ ὀργῇ χωροῦντες, Λακεδαιμόνιοι δὲ βραδέως καὶ ὑπὸ αὐλητῶν πολλῶν νόμῳ ἐγκαθεστώτων οὐ τοῦ θείου χάριν, ἀλλ᾽ ἵνα ὁμαλῶς μετὰ ῥυθμοῦ βαίνοντες προέλθοιεν, καὶ μὴ διασπασθείη αὐτοῖς ἡ τάξις. int. *Argiui quidem eorumque socii*

L 2

magno

(h) L. XIV. c. 6. p. 627. conf. p. 517. et p. 626. (i) L. IV. p. 402. (k) in *Dissert. XXI.* (l) *de Saltat.* p. 796. (m) in *Stratag.* L. I. c. 10. (n) in *Noct. Att.* I, 11. (o) L. V. c. 70.

magno impetu iraque concitati ferebantur: Lacedaemonii vero lente ad cantum multorum tibicinum, qui
ex lege inter ipsos erant interpositi, non rei diuinae
gratia, sed vt ad numerum aequabili gradu incedentes
progrederentur et ne acies distraherentur. Sed mihi
fere magis placet lectio quorundam librorum νόμου,
quam ita defendi posse dicit Duckerus, vt vox non
pro lege accipiatur, sed pro nomo musico. nam verbum νόμος indicat non solum modulos, siue modos
per se sumtos, sed ipsa quoque carmina modulata,
vide Proclum (p). et consule Dorvillium (q), et
Burmannum (r). Inde coniungenda sunt haec:
ὑπὸ νόμου πολλῶν αὐλητῶν etsi hanc significationem
etiam retento datiuo νόμῳ manere posse Duckerus
addat. Atque etiam hanc interpretationem eo con-
firmari censet, quoniam paullo post Thucydides po-
suerit ὁ τοῦ θείου χάριν, quod Schol. explicat ὕμνος
nam νόμον esse hymnum deorum. Diligenter et accurate totam rem descripsit Plutarchus (s) cuius
verba huc transferenda sunt: Ὅλως δὲ ἄν τις ἐπιστή-
σας τοῖς Λακωνικοῖς ποιήμασιν, ὧν ἔτι καθ᾽ ἡμᾶς
ἔνια διεσώζετο, καὶ τοὺς ἐμβατηρίους ῥυθμοὺς ἀνα-
λαβὼν, οἷς ἐχρῶντο πρὸς τὸν αὐλὸν ἐπάγοντες τοῖς
πολεμίοις,

(p) apud Photium p. 523. (q) in Vanna Critica p. 649.
(r) ad Suetonii Neron. c. 20. (s) in Lycurg. p. 53

πολεμίοις, οὐ κακῶς ἡγήσαιτο καὶ τὸν Τέρπανδρον καὶ τὸν Πίνδαρον τῇ μουσικῇ συνάπτειν. — Καὶ γὰρ ἐν ταῖς μάχαις προσεδύετο ταῖς μούσαις ὁ βασιλεύς, ἀναμιμνήσκων (ὡς ἔοικε) τῆς παιδείας καὶ τῶν κρίσεων, ἵνα ὡς πρόχειροι παρὰ τὰ δεινὰ καὶ λόγου τινὸς ἀξίας παρέχωσι τὰς πράξεις τῶν μαχομένων. — ἤδη δὲ συντεταγμένης ἅμα τῆς Φάλαγγος αὐτῶν καὶ τῶν πολεμίων παρόντων, ὁ βασιλεὺς ἅμα τήν τε χίμαιραν ἐσφαγιάζετο καὶ ϛεφανοῦσθαι παρήγγελε πᾶσι καὶ τοὺς αὐλητὰς αὐλεῖν ἐκέλευε τὸ καϛόρειον μέλος· ἅμα δὲ ἐξῆρχεν ἐμβατηρίου παιᾶνος. ὥϛε σεμνὴν ἅμα καὶ καταπληκτικὴν τὴν ὄψιν εἶναι, ῥυθμῷ τε πρὸς τὸν αὐλὸν ἐπιβαινόντων καὶ μήτε διάσπασμα ποιούντων ἐν τῇ Φάλαγγι μήτε ταῖς ψυχαῖς θορυβουμένων, ἀλλὰ πράως καὶ ἱλαρῶς ὑπὸ τοῦ μέλους ἀγομένων ἐπὶ τὸν κίνδυνον. Idem alio loco (t) καὶ οἱ ἐμβατήριοι δὲ ῥυθμοὶ παρορμητικοὶ πρὸς ἀνδρείαν, καὶ θαῤῥαλεότητα καὶ ὑπερφρόνησιν θανάτου, οἷς ἐχρῶντο ἔν τε χόροις, καὶ πρὸς αὐλὸν ἐπάγοντες τοῖς πολεμίοις: alioque (u), inquit: πρὸς οὓς (scil. πολεμικοὺς κινδύνους) οἱ μὲν αὐλοῖς ἐχρῶντο, καθάπερ Λακεδαιμόνιοι, παρ᾽ οἷς τὸ καλούμενον Καϛόρειον ηὐλεῖτο μέλος, ὁπότε τοῖς πολεμίοις ἐν κόσμῳ προσήεσαν μαχετόμενοι. Quod vero ad καϛόρειον μέλος

L 3   attinet,

(t) in *Inſtit. Lacon.* p. 237.   (u) *de Muſica* p. 1140.

attinet, Pollux (*x*), vbi genera modulationum enu-
merat: μέλος δὲ, Καςόριον μὲν τὸ Λακωνικὸν ἐν μάχαις, ὑπὸ τὸν ἐμβατήριον ῥυθμόν. quod vertit Kuhnius: *ad rythmum quem vocant* ἐμβ. Idem vero
eodem libro (*y*): ἔνιοι δὲ καὶ ἐμβατηρίους αὐλὰς ὠνό-
μαζον τοὺς ἐπὶ τοῖς προσοδίοις. male interpres: *quibus in itineribus vtuntur*, quod recte Kuhnius reiicit, addens προσόδια cani ad tibiam, dum proce-
dant ad templa, ad aras. copiosius etiam de re agit
Seberus (*z*), vbi dicit προσόδιον carmen esse ab iis
decantari solitum, qui ad Apollinem accesserint.
quod luculenter testatur Proclus (*a*), ἐλέγετο δὲ τὸ
προσόδιον, ἐπειδὰν προσίασι τοῖς βωμοῖς ἢ ναοῖς.
καὶ ἐν τῷ προσιέναι ᾔδετο πρὸς αὐλόν. adde Suidam (*b*): Προσόδια ἀπὸ τῶν προσόδων. οὕτω δὲ ἔλε-
γον τὰς προσαγομένας τοῖς θεοῖς πομπάς, καὶ Προσόδια τὰ εἰς πανηγύρεις θεῶν ποιήματα παρὰ τῶν
λυρικῶν λεγόμενα. consule Casaubonum (*c*) et Spanhemium (*d*). Sed malim ego locum Pollucis explicare: *quibus in ineundo praelio vtuntur.* Hanc interpretationem, nisi fallor, confirmant scriptores,
quorum adduximus loca. Nam προσιέναι et πρόσοδος
vsurpan-

(*x*) L. IV. S. 78. (*y*) S. 82. (*z*) ad L. IV. S. 53.
p. 373. (*a*) ap. Photium p. 523. (*b*) T. III. p. 202.
(*c*) ad Athenaeum, L. XIV. c. 7. p. 902. (*d*) ad
Callimach. p. 3.

vfurpantur de pugna, quod bene oftendit Abrefch (*e*).
Quare hunc fenfum etiam huius loci effe puto. nifi
fortaffe ἐπὶ ταῖς πϱοσόδοις legere velis, quanquam
eandem vim verbo πϱοσόδιον ineffe credo. Vocaba-
tur vero etiam hoc carminum genus Ἀδώνιον. Hefychius: Ἀδώνιον τὸ παϱὰ τοῖς Λάκωσιν αὐληθὲν ἐμβα-
τήϱιον, ὅπεϱ ὕςεϱον παϱὰ Λεσβίοις ὠνομάσθη. Dicebatur etiam Meffeniacum, vt apparet e Mario Vi-
ctorino (*f*) laudato iam a Meurfio loco mox indi-
cando: *Cuius menfurae eft hoc quoque metrum, quod
Meffeniacum appellatur, et eft vt fupra trimetrum ca-
talecticum in fyllaba. verum eo diftat, quod annpae-
ftis praecedentibus et fpondeis fequentibus habet factas
coniugationes et poftremam fyllabam breuem. Idem
et embaterium dicitur, quod et proprium carmen Lacedaemoniorum. Id in praelio ad incentiuum virium
per tibias canunt, incedentes ad pedem ante ipfum
pugnae initium.* Sed fatis de hac re, quam hac
occafione copiofius exponere neque inutile neque iniucundum nobis vifum eft. Egerunt, verum bre-
vius, neque forte accurate fatis, de embateriis Meurfius (*g*), et Cragius (*h*), aliique, quos laudat Al-
L 4 berti.

(*e*) in *Diluc. Thucyd.* p. 543.   (*f*) de *Art. Grammat.*
L. II. p. 2522.   (*g*) in *Mifcell. Lacon.* L. II. c. 11.
(*h*) de *Rep. Lacedaem.* L. III. t. 12. infra 10.

berti (*i*). Apparebit ex his, quae difputauimus, ἐμβατήρια fuiſſe carmina tibia et aſſa voce decantata, ad quorum numerum milites praelium ingreſſuri gradum moderabantur, vt vtar verbis Kuhnii (*k*).

Sed nunc videndum eſt, quae qualiaque fuerint Tyrtaei carmina. Illud, quod primo loco edidimus, ad ea carmina referenda eſſe, quae ante tentorium regis recitabantur a Lacedaemoniis, luculenter teſtari videtur ille Lycurgi locus, quem ſupra attulimus. Statim enim addit: — ἀποθνήσκειν χρή σιμον δ᾽ ἐςὶ καὶ τούτων ἀκέσαι τῶν ἐλεγείων ἥ᾽ ἐπι σμαθα οἷα ποιέντες εὐδοκίμων παρ᾽ ἐκείνοις. Τεθνάμεναι κ. λ. Reliqua, quae deinceps ſequuntur, an fuerint illa ἐμβατήρια, atque cantata a militibus ineuntibus pugnam, haud facile dixerim. Habent illa quidem adhortationes ad fortitudinem atque mortem pro patria ſubire iubent milites, ſed nullus eorum, quos adduximus, ſcriptorum dicit: Tyrtaeum fuiſſe auctorem ἐμβατηρίων, illiusque carmina decantata a pugnaturis militibus. Solus Athenaei locus, ſupra laudatus fauere videtur ei, qui, Tyrtaei carmina ἐμβατήρια fuiſſe dicere voluerit. Καὶ αὐτοὶ δ᾽ οἱ Λάκωνες ἐν τοῖς πολέμοις, τὰ Τυρταίου ποιήματα

(*i*) ad Heſych. p. 1189. rol 1. (*k*) ad Polluc. IV, 53.

ποιήματα ἀπομνημονεύοντες ἐνρυθμον κίνησιν ποιοῦνται. Verum de his vix potest aliquid certi pronunciari. Quanquam si illud fragmentum ἄγετ᾽ ὦ quod etiam a nobis datum est, Tyrtaeum auctorem habet, res est clara et aperta. anapaestis certe composita fuisse illa ἐμβατήρια putat Valesius (*l*), interpretatus verba historici: *Ergo ubi vicissim contiguae se carperent partes cristatis galeis corusci Romani vibrantesque clypeos, velut pedis anapaesti praecinentibus modulis, lenius procedebant, vbi etiam ad* hoc fragmentum prouocat. Nam Vossius iudicat (*m*) anapaestum inprimis esse decorum et maxime virilem. Commode etiam in mentem venit locus Valerii Maximi (*n*): *Eiusdem ciuitatis exercitus non ante ad dimicandum descendere solebant, quam tibiae concentu et anapaestici carminis modulo cohortationis calorem animo traxissent, vegeto et crebro tectus sono strenue hostem inuadere admoniti.*

Ex iis vero elegiis, quibus summi poetae famam sibi Tyrtaeus comparauit, quinque tantum aut, vt alii putant, quatuor ad nostram aetatem peruenerunt, seruatae ab antiquis quibusdam scriptoribus, quibus magna hoc nomine gratia habenda est. Spirant pro — — — — — — — — — L — — — — — — — fecto

----

(*l*) ad *Ammian. Marcell.* XXIV. 6.　　(*m*) de *poemat. cantu et viribus rythmi* p. 6.　　(*n*) L. II. c. 6.

fecto illa carmina fortem et intrepidum poetae animum, quem concitatos adfectus ita in potestate habuisse sua, vt auditores non solum commoueret cantu, sed accenderet quoque, quis mirabitur, cognita illa vi elocutionis, spiritus magnificentia, sententiarumque, quibus virtus et amor patriae commendatur ciuesque ad pericula subeunda mortemque ipsam pro publica salute contemnendam, excitantur, praestantia? Certe non lucnlentiori argumento ostendi posse credo, quam vere Longinus dixerit (o), summam eloquentiam, quae nos admiratione impleat auferatque quasi, e magno et generoso animo oriri eoque sustentari et ali, quam Tyrtaei carminibus, quorum vis et ardor non, nisi ab illa animi magnitudine, oriri potuit. Nescio quid aliis animi sit. me vero lubenter fateor nunquam ea carmina, licet iam saepius lecta, legere, quin incalescere pectus sentiam, quin mihi videar ipse me maior fieri, deuota liberae morti Spartanorum pectora intueri, immo inter Schwerinos, Winterfeldos, Keithios aliosque summos duces versari atque illos magnarum animarum prodigos pro Friderici M. causa in ferrum ruentes et dulcem pro patria mortem per vulnera pulchra quaerentes contempler. Assurgere mihi altius

videor,

(o) περί ὕψ. sect. IX.

videor, illumque animum cogitatione affequi, qui
vitam contemnere mortemque appetere fortiffimos
milites iuffit, qui benigno deorum numine fuftentati
et Friderici fpiritu animati ex omni Europa collectis
copiis incredibili virtute reftiterunt fuoque exemplo
docuerunt, Borufforum effe, aut vincere, aut mori.

Quae cum ita fint, vehementer dolemus, plu-
rimam praeftantiffimorum carminum partem deletam
effe. nam, quae illis Elegiis addidimus, e libris veterum auctorum collecta, fragmenta et numero pauca
funt, et magis accendunt, quam minuunt, fitim de-
fideriumque reliquorum.   Sed eorundem hominum
imperitorum ftultitia, quae, vt

Ξίφος Ἀλκαίοιο, τὸ πολλάκις αἷμα τυράννων
    Ἔσπασεν, πάτρης θέσμια ῥυόμενον (p),

intueri nunc nequeamus, effecit, procul dubio etiam
Tyrtaei carmina nobis eripuit.   Quidni enim credamus, ea idem fatum experta effe, quod multorum
aliorum poetarum carmina mifere oppreffit? Iuuat
rem verbis Ioannis Medicis, qui poftea Leonis X.
nomine infignitus fuit, commemorare (q).   Au-
diebam, inquit, puer ex Demetrio Chalcondyla, Grae-
                                            carum

(p) ex Antbol. Gr. L. I. p. 134.   (q) locus exftat
in Petr. Alcyonii de Exilio L. I. p. 69. ed. Lipf. adde Iof.
Barnefium in vit. Anacr. f. 32. p. 61.

carum rerum peritiſſimo, ſacerdotes Graecas tanta
floruiſſe auctoritate apud Caeſares Byzantinos, ut
integra illorum gratia, complura de veteribus Graecis poemata combuſſerint, inprimisque ea, ubi amores, turpes luſus et nequitiae amantium continehan-
tur. Atque ita Menandri, Diphili, Apollodori, Phi-
lemonis, Alexis fabellas, et Sapphus, Erinnae, Anacreontis, Mimnermi, Bionis, Alcmani, Alcaei carmina intercidiſſe. Tum pro his ſubſtituta Nazian-
zeni noſtri poemata. Eandem rem etiam Io. Brodaeus memoriae prodidit (r): Epiſcopi et Patriar-
chae Conſtantinopolitani dicuntur iam pridem Anacreontis libros combuſſiſſe, tantae turpitudinis abo-
lendae gratia. Nempe non nudius tertius viri ſumme reuerendi flammas ignemque minari inceperunt!
Male vero ſit ſacrificulis iſtis, nec inter violas roſas-
que, ſed mordaces inter vrticas oſſa ineptorum hominum quieſcant! Equidem pro vno Tyrtaeo aut
Alcaeo lubenter centum Nazianzenos ſimilesque, quos
Apollo totusque Muſarum chorus nunquam amauit,
poetas cuicunque conceſſerim. Quis enim contextos
ex antiquorum vatum purpura centones lubenter ad-
ſpiciat, aut eos quis non ſuis auctoribus relinquat?
Hinc autem intelligi poteſt, quomodo factum ſit, vt

tot

(r) in notis ad Anthol. Gr. p. 400.

tot aurea carmina, quorum desiderio tenemur sum-
-mo, perirent, exspirarentque

Alcaei minaces
Stesichorique graues camoenae.

Iniuria Gothos atque Vandalos tanquam pulcherri-
morum monimentorum euersores accusamus. magis
pepercit decantata ab omnibus Alarici, Genserici,
Ricimeri et Totilae furor aedibus, amphitheatris, ther-
mis, aquae ductibus, circis aeternae vrbis, et lucu-
lentiora lenitatis et continentiae exempla ab iis edita
sunt, quam vulgo homines putant (*s*). Certe multo
crudeliores Totila, humanissimi ingenii viro, fuere
Gregorius, cui ob conflatas statuas et euersa monimenta antiqua Sancti cognomen tributum fuit,
Pius V. et Sixtus V. qui statuas aedibus Vaticanis eie-
cerunt aut e turre Capitolina deiici iusserunt. Vtinam vero iis temporibus Benedictus XIV. vixisset,
aut Alexander aliquis Albanius Pontifices consilio
iuuisset! Haberemus profecto, quare litteris et arti-
bus vehementer gratularemur. Nam diuinis laudibus dignum vtriusque ingenium iudicabit posteritas.
Ecce vero, pluribus in locis iidem homines similia
stuporis atque crudelitatis exempla ediderunt. Neque

(*s*) Pet. Angel. Bargaeum *de aedificiorum vrbis Romae euersoribus*, in T. IV. Thes. Graeuiani, p. 1895. sequ.

que enim fodalium mores lubenter relinquunt, nec quod alios audacter conatos effe animaduertunt, illius efficiendi fpem cupiditatemque vulgo abiiciunt. Ita etiam in feptentrionis regionibus praua monachorum ftultitia multa Scaldorum carmina antiquitatisque multa monimenta perdidit deleuitque, quibus aegre caremus. Ne cuiquam iniuriam fecifie videamur, rem narrabimus verbis Bircherodii (*t*): *Poftquam ftabilita fuerat*, inquit, *religio et ab imminuta iam ethnicorum factione fibi amplius nil timere habebant monachi, maiori mox zelo hi, vel cacozelia potius, quicquid veteris erat alicubi monumenti in lapidibus, corticibus, afferibus lignis aut metallis follicito euerterunt, deleuerunt et in nihilum penitus redegerunt: totam etiam linguam feptentrionalium, immo omnem fcripturam ruricam, litteras et characteres mera incantamenta et veneficia exiftimabant, non nifi rogis et cloacis digna: et fic perierunt antiquorum heroum gefta, poemata prifcorum feculorum decantatiffima, imo ipfa antiquae linguae maieftas plurima, innocua licet omnia, et nunc, fi darentur, cimelia, venerandae antiquitatis eximia.* Eadem fraude deceptus et Romani facrificuli, Syluestri,

(*t*) in diff. *de cauffis deperd. apud feptentr. antiquit.* in *Biblioth. Danic.* T. IV. p. 389. conf. Loccenium in *Antiqu. Sueo-Goth.* L. I. 14.

stri, clamoribus et obeforum monachorum nugis adductus rex, Olaus Skotkonung, veterum feptentrionis poetarum carmina combuffit (*u*), quibus impia venena contineri fibi perfuaderi paffus erat. Tam infanos errores tam foedam barbariem gignit fuperftitio, vbi femel oppreffit animos hominum eorumque imbecillitatem occupauit!

Triftius haud illa monftrum, nec faeuior vlla
Peftis et ira Deûm Stygiis fefe extulit vndis.

Nec illi fatis fuit Chriftianorum abuti credulitate, quam nunquam non facerdotum calliditas aluit, fouit et auxit. Amuratum quoque IV. odio erga Chriftianos inflammatum fuperftitem Graecorum Imperatorum, quae Conftantinopoli erat, bibliothecam flammis deleuiffe Seuinus narrat (*x*), qui librorum antiquorum conquirendorum cauffa Orientis regiones adiit. Hinc igitur, quae fuerit fundi noftri calamitas, apparet: hinc a fuperftitione, fraude et crudelitate facerdotum, ftultitia folebis regumque plebis fimilium tot optimorum librorum, tot praeclarorum monimentorum iacturam, quam nos feciffe nunquam obliuifcemur, repetendam effe, hac luce clarius eft. Nos pleni indignatione oculos ab his rogis

(*u*) v. Tornerum *de poëf Scaldorum* c. 8. (*x*) dans *l'hiftoire de l'Academie des Infcriptions* T. IV. diff. XLIII.

gis flammisque auertimus et ad alia progredimur.
Nam querelis nihil effici quis non videt? Vtamur
potius iis, quae fortunae indulgentia nobis reliquit.
Nos certe studiose veterum auctorum libros excussi-
mus, quique Tyrtaei nomen praeferrent, versus collegimus. Qua de opera nostra vt eo melius iudi-
cari possit, addemus breuem de editionibus Tyrtaei
disputationem.

Separatim, quantum equidem scio, nunquam
Tyrtaei carmina prodierunt, nisi nuper in Anglia.
Antea ea addita semper fuerunt aliis. In eiusmodi
igitur poetarum complurium collectionibus indagan-
dis fateor me non paruam operam posuisse, licet non
semel frustra, siue fati, siue hominum culpa id acciderit. Laetatus sum tamen vehementer, me, carminum horum exemplum officinae exprimendum tra-
dentem, incidisse in editionem Hymnorum Callimachi Frobenianam, a Matth. Aurogallo, vt in praefatione narrat Sigismundus Gelenius, a. 1532. quaternis adornatam, atque etiam nuper consultam ab
Ernestio, Theologo Lipsiensi, qui in praefatione
Callimachi eius mentionem fecit honorificam. Callimachi enim hymnos excipiunt Γνῶμαι ἐκ διαφόρων ποιητῶν φιλοσόφων τε καὶ ῥητόρων συλλεγεῖ-
ϲαι: inter quas Gnomas etiam Elegiae Tyrtaei nostri

ſtri° p. 219. apparent. Non memini aut viſam a me
eſſe aut commemoratam a quoquam antiquiorem
Tyrtaei editionem. Quae vero illam ſequitur, debetur, cui tot alia debet Germania noſtra, quemque
*florem Germaniae ſuae, immo vniuerſae adeo Euro-
pae ornamentum* merito appellat I. Douſa (*y*), Ioa-
chimo Camerario: quam licet oculis nunquam vſur-
pare licuerit, indicari tamen recordamur a copio-
ſiſſimae doctrinae viro, Io. Alb. Fabricio (*z*). Commemoratur enim ab eo libellus, qui Tubingae apud
Morhardum quaternis a. 1542. prodiit, hoc titulo in-
ſignitus: *Oratio ſenatoria de bello Turcico* κατὰ προ-
σωποποείαν: *item* Tyrtaei *carmina* παραινετικὰ *et
alia nonnulla.* Alter libellus octonis editus Baſileae
a. 1550. atque paulo poſt a. 1555. ibi repetitus hunc
titulum praefert: *Libellus Scholaſticus, vtilis et valde
bonus, quo continentur Theognidis praecepta, Pythagorae verſus aurei, Phocylidae praecepta, Solonis,* Tyrtaei, *Simonidis, Callimachi, quaedam carmina collecta et Graecis commentariis explicata a
Ioach: Camerario.* Hunc libellum idem Fabricius
narrat recuſum eſſe Lipſiae, cum notis Wolfgangi
Seberi,

(*y*) in *Plautin. Explic.* p. 114.   (*z*) in *Biblioth. Gr.*
Vol. XIII. p. 513. *et* p. 516.

M

Seberi, fumtu Thomae Schureri, a. 1620. Aegre si me his libellis caruisse dixerim, facile mihi quemque fidem habiturum esse credo. Eo lubentius accepi alium, qui mihi in hac vrbe oblatus est, ignotum mihi illum antea, certe nunquam visum. Titulus libelli est: *Theognidis, Pythagorae, Phocylidis, Tyrtaei, Solonis et aliorum poemata Graeca: item Homeri pugna ranarum et murium, fingula, vt lector eruditus et candidus fatebitur, accurate et perspicue reddita carmine Latino a M. Hieronymo Ofio Turingo P. L. — Vitebergae, exc. Laurentius Suenk 1562. 8.* Nostri poetae carmina inde a p. 56. exhibentur. Eodem, quo hic libellus prodiit, tempore bene meruit de Tyrtaeo *Iacobus Hertelius,* Curiensis, qui *Theognidis fententiis elegiacis,* praeter aliorum, quorum lectionem iuuentuti vtilem fore credidit, poetarum carmina, Elegias quoque Tyrtaei addidit. Quantum equidem scio, primum hic libellus prodiit Basileae a. 1561. sed fuit deinde recufus, a Io. Crispino Geneuae a. 1569. et 1584. et saepe alias. In manibus habuimus eas editiones, quae Basileae, in officina Oporiniana, a. 1572. Lipsiae a. 1576. a Io. Rhamba, ibidem apud haeredes Georgii Defneri a. 1587. eademque in vrbe ab Abrahamo Lambergo, Helmstadii, a Iac. Mullero a. 1668. et

Wratis-

Wratislauiae a. 1692. fuerunt adornatae (*a*). Ni
fallor, faepius etiam eo feculo hic libellus fuit editus. Tantum erat eo tempore Graecarum litterarum
ftudium, quarum fcientia facile fe nunc carere putat Franciae elegantiis plena et beata Germania! Hertelio addimus virum immortaliter de bonis litteris
meritum, Henricum Stephanum. Euoluimus enim
illud fummo chartarum nitore reliquoque magnifico
habitu apparatum opus, quod *Poetas Graecos principes heroici carminis* continet. Prodiiffe illud a. 1566.
notum eft. Habet vero illud praeter alia p. 473.
Tyrtaei carmina. Idem Stephanus non multo poft
eandem laudabilem operam Graecis litteris prae-
ftitit. Nam in editione Theocriti, quam a. 1579.
forma minima dedit, vt Solonis et aliorum, ita etiam
p. 19. Tyrtaei verfus propofuit. Quam quidem editionem animaduertimus in omnibus conuenire cum
illa prima Stephaniana. Ex aliis libris cognoui, in
Collectione Carminum IX. illuftrium Foeminarum,
quae Antwerpiae *cum fcholiis Fuluii Vrfini* a. 1568.
prodiit, apparere Tyrtaei elegias. Librum, diu mul-
tumque, atque etiam iis in locis quaefitum, vbi
omnia plena rariffimis libris effe famae credideram,
nancifci nunquam potui. Nempe hic eft ille liber,

(*) M 2 quem,

(*) conf. Fabricium in *Bibl. Gr.* L. II. c. XI. p. 448.

quem, (vt Io. Chrift. Wolfius (*b*) fcribit, *pridem Philologiae amantes auidiffime emerunt et in Gallia, Anglia, Belgioue, fi quando in auctionibus publicis vel in tabernis librariis fe offerret, immenfo fane pretio fibi comparare libenter voluerunt.* Mox tamen cognita querela Weffelingii (*c*), qui *fibi non licuiffe librum videre, licet ftudiofiffime quaefiuerit,* dicit, paullum me erexit illa cogitatio, et, fi fas eft dicere, recreauit: non me folum praeclaro libro carere, atque fuiffe etiam in iis regionibus, vbi viri docti maius antiquis libris pretium ftatuunt, qui fruftra illius videndae copiam fibi fieri optarent. Multorum in manibus eft Lectii *Corpus Poetarum Graecorum;* quod Geneuae, a. 1606. prodiit. In eo p. 730. Tyrtaei elegiae exhibentur, procul dubio e Stephaniana editione expreffae. Sequuntur Rodulphi Wintertoni, de quo habet quaedam Fabricius (*d*), *Poetae Graeci minores,* editi Cantabrigiae a. 1684. inter quos nofter quoque p. 433. locum obtinuit. Intelleximus Wintertonum fecutum effe auctoritatem Stephanianam, quemadmodum etiam ipfe fatetur. Denique nacti fumus *Selecta* illa carmina e Graecis poetis, quae *in vfum Regiae Scholae Etonenfis* prodierunt Etonae;

(*b*) in praefat. *ad fragmenta Sapphus.* (*c*) ad *Diodor. Sic.* T. I. p. 413. (*d*) in B. Gr. L. II. c. 17 S. 13. p. 455.

riae, a. 1755. et repetita ibidem funt a. 1762. Vtraque
editio habet Elegias Tyrtaei, licet omiſſis aliquot
verſibus: illa p. 112. haec p. 161. De noua Tyrtaei
editione, quam Anglia nuper nobis donauit, dicemus paullo poſt. Sunt enim quaedam addenda de
verſionibus Tyrtaei.

In Latinum ſermonem Tyrtaeum tranſtuliſſe Camerarium, docuit me Fabricius, vbi libelli huius titulus datur: *Praecepta morum ac vitae puerili aetate
accommodata* etc. in titulo etiam commemoratur:
Expoſitio verſuum Solonis, Tyrtaei, Latina. dicitur
hic liber prodiiſſe Baſileae, apud Rob. Winterum
a. 1541. ſaepiusque recuſus eſt. Sed, vt fit, eiusmodi
libelli, qui olim iuuentutis manibus terebantur, raro
nunc reperiuntur. Sed poeticam Camerarii verſionem inferuit Thom. Crenius collectioni librorum de
Eruditione comparanda, p. 2112. (Lugd. Bat. 1699.)
Verſionem metricam addidit ſuae editioni etiam Oſius,
ſed quae non magis vim atque Tyrtaei ſpiritum refert, quam illa Claudii Monſelli, Herteliae editioni adiecta. Dedimus in animaduerſionibus noſtris aliquot exempla, vnde luculenter patebit, fruſtra
in locis difficilioribus nos has verſiones conſuluiſſe.
In reliquis languent, nec, quod animum lectoris
mouere poſſit, habent. Tertiae Elegiae Οὔτ᾽ ἂ

μνησαί-

μνησαίμην etc. Anglicanam verfionem reperi fub titulo: *From the Greek of Tyrtaeus on Valour by James
Ward* in libro, qui Londini prodiit a. 1724. *Mifcella-
neous Poems Original and translated by feveral Hands,
publifhed by Mr. Concanen.* p. 352. Quanquam fere
nefcio an verfio ea dicenda fit, in qua libere ingenio
fuo indulfit auctor, vt vel initium carminis docet:

> *How vain his Boafting and how poor his Claim*
> *To prefent Glory, or to future Fame,*
> *Whofe little Mind does all its Merit place*
> *In Wreftling well, or Swiftnefs in the Race* &c.

Ante aliquot annos cum verfione metrica noua prodiit in Anglia Tyrtaei editio. Titulus libelli eft: *Ele-
gies of Tyrtæus, translated into Englifh Verfe; with
notes and the original text.* — *London, Printed for
Tho. Payne. 1761.* In praefatione quaedam occurrunt
de vita Tyrtaei, quae nemo ignorat: tum ii refutan-
tur, qui Tyrtaeum carminum fuorum vi tantum in animis militum ardorem excitare potuiffe negent. Quod
attinet ad animaduerfiones, nihil illae habent, quod
magni momenti aut vulgo ignotum fit. Interpretem
Tyrtaei carmina intellexiffe facile credo, fed eorum
tamen vim imminutam effe exiftimo nimis verbofa
Graecarum fententiarum interpretatione. Quod vt
cuiuis pateat, totum carmen tertium adfcribemus,
praefertim cum in Germania libellus ille Anglicanus
                                                    vix

vix obuius fit.　Nec inuiti, qui his litteris delectantur; Graeca cum Anglicanis comparabunt.

> *I would not praise the Man, his Deeds rehearse,*
> *Nor e'en make Mention of his Name in Verse,*
> *That's fam'd for mighty Feats in Wrestling shewn,*
> *Or for the Prizes that his speed has won.*
> *Not tho' he equal to the Cyclops rise,*   5
> *In nervous Limbs, and huge Gigantic Size;*
> *Not tho' he Spring so nimbly o'er the Field,*
> *That vanquish'd Boreas to his Swiftness yield;*
> *Tho' he surpass Tithonus' graceful Mien,*
> *In just Proportion, and in Look serene:*   10
> *Tho' he possess of Wealth a larger Store,*
> *Than Phrygian Midas, or than Cinyras more;*
> *Or tho' a Monarch be more Sceptres hold*
> *Than mighty Pelops bore in Times of old;*
> *Tho' on his Lips yet sweeter Accents hung*   15
> *Than flow'd persuasive from Adrastus' Tongue;*
> *With ev'ry Virtue tho' completely blest,*
> *If Valour add not Lustre to the rest.*
>
> *For none can boast a brave and valiant Heart,*
> *And in the Fight maintain a Hero's Part,*   20
> *Unless he fearless, and intrepid bear*
> *To view a bloody Carnage of the War;*
> *And with impatient Fury burn to close*
> *And Foot to Foot attack his rushing Foes.*
> *This is a Man's best, greatest, noblest Praise,*   25
> *And shall to Youth immortal Glory raise.*

True is that Soldier, faithful to defend
His Country's Cause, his People's common Friend,
Himself who hazards Life, and standing nigh
Exhorts his Comrade that he bravely die.   30
This, this is he can boast a valiant Heart,
And in the Fight maintain a Hero's Part.

   Himself *he turns th'embattled Foe to Flight,*
And stems the Torrent of th'unequal Fight.
Ennobling Friends, House, Parents, as he dies,   35
Soon 'midst the first a breathless Corse he lies;
With many a glorious Wound transfix'd before,
His Shield, and Breast-plate stain'd with flowing Gore.
The Aged mourn, the Youth their Joys forego,
And all the City join the common Woe.   40
His Children's Children, and those yet to come
Shall reap fresh Honours from their Parent's Tomb.
What, tho' his Ashes lie entomb'd? His Name
Shall gain unbounded, and eternal Fame,
Who, in his Children's and his Country's Right,   45
Exerts his utmost Efforts in the Fight;
Maintains his Stand with Honour, joins the Strife,
And to dread Mars's *Fury yields his Life.*

   But *should not Death, involv'd in endless Night*
Snatch him for ever from the Realms of Light;   50
Should he, successful in his bloody Foils,
Return in Triumph, crown'd with glorious Spoils
To him both Young and Old due Honours pay,
And endless Pleasures bless his latest Day.

                                                       What

What Time he ranks the aged Sires among,   55
He's still distinguished from th'ignoble Throng,
'Gainst him no Villain harbours envious Rage,
Justice, and Fear of Shame protect his Age.
And when the Senate in full Council meet,
To him all Orders rising from their Seat.   60

O! then let all to this high Summit soar
Of Valour, nor abate the Thirst of War.

Anglicanam verſionem excipiat Gallica, nuper admodum adornata.   Prodiit enim, Londini, vt titulus habet, ſed Pariſiis, vt rumor fert, a. 1764. liber:
Theatre & œuvres diverſes de M. de Sivry: in quo
libro p. 327-338.   Tyrtaei Elegiae reliquorum poetarum carminibus additae ſunt.   Equidem ingenue
fatebor, quid de hac interpretatione ſentiam.   Niſi
auctor me credere iuſſiſſet, Tyrtaei hos verſus eſſe,
nunquam hos Gallicos verſus e Graecis Tyrtaei ex-
preſſos eſſe credidiſſem.   Tanta et ſententiarum
permutatio facta eſt, et ſermonis differentia vbique
apparet.   Ne ſine cauſa Gallicum poetam, qui ſibi
non parum ſapere videtur et fere ſublimi vertice
ſidera tangere, reprehendiſſe videar, eiusdem carminis verſionem addam, quod modo Anglicano ſer-
mone expreſſum legimus

La gloire des Heros n'eſt point dans leur beauté:
Dans la grace du corps, ni dans l'agilité.

M 5   *Qu'im-*

Qu'importe à des Guerriers ce frivole avantage?
Que font tous ces tréfors fans celui du Courage?
Sans lui que feriez-vous; faffiez-vous à ce prix
Plus riches que Créfus & plus beaux qu'Adonis?
Du Dieu même du Pinde euffiez vous l'eloquence
Et tous les Dons enfemble, excepté la Vaillance,
Vous ne moiffonnerez que de frêles lauriers,
Stériles prix du Foible, & jeux des vrais Guerriers.
Aux feuls champs de Bellone un grand cœur fe fignale:
Qu'il eft beau qu'un mortel aux Dieux même s'egale!
Qu'il eft beau de le voir par un fublime effort
Se faire une vertu de méprifer la mort!
C'eft au fein du Péril qu'il cherche la Victoire,
C'eft par-là qu'il remporte une immortelle gloire;
Sa mémoire craint peu l'ombre du Monument:
Défenfeur de l'Etat il en eft l'ornement.
Son bras eft invincible & fon cœur fans reproche,
Ses plus fiers ennemis tremblent à fon approche;
Les plus audacieux expirent fous fes coups:
De fes nobles fuccès Mars lui même eft jaloux.
Il paroit, il triomphe, il met feul tout en fuite,
Les fiens font fûrs de vaincre en marchant à fa fuite.
Le bras de cet Alcide eft leur plus fûr rempart:
Et fouvent au milieu du plus affreux hazard
Sa voix qui du fuccès eft l'affuré préfage,
Sçait aux moins généreux infpirer le courage.
Qui pourra foutenir fon choc impétueux!
C'eft un foudre vengeur envoyé par les Dieux.
Lui-même d'un grand Peuple eft le Dieu tutélaire,
Il combat pour fes Rois, fa Patrie, & fon Pere.

Et

Et s'il faut, que du Sort les rigoureuses loix
En terminant Ses jours terminent ses exploits,
S'il faut qu'au coup fatal sa grande ame succombe,
Sa gloire et nos regrets le suivent sous la Tombe.

Cuius quidem interpretationis leuitatem et ineptia qui clarius intelligere cupiat, cum ea comparabit illam, quam Germania accepit. Quis enim ignorat Weissium nostrum, in quo Sophoclis cothurnum Euripidisque grauitatem ita miramur, vt eundem ad lusus venustissimos et blandos amores descendentem amemus, quem amorem dulcedo quoque morum et suauitas atque Φιλανθρωπία viri iucundissima auget, pulcherrimam Tyrtaei interpretationem edidisse? Certe in versibus Theotiscis eadem vis apparet, eadem verborum grauitas, eadem ingenii praestantia, quae Graeco poetae omnium laudem conciliauit, atque habere credo patriam nostram interpretationem, quam optimis omnium nationum iure opponat. Quare non potui non eandem interpretationem huic editioni addere, eamque a nemine illubenter lectum iri mihi persuasi. Hactenus de editionibus et interpretationibus nostri poetae.

Vnum restat, quod tamen attingere tantum iuuat. Fieri facile potuit, vt ignoraremus editiones quasdam nostri poetae. quis enim aut omnes libros vidit aut

visos

vifos recordatur? Haec igitur res ne nobis inuidiae
fit. At quidni, dixerit aliquis, ex iis fontibus hau-
fifti, quibus multo auidius magisque, quam fonte
Caballino, labra proluunt clariffimi, ampliffimi, ex-
cellentiffimi, celeberrimi, atque, fi placet, reuerendi etiam viri. Noui, o bone, et audiui. Sed
mehercle! non potui. Ah! iterum dico, non potui. Nam fiue focordia quadam et pigritia, fiue ma-
lacia ftomachi faftidientis has dapes, piget taedet-
que in bibliothecarum catalogis compilandis eandem
oftendere fapientiam, qua alios fibi fuaeque famae
confulere aiunt. Vtantur, quibus volupe eft, quibus vtile videtur, Pandora illa Bunauiana, qua in lucem prolata optimeque inftructa praeclare meritus eft
Frankius de tot pauperculis mifellisque, qui nifi his
fluminibus hortulos fuos irrigarent, contabefcerent
profecto et perirent. Verum, vt iam dixi, ego hofce
fontes non magis amo, quam illum Pitifci, e

— *quo, ceu fonte perenni,*
Vatum Pieriis ora rigantur aquis.

Nunc definamus. Nomine magni Pitifci pofito difpu-
tatio noftra

EXPLICIT FELICITER.

DISSER-

DISSERTATIO
ALTERA
DE
CARMINIBVS BELLICIS
QVORVNDAM POPVLORVM.

Quomodo factum sit, vt priori differtationi, qua de vita Tyrtaei expofuimus, adiiceremus alteram de carminibus bellicis quorundam populorum, facile intelligent ii, qui argumentum carminum Tyrtaei cognitum habeant, quique, quem vfum illa praeftiterint Lacedaemoniis, recordentur. Illis enim lectis et confiderata mirabili eorundem vi, cupido animum inceffit, quid reliqui populi egerint, cognofcendi eaque carmina, quibus in praeliis ineundis vfi funt, aut quae originem fuam bellis debent, comparandi cum elegiis Graeci poetae. Peruagati vero animo fumus complures regiones, atque vbi inueniremus quidquam, quod huc pertinere crederemus, ftatim illud arripuimus atque addidimus reliquis.

reliquis. Hac igitur ratione quantum collegiffe nobis licuerit de carminibus, quorum et origo et mate-
ria a bellis et praeliis repetenda eft, ex iis apparebit,
quae attexemus.

Atque primum quidem dicamus de Graecis, quos
ante pugnam legimus carmen decantaffe, quod dicitur Παιάν. Paeanes proprie erant hymni Apollini
dicati atque ob auertendam calamitatem aliquam
cantabantur. Παιὰν μὲν ὕμνος ἐςιν εἰς Ἀπόλλωνα
ἐπὶ παύσει λοιμοῦ καὶ πολέμου, πολλάκις δὲ καὶ
προσδοκωμένȣ δεινοῦ. (a). Nam, vt notum eft,
Apollo quoque ipfe Paean dictus eft (b). Deinde
pertinuerunt etiam carmina huius nominis ad alios
Deos, ad Neptunum, Aefculapium, Latonam, Dia-
nam, Caftorem et Pollucem: immo adulatio hominum ipfi mortalium generi paeanas dicauit. Copiofe
haec omnia explicuerunt, qui hoc carminum genus
fibi explicandum fumferunt, Cafaubonus (c), Henr.
Valefius (d), Menagius (e), Cuperus (f), Ant.
van Dale (g), alii, quos Duckerus laudat (h), quibus
addere

(a) Schol. Ariftoph. ad Plutum, 636. (b) v. Polluc.
in Onomaft. L. VI. c. 1, 33. (c) ad Athenaeum L. XV.
c. 16. p. 984. (d) ad Harpocrat. p. 286. (e) ad
Diogen. Laert. p. 188. (f) in Obferuat. I, 1. (g) in
Differtat. ad Antiqu. et Marm. VII, 3. p. 566. (h) ad
Thucydid. I, 50.

addere potes Io. Albin. Kriefium (*i*). Sed nos tantum
hoc loco de illo Paeane agemus, qui ante Praelium
Marti canebatur praelioque commiffo Apollini. Pertinent huc inprimis verba Graeci Scholiaflae (*k*):
δύω παιᾶνες ἦσαν· ἐνυάλιος, ὅτε ἦρχον, ὃς καὶ πρὸ
τῆς μάχης ἐγίγνετο, καὶ ἕτερος, ὅτε ἐνίκων. Idem
alio loco (*l*) δύω παιᾶνας ἦδον οἱ Ἕλληνες πρὸ μὲν
τοῦ πολέμου τῷ Ἄρει, μετὰ δὲ τὸν πόλεμον τῷ Ἀπόλ-
λωνι. vtrumque locum defcripfit Suidas (*m*), vt iam
Kufterus obferuauit. Alter igitur hymnus ἐνυάλιος
dicebatur, Marti ante pugnam facratus, eoque et
victoriam orabant et militum fortitudinem excitare
ftudebant, Xenophon memoriae prodidit (*n*): —
καὶ ἦν μὲν πανταχόθεν πολλὴ σιγή — ἡνίκα δὲ ἔδοξε
τῷ Κύρῳ καιρὸς ἤδη εἶναι, ἐξῆρχε παιᾶνα, συνεπή
χησε δὲ πᾶς ὁ ςρατός. μετὰ δὲ τῦτο τῷ ἐνυαλίῳ
τε ἅμα ἐπηλάλαξαν καὶ ἐξανίςαται ὁ Κῦρος καὶ —
αὐτοῖς τὴν ταχίςην συνεμίγνυεν. quae fere omnia
defcripfit Zonaras (*o*). confule de hoc argumento
Rittershufium (*p*). Idem Xenophon ante pugnam

Cyrum

(*i*) *de hymnis veterum, maxime Graecorum*, difput.
Praef. Gefnero, Gottingae, 1742. (*k*) ad *Thucyd.* IV,
43, 68. (*l*) I, 50, 60. (*m*) in T. III. p. 68. (*n*) in
Cyropaed. L. VII. p. 176. (*o*) in *Annal.* L. III. p. 160.
ed. Parif. (*p*) ad *Oppian. Halieut.* V, 294.

N

Cyrum Caftori et Polluci hymnum ceciniffe fcribit (*q*). ἐπεὶ δὲ πάλιν ἧκε τὸ σύνθημα ἀνταποδιδόμενον ἐξῆρχεν αὖ Διοσκόροις (fed alii legere malunt: αὖ ὁ Κῦρος˙ non fine caufa) παιᾶνα τὸν νομιζόμενον˙ οἱ δὲ θεοσεβῶς πάντες συνεπήχησαν μεγάλῃ τῇ φωνῇ˙ ἐπεὶ δὲ ὁ παιὰν ἐγίνετο, ἅμα πορευόμενοι οἱ ὁμότιμοι φαιδροὶ κ. λ. Paeanis vero poft pugnam cantati mentionem facit idem (*r*): ὡς ἐπ᾽ εὐτυχίᾳ σπείσαντες καὶ παιανίσαντες καὶ φυλακὰς κατασκευασάμενοι κατέδαρθον.

Contra aliorum populorum erat ingens tumultus et inconditus clamor, quique lugubre aliquid habebat terroremque poterat hoftibus iniicere. Alii enim fcuta haftis allidebant armorumque ftrepitu horrorem concitare ftudebant, vt de Gallis memoriae prodidit Diodorus Siculus (*s*) atque de aliis alii fcriptores commemorant, quorum teftimonia collegerunt Spanhemius (*t*), Iac. Gronouius (*u*) et Georg. D'Arnaud (*x*). Alii fublato clamore ingenti in hoftes irruebant. Curtius (*y*) Perfas *truci* et *incondito clamore* pugnam iniuiffe fcribit. Apud Romanos eundem

dem

(*q*) in *Cyropaed.* L. III. p. 85. (*r*) in *Hiftor. Gr.* L. VII. p. 629. (*s*) L. V. p. 352. (*t*) ad *Callimach.* H. in Del. v. 136. (*u*) ad *Arrian. Exp. Alex.* I, 6. p. 14. (*x*) in *Specim. Animadu. Critic.* c. 13. p. 74. (*y*) L. III. c. 10. 1.

dein morem obtinuiſſe Liuius multis locis teſtatur.
Clamor, inquit (z), *indicium primum fuit*, *qua*
res inclinatura eſſet. *Excitatior crebriorque ab hoſte*
ſublatus, *ab Romanis diſſonus*, *impar*, *ſegnis*, *ſaepe*
iteratus incerto clamore prodidit pauorem animi.
Alio loco (a): *praelium non ſolito modo clamore ac*
tumultu eſt coeptum, *ſed ad alium virorum*, *equo-*
rum, *armorumque ſonum diſpoſita in muris Cam-*
panorum imbellis multitudo tantum cum aeris cre-
pitu, *qualis in defectu lunae ſilenti noēte cieri ſolet*,
edidit clamorem, *vt auerteret etiam pugnantium*
animos. Addamus locum Caeſaris (b): *neque fru-*
ſtra antiquitus inſtitutum eſt, *vt ſigna vndique con-*
cinerent, *clamoremque vniuerſi tollerent*, *quibus re-*
bus et hoſtes terreri et ſuos incitari exiſtimauerunt.

, . Germanos praelium ineuntes clamaſſe oſtendit
Cluuerus (c). Maxime vero huc pertinet locus
Taciti (d). Nam vt Ammianus Marcellinus de Go-
this ſcribit (e): *Et Romani quidem voce vndique*
Martia concinentes, *a minore ſolita ad maiorem pro-*
tolli, *quam gentilitate appellant barritum*, *vires va-*

lidius

(z) IV, 37, 9. (a) XXVI, 5, 9. add. III, 62. 4.
(b) de Bell. Ciu. III, 92. add. *Ammian. Marcell.* XVI, 12.
Vegetium, III, 18. ibique Stewechium p. 204. (c) in
Germ. Antiqu. L. I. c. 51. (d) *de morib. Germ.* c. 3. add.
Drakenborch. ad *Sil. It.* X, 230. (e) L. XXXI, c. 7.

lidius erigebant : *Barbari vero maiorum laudes clamo-*
ribus stridebant inconditis: interque varios sermo-
nis dissoni strepitus leuiora praelia tentabantur, ita
de Germanis Tacitus: *Fuisse apud eos et Herculem*
memorant, primumque omnium virorum fortium
ituri in praelia canunt. Sunt illis haec quoque car-
mina, quorum relatu, quem Barditum *vocant accen-*
dunt animos futuraeque pugnae fortunam ipso cantu
augurantur. Nec tam voces illae, quam virtutis
concentus videntur. affectatur praecipue asperitas
soni et fractum murmur obiectis ad os scutis, quo
plenior et grauior vox repercussa intumescat. Herculem ad pugnam ineuntibus Germanis celebratum
fuisse negat Georg. Christ. Gebauerus (*f*), qui peregrino Deorum cultu eos imbutos fuisse negat, nescio
an firmis vbique argumentis vsus, potiusque heroa
aliquem Herculi non absimilem, virorum fortium
primum, illos cantasse putat. De Bardito vellem ex-
staret Ern. Casim. Wasserbachii libellus, cui hunc
titulum impositum fuisse in indice librorum Franco-
furtensi (nam ipse eum non vidit) narrat Wagensei-
lius in litteris ad Cuperum datis (*g*): *De Bardis ac*
Barditu,

(*f*) in *Vestigiis Iur. Germ. antiquiss. in C. Corn. Tac.*
Germania obuiis Dissert. XXII. p. 854. (*g*) in Poleni
Supplem. *Thes. Gron. et Graev.* T. IV. p. 24.

Barditu, siue antiquis carminibus ac cantilenis vete-
rum Germanorum dissertatio, cui iunctus est de S.
Annone Colon. Archiep. vetustissimus omnium Germa-
norum rhythmus et monumentum. Sed videtur ille
liber nunquam editus fuisse (*b*). Nos ad recentiora
tempora pergimus. Christianis Imperatoribus aliud
institutum placuit. Nam antequam e castris quisquam contra hostes egrediebatur, dux exercitus cae-
terique praefecti formulam Κύριε ἐλέησον (*i*), accla-
mabant: castris copiis egredientibus, ter quaeque eorum pars vociferabatur: *Deus nobiscum!* tum serua-
bant silentium, donec manum cum hostibus confere-
bant. Nunc enim clamorem maxime a tergo positi,
cum ad terrendos hostes, tum ad excitandos suos, tolle-
bant. Quae omnia docte more suo et copiose exposuit
Spanhemius (*k*). Quod autem ad illam formulam
Κύριε ἐλέησον attinet, antiquos quoque Noruegos ea vsos
praelia orditos esse et Erlingum Scacchium cum Co-
mite Sigundo dimicaturum suis praecepisse legimus (*l*);

N 3   vt

(*b*) v. Io. Ioach. Schwabium *de Semnotheis veterum Ger-*
manorum Philosophis. p. 8. (*i*) conf. *Bonam in Rer.*
Liturg. II. c. 4. Vossium de *Theol. Gentil.* L. I. c. 2. 3. et
Matth. Brouerium de Niedek *de populor. veter. ac recentior.*
adorationibus p. 31. (*k*) ad *Iulian. Imp.* Or. I. p. 233.
add. Io. Alstorphium in *Occupat. Tuscul.* L. II. p. 55.
(*l*) vid. Dolmerum ad *Hird-Skraan, s. Ius Aulicum an-*
tiquum Noruegic. p. 51. et p. 413. (ed. Hafn. 1673.)

vt eam alte pronunciarent simulque clypeos pulsarent.
Vsi ea quoque sunt Germani, maiores nostri. Engel-
husius de praelio cum Hunnis a. 934. commisso narrat (*m*): *Bellum incipitur*: *ex parte Christianorum*
Kyrie eleison *dicitur*: *ex parte aliorum turpis ac*
Diabolica vox hiu, hiu, hiu, *auditur.* Eosdem
Germanos et Francos Christiana sacra amplexos vsur-
passe formulam *Alleluia!* patet ex narratione Be-
dae (*n*): *Tunc subito Germanus signifer vniuersos*
admonet et praedicat, vt voci suae vni clamore re-
spondeant, securisque hostibus, qui se insperatos
adesse considerent, Alleluia! tertio repetitum sacer-
dotes exclamabant. Sequitur vna vox omnium, et
elatum clamorem repercusso aere montium conclusa
multiplicant. Schilterus etiam (*o*) ostendit, maiores nostros in praelium ituros carmen *Gloria in ex-*
celsis Deo! cantasse.

Graeca, ni fallor, ecclesia certos hymnos habuisse videtur, quibus vterentur milites aut in praelio
ineundo, aut in castris. Vidi certe in *Catalogo codi-*
cum MSt. bibliothecae Bernensis (*p*) cui vtinam multos haberemus similes, eadem diligentia elegantiaque
confectos,

(*m*) in *Chronico* p. 1073. in T. II. *Scriptor. Brunsv.*
Leibnit. (*n*) in L. I. *Ecclef. Hist. Anglic.* c. 20. (*o*) in
libro infra laudando p. 17. (*p*) p. 600.

confectos, a V. Cl. Io. Rod. Sinnero memorari, *Syllogen Tacticorum Leonis Imperatoris, cui operi finem imponunt Hymni militares quibus iste titulus:* Ἀκολεθία ψαλλομένα ἐπὶ κατευωδώσει καὶ συμμαχία ςρατῦ εἰς τε τον κν ἡμῶν ιν χν *etc.* Nihil ibi amplius additur. Sed confului virum eximiae eruditionis amabiliſſimaeque humanitatis de his carminibus, quae fortaſſe noſtram Tyrtaei editionem ornare poſſe ſperabam. Sed ille docuit me, nihil eſſe, quod ad Tyrtaeum faciat: eſſe enim preces et orationes militares Chriſtianorum: quod vt omnino clarius appareret, addidit ſpecimen eorum, quod adſcribam:

Τιε θεῦ ζωοδοτα
Τῆς σῆς μητρος προσευχαῖς
Αγγελων — ἀποςολων
Καλλινικῶν μαρτυρων
Ταῖς θαῖαις ἱκεσιαις σῦ
Τοὺς πιςους βασιλᾶς ἡμῶν
Ευφρανον, θραῦσον βαρβαρων
Τα αφη καὶ τον ςρατον.

Memini tamen Polonos carmen habere, quod ante pugnam decantaſſe eos legi. Nam in Matthiae Caſimiri Sarbieuii, feliciſſimi Horatianae Muſae imitatoris, Lyricis, L. IV. oda 24. inſcribitur: AD D. VIRGIN. MATREM. *Paean Militaris Polonorum,*

N 4

quem

quem diuus Adalbertus, Archiepiscopus Gnesensis,
Polonorum Apostolus et Martyr, conscripsit, Regno-
que Poloniarum testamento legauit: Additur ibidem.
Poloni acie explicata manum cum hoste collaturi po-
pulariter decantant. Petrus Skarga olim Sigismun-
di III. Polonorum Regis Theologus in vita D. Adal-
berti recensuit et explicuit. Auctor ex Polonico carmine in Latinum vertit.

Addamus vero carmen ipsum, de quo, quod dicam, habeo nihil.

Diua per latas celebrata terras
Coelibi Numen genuisse partu,
Mater et virgo, genialis olim
             Libera noxae.

Dulce ridentem populis puellum
Prome formosis bona mater vlnis
Expiaturum populos manu de-
             Mitte puellum.

Apta dum nostris venit hora votis,
Supplices audi, meliore mentis
Erudi voto: socia puellum
             Voce precamur,

                                        Integram

Integram nobis sine clade mortem,
Prosperam nobis sine clade mortem,
Christe, stellatasque Maria divûm
　　　　　　Annue sedes.

Numinis natam tibi crede prolem
Qui pius credi cupis: ille multis
Pressus aerumnis populos ab imo
　　　　　　Eruit orco.

Ille non unquam pereuntis aeui
Scripsit haeredes, et inobsequentis
Praesidem leti cohibet seuerae
　　　　　　Lege catenae.

Ausus indignum tolerare letum
Sortis Adami memor, ille nec dum
Praeuius ductor penetrarat alti
　　　　　　Limina coeli.

Donec informi Deus e sepulchro
Prodiit victor: bene iam supremo
Assides Adam solio perennis
　　　　　　Hospes Olympi.

Nos tuam plebem sobolemque sanctis
Adleges campis, vbi regna diuûm
Gaudii torrens et inundat almi
　　　　　　Flumen amoris.

　　　　　　　　　Saucium

Saucium nobis latus et cruentas
Ille plantarum manuumque plagas
Suſtinet: nobis medicos latus de-
                    Stillat in imbres.

Hac fide concors animique maior
Turba credamus: ſcelus eluiſſe
Et ſalutarem patuiſſe nobis
                    Vulnere Chriſtum.

Ite, iam foedam (monet hora) labem
Ite, mortales, prohibete magno
Carmen et totam sine fraude mentem im-
                    Pendite Regi.

Tu tua, Virgo, Sobolemque Regem-que
Aetheris leni prece: ne malorum
Turbo per praeceps cumulosque ſeſe
                    Explicet omnes.

Siderum ciues, facilem precati
Siderum regem, reſerate coelum
Ciuibus terrae ſocialis olim
                    Turba futuri.

Ille nos, Ieſu, locus, illa tecum
Regna coniungant, vbi nos canentum
Coelitum pridem vocat in beatam Ex-
                    Ercitus aulam

Sic erit: votis iteramus omnes,
Sic erit, septem bona verba laeto
Profer euentu, Pater, et beatos
    Pande penates.

Vt ad Germanos redeam, non decantatum quidem vere fuit, fed, quafi cani deberet, compofi-
tum illud, quod Dan. Georg. Morhofius (*q*) exhibet ex poetae cuiusdam antiqui hiftoria Henrici
Aucupis, carmen bellicum, etfi ipfe ad non vetu-
ftiffima tempora illud pertinere addat. Totum illud
defcribere vix operae pretium eft. quare primam tantum et vltimam Stropham (funt vero vndecim) re-
petamus, ne plane illius ignoretur indoles.

Viel Krieg hat fich in diefer Welt
Mancher Urfach erhaben,
Denfelben hat Gott zugefelt
Die Mufick als fein Gaben:
Ihr erfter Erfinder war Jubal
Des Lamechs Sohn mit Namen:
Erfand Drommeln und Pfeiffen Schall,
Kont fie ftimmen zufammen.
Die Mufick gut
Erweckt den Muth,
Frifch unverzagt
Den Feind verjagt,

         Ruft

(*q*) in libro: *Unterricht von der Teutfchen Sprache und*
Poefie. p. 313.

Ruft ſtarck, dran, dran
An Feind hinan,
Brecht gwaltig durch,
Schlacht Gaßn und Furch
Schießt, ſtecht und haut als nider,
Daß keiner auffſteht wider. —

Kein ſeeligr Tod iſt in der Welt
Als wer fürm Feind erſchlagen
Auf grüner Heid im freyen Feld,
Darf nicht hörn groß Wehklagen
Im engen Bett, da einr allein
Muß an den Todesreyhen,
Hie aber find er Gſellſchaft fein,
Falln mit, wie Kraut im Meyen,
Ich ſag ohn Spot,
Kein ſeeligr Tod
Iſt in der Welt
Als ſo man fellt
Auf grüner Heid
Ohn Klang und Leid
Mit Trommeln Klang
Und Pfeiffen Gſang,
Wird man begraben
Davon man thut haben
Unſterblichen Ruhm.
Mancher Held fromm
Hat zugeſetzt Leib und Blute
Dem Vaterland zu gute.

Prodie.

Prodierunt etiam noftra aetate carmina quaedam
bellica (r), quae Borufficus miles cecinifle fingitur,
cecinitque fuauiffimus Teii fenis alumnus. Sunt Carmina XI. at bone Deus! quam pulchra, quam digna
Friderico M. quorum auctor aureo plectro donan-
dus: quippe qui epici carminis onera lyra fuftinet.
Nefcio an Graecia et Latium his par aliquid et fimile
vnquam protulerint. certe patria noftra nacta eft, quibus gloriari, quae aliis populis opponere poffet carmina, fpiritus magnificentia, fententiis, figuris, verbis, feliciter adhibitis, infignia. Vt eorum quoque
fpecimen demus (quanquam neminem popularium
meorum effe credo, qui illa non legerit, plurimos
vero, qui edidicerint) primum carmen adfcribemus:
non quod optimum fit, (licet difficile fit, vbi omnia
bona, dicere, quid optimum) fed quod eiusmodi
carmen eft, quo nemo fe laedi queri poffit.

Bey Eröfnung des Feldzugs.

Krieg ift mein Lied! weil alle Welt
Krieg will, fo fey es Krieg!
Berlin fey Sparta! Preuffens Held
Gekrönt mit Ruhm und Sieg!

Gern

(r) *Preußifche Kriegslieder in den Feldzügen* 1756 *und*
1757 *von einem Grenadier. Mit Melodien. Berlin.* 12.

Gern will ich seine Thaten thun,
  Die Leyer in der Hand,
Wenn meine blutgen Waffen ruhn
  Und hangen an der Wand.

Auch stimm ich hohen Schlachtgesang
  Mit seinen Helden an,
Bey Paucken und Trompetenklang,
  Im Lerm von Roß und Mann;

Und streit', ein tapfrer Grenadier
  Von Friedrichs *Muth erfüllt!*
Was acht ich es, wenn über mir
  Kanonendonner brüllt?

Ein Held fall ich: noch sterbend droht,
  Mein Säbel in der Hand!
Unsterblich macht der Helden Tod
  Der Tod fürs Vaterland!

Auch kömmt man aus der Welt davon
  Geschwinder wie der Blitz:
Und wer ihn stirbt, bekömmt zum Lohn
  Im Himmel hohen Sitz.

Wenn aber ich, als solch ein Held.
  Dir, Mars, *nicht sterben soll,*
Nicht glänzen soll im Sternenzelt;
  So leb' ich dem Apoll!

So werd aus Friedrichs *Grenadier,*
Dem Schutz, der Ruhm des Staats.
So lern er deutscher Sprache Zier,
Und werde fein Horatz.

Dann singe Gott und Friederich,
Nichts kleiners, stolzes Lied!
Dem Adler gleich erhebe dich,
Der in die Sonne sieht!

Inferiora funt his tria carmina alia, quae Dano tribuuntur militi (*s*). Quantum enim ego iudicare poſſum, poeta neque aſperitatem breuis ſermonis, quae militem bene decet, feliciterque in illis expreſſa eſt, retulit: ardore multo minore, et impetu quaſi minore omnia ſcripta funt: nec pauca omnino frigent.

Inprimis vero ſeptentrionalium populorum reſtant bellica carmina, non exigui ea ſpiritus. Fuerunt enim apud Arctoas gentes, qui *Scaldri* ſiue *Scaldi* dicebantur; (a verbo *Skall*, quod ſonum indicat, ita dicti (*t*),) qui verſibus artificioſe ad leges quasdam poeticas compoſitis rythmisque et numeris quam maxime ſonoris inſtructis elaboratisque genere dicendi

(*s*) *Kriegslieder eines Königl. Dänischen Grenadiers bey Eröfnung des Feldzugs* 1762. 12. (*t*) v. Loccenium in *Antiqu. Sueo-Goth.* L. II. c. 15.

dicendi exquifito, cum meditati antea, tum quafi
ardore quodam accenfi, (nominabatur ab antiquis
Scandis *Scalvyngl.* poetica vertigo) victorias regum,
et claras res geftas celebrabant carminibus, quae reges liberos fuos edifcere iubebant, quo magis inci-
tarentur ad maiorum imitationem. Hi in aulis prin-
cipum viuebant, florebantque et auctoritate et honore: nam grauiter bona praecepta docebant: in con-
filium adhibebantur: inter epulas carmina canebant:
comitabantur reges in bellis atque pugnis, et vel ipfi
manu rem gerebant, aut milites ad pugnam accendebant acclamatione laeta: canebant etiam, quae facta
praeclare viderant. Valde enim veteres Scaldi diffe-
runt a recentioribus, quorum alii aut amore, aut
metu ducti, non diferte facta commemorauerunt, fed
fabulis occultauerunt, alii longioribus verborum tra-
iectionibus carmina fua obfcura reddidere. Equidem hoc loco duobus tantum locis Scaldorum ingenia et virtutes illuftrabo, quae mihi maxime memoratu digna videntur. Primum Loccenius (*u*) de
Scaldo aliquo idem fere narrat, quod tot fcriptores de
Tyrtaeo memoriae prodidiffe vidimus. *Tormundus,*
inquit, *Scaldus regis Olai iuffu carmen Biarkamaal
dictum cecinit, quo magis, quam omnibus buccinis
militum*

(*u*) in *Antiqu. Sueo-Gotb.* L. II. c. 21.

militum animos ad fortitudinem excitauit. Alter locus Bartholini (*x*) pertinet ad Scaldorum intrepidum et fortem animum. *Spirabant,* ait, *et ipsi Scaldi praeliandi ardorem, et vt de bello pugnaeque praecipuis eo accuratius differerent, multi in militia erant, frequentes in praeliis, vbi Mars atrocissimus, illa omnia gerentes, quae in historiam scripturo postulat Lucianus, vt etiam in castris sit versatus et milites ipsos, seu quum ad praelia exercentur, seu quum in aciem educuntur, viderit, et arma et machinas aliquas norit* etc. *Sic Haguinus Comes Noruegiae contra Iomsburgenses ad praelium excitans quinque Scaldos secum in discrimen traxit, de quibus eorumque, quum arma sibi aptarent, carminibus agit Iomsuikinga Saga.* vide praeter Stephanium (*y*), Bartholinum (*z*), Wormium (*a*), et Fabianum Toernerum (*b*), de Scaldis breuiter, sed docte agentem Io. Dauid Koelerum (*c*). Quod si vero carmina bellica eorum populorum et temporum cognoscere plenius velis, euolue carmina heroica, quorum centuria ab Andrea Velleio edita (*d*), repetita

et

(*x*) in *Antiqu. Dan.* L. I. c. 10. (*y*) ad *Saxon. Grammat.* p. 12. (*z*) in *Antiquit. Dan.* L. I. c. 10. (*a*) in *Append. ad litter. Dan.* p. 242. (*b*) *de poesi Scaldorum Septentr.* Vpsal. 1717. (*c*) in libello Academico Altorfii a. 1724. edito. (*d*) Hafniae. 1591.

O

et aucta centuria a Petro Septimo (*e*). adde Olaum Wormium (*f*), Schefferum (*g*), Bartholinum (*h*), qui plures auctores laudat. Praeter Olauium Rudbeckium (*i*), vide eundem Bartholinum in libro, qui multa habet iucunda lectu, quibusque fortis et strenuus animus non potest non delectari, *de causis contemtae a Danis adhuc gentilibus mortis* (*k*). Carmina generosi et fortis spiritus plena ibi profert, quae omnia repetere non licet. Sed quaedam iuuat huc transferre ex illa disputatione (*l*). *Nunc voce,* inquit (*m*), *animos suorum accendebant. (Scaldi) Sic Thormodus Kolbrunarscald, flagitante rege Olao Haraldi, instante iam Stiklastadensi certamine, vt ex toto exercitu exaudiri posset, Biarkomaal cecinit clara voce, seu cantilenam, quae praeliandi iniiceret ardorem: qua delectati militum animi, finienti gratias egerunt, valde acceptam fuisse significantes; Snorrone referente, cuius nobilis cantilenae integrum rythmum necdum mihi nancisci licuit: segmentum vnum alterumue ex Snorronis et Edda et Chronico dabo. Et quidem in Chronico haec habentur:*

Dies

(*e*) Ibidem 1695. (*f*) in dissertat. *de prisca Danorum poesi.* Hafniae. 1651. (*g*) in *Suecia litterata.* (*h*) in dissert. *de Holgero Dano.* Hafniae, 1677. p. 59. et 155. (*i*) in *Atlantic.* P. I. c. 24. p. 635. (*k*) Hafniae, 1689. p. 152. sequ. (*l*) vt p. 58. 89. 281. 381. (*m*) v. p. 174.

Dies exoritur, susurrant galli pluma, tem-
pus est, vt milites ordiantur laborem, Vigi-
lent et semper vigilent amicorum capita, Omnes
supremi Adilsi socii.

Hanus manu fortis, Rolfo iaculans, Nobiles viri,
qui non fugiunt, non excito vos ad bibendum
vinum, Nec ad colloquendum cum virginibus,
Sed excito vos ad durum praelium conferendum.

Eiusdem argumenti carmina non pauca in iis libris,
quos indicauimus, leguntur. Denique, si, quae
huc pertineant, quaesiueris, non frustra euolues
duo libellos, vernaculo sermone a V. Cl. Gothofr.
Schutzio erudite scriptos (*n*), quibus nos quoque
quaedam debere non illubenter profitemur. Nec
iniucundum erit lectoribus, spero, si aliud carmen bellicosi viri a me hic additum inuenerint, in
quo magni affectus, validae, breues, vibrantesque
sententiae, elocutionis summa vis eminet. Certe et
illorum temporum indoles inde perspici potest, et
Hyperboreorum veteris aeui populorum poesis. Sunt
etiam imprimis in Stropha 22. et 23. quae Tyrtaeanis

O 2   similia

(*n*) *Lehrbegrif der alten Deutschen und Nordischen*
Völker von dem Zustande der Seelen nach dem Tode. Lips.
1750. et: *Beurtheilung der verschiedenen Denkungsarten*
bey den alten Griechischen und Römischen und bey den al-
ten Nordischen und Deutschen Dichtern. Altonau. 1758.

fimilia funt. Est vero carmen Ragnari Lodbrogii,
cuius in historia (o) exstat. Translatum in Latinum sermonem est non solum a Bioernero, sed etiam
ab Olao Wormio (p), qua in versione verbum fere
verbo redditur. In Gallicum sermonem idem carmen vertit Cl. Mallet (q), qui etiam aliud, fere
fimilis argumenti, carmen dedit. Sed vertit Vir cl.
ita, vt totum carmen contraheret, magisque praecipua loca, et sensum, quam totum et verba red-
deret. Ragnarus, vir bellicosus, initio seculi IX.
in Dania regnauit: post multas expeditiones mariti-
mas in Anglia capiebatur a rege Ella: in carcerem
coniiciebatur plenum viperis: quae miserum dila-
niabant horrendis dentibus: tum hoc carmen cecinisse fertur adeso, vt Saxo refert, iecinore, cum cor
ipsum funesti carnificis loco coluber insideret. Coniicit Malletus, ipsum Ragnarum vnam aut duas Stro-
phas forte tantum composuisse: reliquas post mortem a vate (Scalde) additas fuisse. Sed dabimus
ipsum carmen a Bioernero translatum e Wormiano
opere obseruationibus quibusdam repetitis additisque
notulis nostris.

Secuimus

(o) In collect. Bioerner. p. 43. (p) in Danica lit-
teratura antiquiss. (Hafn. 1637.) p. 197. (q) v. Monu-
mens de la Mythologie & de la Poesie des Celtes & parti-
culierement des anciens Scandinaves p. 151.

Secuimus gladio, haud diu eſt quod in Gothiam delati occiſum ſerpentem Thoram (r) accepimus. Hinc vocarunt me heroes, quando colubrum transfoderem, Lodbrokum ob illam caedem. Intuli ſerpenti iĉtum chalybe fulgentium ſtipendiorum (ſ).

Secuimus gladio, admodum iuuenis eram dum acquireremus orientem verſus in freto Oeſidano, *cruenta vulnera voraci lupo (t). Et flauipedi aui (u) comparauimus ibi, quando ſonuerunt ad acuminatas caſſides dura ferra, inſignem eſcam. Totum mare cruore intumuit (v), vadauit coruus in caeſorum ſanguine.*

Secuimus enſe, alte vibrauimus haſtas, dum viginti annos numeraremus, Marte graſſati late. Vicimus oĉto Iaslos *ab Orientali plaga* Duinae *oſtii, vulturi parauimus tunc ſufficientem hoſpitii ſumtum ex illa pugna (x). Sudor (y) decidit in tumidum vulneribus mare, profuderunt milites vitam.*

O 3 *Secuimus*

(r) Filia fuit Reguli cuiusdam Gothici, cuius aedes beſtia haec ambiuit. (ſ) quia ſtipendium, quod ferrum meretur, lucido auro aut argento ſoluitur. (t) vulnerum omnes auidae ferae. W. (u) aquilae. (v) omnis erat oceanus vulnus. W. (x) cadauera hominum proſtrata, quibus paſceretur. (y) ſanguinem innuit.

Secuimus gladio, praelium ingens contigit, cum Helfingos *adduci curaremus ad aulam Odini* (z). *Naues appulimus in* Ifam, *cuspides tum mordere coeperunt, plena erat vulneribus vnda, ferro rubefacta calido. Frendebat ensis loricis adactus, gladius findebat scuta.*

Secuimus gladio, memini neminem tum fugisse, antequam in nauibus Herraudus *bello caderet. Haud findit carinis alius* Iaslus *celebrior aequora, portum quaerens. Per longarum nauium latera ille protulit princeps late pronum in praelio cor.*

Secuimus gladio, milites abiecerunt scuta, quando lanceae tenderent fortia (a) *ad virorum pectora. Percussit* Skarforum (b) *scopulos gladius in praelio:*

rube-

(z) bello caefos Odino mactari et in eius aulam poft mortem recipi credebant. *Worm.* de *Odino* vide *Io. Schefferi* Vpfaliam c. 7. p. 67. fequ. inde difces antiquiffimum fuiffe feptentrionis gentibus Deum, et fummum Deum, coeleftis aulae dominum, belli moderatorem etc. Inprimis huc pertinet bellorum regimen, quod illi tributum: hinc dicitur in Edda *virorum Deus, Stragis cuftos* et *pater.* v. Bartholini *Antiqu. Dan.* L. II. c. 6. Alii putant fuiffe plures Odinos, immo decem fuiffe fcribit Torfaeus in *Dynaft. Dan. fer.* L. II. c. 5. vide Rudbeckium in *Atlant.* P. II. c. 5. Olaum Magnum in *hift. Sept.* L. III. c. 3. Inprimis credebant Odinum genios ad bella dimittere, qui defignent necandos atque necatos ad fedes beatas invitent. adde *Stephan.* ad Saxon. Gram. p. 139. *Klotz.*
(a) cum hafta volauit ardua — (b) auis ex genere mergorum.

rubefactus eft clypeus, antequam Rafnus rex accumberet. Fluebat ex virorum fidelium capitibus calidus in loricas fudor.

Secuimus gladio, obtinuerunt tunc corui ante Indathyrorum *infulas optatam praedam difcerpendam.* Comparauimus feris beftiis plenam coenam eo tempore. Graue erat vnum memorare fub ortum folis: neruo excuffa tela vidi pungere, protrufit arcus fpicula.

Secuimus enfe, altum fremuerunt gladii, priusquam *in* Vlleri agro Eyftenus *rex caderet.* Accepimus auri magnam vim, in monumentum caeforum enfibus. Gladius diffecuit fcutorum ornamenta in galearum conflictu; cerebrorum mufto ex vulneribus perfluebat ceruicis cliuus (c).

Secuimus enfe, habuimus clypeos fanguinolentos, quando haftas iungeremus (d) ante Borgundorum infulam. Spiculorum nubes difcerpfit clypeos. Propulit arcus ferrum, Follnerus occubuit praelio. Non erat illo rex praeftantior. Proftrati late fluebant per littora, lupis grata praeda.

O 4 Secuimus

(c) ceruicum muftum ex vulneribus diffufum per cerebrum fiffum. (d) loricas.

Secuimus gladio, praelium visum crescere, antequam Freyr rex caderet in Flemmingorum regione. *Occoepit coeruleus mordere sanguine consperfus aureae loricae in praelio. Acuta armorum vel vulnerum cuspis quondam* (e). *Virgo illacrymabat matutinae caedi, multa sed esca cessit lupis.*

Secuimus gladio, centies centenos vidi prostratos, in nauibus, vbi Angliae *promontorium erat. Nauigauimus ad pugnam, sex dies antequam milites caderent. Celebrauimus mucronum conuentum, ante ortum solis, cogebatur nostris armis* Valthioferus *in bello cadere.*

Secuimus ense, stillabat sanguineus ros ex gladiis, abunde in Bardorum *sinu, pallidum cadauer pro aquilis: mugiebat arcus, vbi cuspides confertim pungebant interulas* (f), *in ardenti pugna,* Odini *galeato pileo preffas. Festinauit arcus ad vulnera, venenate acutus, madidus sudore.*

Secuimus gladio, extulimus funesta scuta, alte in bellico ludo, circa Hiadingorum *sinum. Videre contigit tum heroes, qui ensibus diffecuerunt scuta, in cruento gladiorum stridore. Galeae laceratae* (g) *virorum:*

(e) non capio haec. *Kl.* (f) loricas. (g) attrisae.

virorum: hoc non perinde erat, ac splendidam spon-
sam in strato iuxta se collocare (*h*).

*Secuimus gladio, saeua incubuit procella scutis,
cadauera corruerunt in* Northumbrorum terra, *quod
contigit matutino tempore. Viri coacti sunt fugere
e bellico ludo, in quo acuti galearum campos* (*i*)
*punxerunt gladii. Erat neutiquam quasi iuueni vi-
duae in suprema sede oscula figere* (*k*).

Secuimus gladio, Herthiofo *contigit reportare
in* australibus insulis *victoriam a nostris viris. Coa-
ctus fuit armorum pluuiae* Rognualdus *succumbere.
Ille fuit summo aquilis luctui in bello* (*l*). *Confertim proiecit concussor galeae cruenta tela.*

*Secuimus gladio, quilibet iacebat transuersim
supra alium. Laetabatur praelio acerrimo aquila
in gladiorum ludo. Non deseruit aquilam vel aprum,
qui* Irlandiae *praeerat. Concursus fiebat ferri et
clypei.* Marsianus *rex ieiunis in* Vedrorum *freto
datus praeda coruis.*

O 5   *Secuimus*

(*h*) Erat sicut splendidam virginem in lecto iuxta se
collocare. *Mall. c'étoit pour moi un plaisir aussi grand
que —* (*i*) pro capitibus. (*k*) Erat hoc veluti —
(*l*) accipitres luxisse fingit, quod tanto bellatore essent
priuati, qui tot strages in praeliis edere solebat, vt illis
escam praeberet copiosam.

Secuimus enfe, pugnaces multos vidi proftratos mane machera viros in mucronum pugna. Filio meo impacta mature vaginae acus (m) *iuxta cor.* Eigillus *fuit* Agnaro *auferri intrepido viro vitam. Strepuit lancea, ad* Hamthifi *grifeam loricam fulferunt vexilla.*

Secuimus enfe, promifforum tenaces animaduerti fecare non minutim pro lupis Dei marini gladiis. Erat hebdomadis fpatio, quafi vina mulieres portarunt (n). *Rubedine illiti erant Aegis afini* (o). *Nimis in tumultu telorum fciffa fuit fagae lorica in Skiolldungorum pugna.*

Secuimus gladio, pulchricomum vidi fugere (p) *virginis amatorem, tempore matutino et confabulatorem viduae* (q). *Erat inftar calidi balnei, quod vinei vafis virgo* (r) *adportabat nobis in* Elefponto, *priusquam* Ormus *rex occumberet. Cruentum fcutum vidi fciffum, diffoluit illud heroum vitam.*

Secuimus enfe, inftituimus gladiorum funeftum ludum in Lindifora, *cum regibus tribus. Pauci obtinuerunt*

(m) gladius. (n) Erat per hebdomadae fpatium, quafi mulieres vinum apportarent. (o) funt naues, quae afini Aegis dicuntur, quia vt afini in terris, ita naues in mari onera portant. (p) crepufculafcere. i. e. ad vitae occafum inclinare. (q) effoeminatus homo. (r) quae vina promit in conuiuiis.

nuerunt inde gaudium. Praecipites multi dabantur in rictum luporum. Aquila difcerpfit carnem cum lupo, vt felix inde rediret. Irouum fanguis in mare abunde decidit inter caedendum (s).

Secuimus enfe, alti gladii pungebant fcuta, cum deauratae perftrepuerunt haftae ad loricas. Videre licuit in Onlungi infula, *per aetates multas poft, vbi ad nectar Dearum bellicarum reges properarunt. Rubefactus erat ante oram Aricam volans draco vulneribus (t).*

Secuimus gladio, quid eft viro ftrenuo magis in fatis, quam vt in cufpidum nimbo inter primarios occumbat? faepe luget aetatem, qui nunquam affligitur (u). Infauftum effe dicunt pernitiofam incitare aquilam ad gladiorum ludum. Timido venit nufpiam cor fuum vfui.

Secuimus gladio, illud cenfeo aequum, vt eat in conflictum gladiorum vix iuuenis aduerfus alium, nec cedat ciuis ciui. Illud fuit viri ftrenui proprium diu. Semper oportet amicum fidum virginis promtum effe in ftrepitu gladiorum (x).

Secuimus

(s) per mactationis tempus. (t) volans draco vulnerum, id eft, hafta. (u) *Celui qui n'eft jamais bleffé, paffe une vie ennuyeufe.* M. (x) *Celui qui afpire a fe faire aimer de fa Maitreffe, doit —* M.

Secuimus gladio, hoc mihi videtur expertum quod fata sequamur. Pauci superant decreta Nonarum (y). *Non cogitaram futurum Ellam aetati fatalem meae. Tunc cum sanguineam stragem ederem et naues in profundum praecipitarem. Laetam acquisiuimus tunc lupis coenam in* Skotlandicis *sinubus.*

Secuimus gladio, illud gaudere me facit semper, quod Balduri (z) *patris sedilia adornata sciam. Bibemus cereuisiam fortiter* (a) *ex cauatis crateribus craniorum* (b). *Non exhorret animosus mortem praestantis in Odini domiciliis. Non venio desperabundis verbis ad Odini palatium* (c).

Secuimus ense, hic cuperent nunc omnes filii Aslaugae acre praelium concitare, si probe nossent statum nostrum quamque multi serpentes veneno pleni

me

(y) Parcarum. (z) Balderi pater: Odinus. nam credebant, post mortem principes in illius domicilia recipi, ibique variis deliciis frui etc. (a) breui. (b) vide haec illustrantem Schefferum in *Vpsal. Antiqu.* c. 10. *Kl.* (c) in *Edda myth.* 33. dicitur, omnes, qui ab initio mundi in praeliis occubuerint, venisse in Valhallam ad Odinum. Reliquos credebant, qui non bello caderent, sed morbo et senectute extinguerentur ad Helam, inferni Deam, ire, ibique fame et inedia vexari. v. Shetinghamium *de Anglor. gent. orig.* p. 323. *Kl.*

me lanient. Maternitatem accepi meis filiis, adeo (d) vt cordibus valeant.

Secuimus ense, valde inftat (e) haereditas faeua, imminet noxa a vipera. Serpens habitat palatium cordis, exfpectamus huius quidquam ab Odini virgula (f) in Ellae fanguine. Filiis meis intumefcet fua ira rubedine. Nunquam acres iuuenes fedem quietam effe finent.

Secuimus gladio, ego quinquagies martia certamina procuraui bello prouocatus et femel. Minime cogitaui hominum me futurum, dum iuuenis didici cufpidem rotare, alium regem praeftantiorem. Nos Afi (g) inuitant, non eft lugenda mors.

Difcupio hoc finire, domum me inuitant Difae (h), quas ex Odini aula Odinus mihi mifit. Laetus cerevifiam (i) cum Afis in primaria fede bibam. Vitae praeterierunt horae, ridens morior.

Hifce

(d) Matrem accepi meis filiis, ita — *La Mere, que je leur ai donnée leur a laiffe un coeur vaillant.* M. (e) innuit vitae exitum inftare. (f) gladius. (g) Afae. Deae funt, quas mortis rationes gubernare credebant. (h) funt miniftrae Odini. vide Schutzium V. Cl. in libro *Lehrbegrif der alten Deutfchen.* &c. p. 301. *Kl.* (i) Cibique enim potusque abundantiam ibi effe fibi perfuadebant. vid. *Eddam myth.* 33. 35. cf. Wormium in *Literat. Runic.* p. 213. *Kl.*

Hiſce addamus carmina quaedam bellica e *Saxonis Grammatici Hiſtoria Danica* excerpta, praeſertim cum tantam praeferant orationis elegantiam, vt non ſemel miratus ſim, barbaro illo aeuo illaque in regione tam elegantem ſcriptorem fuiſſe.

Primum (*k*) cecinit Asmundus, in vltionem patris cum Hadinga congreſſus, vt filium Henricum fortiſſime dimicantem occidiſſe cognouit:

> *Quis noſtra fortis auſit arma ſumere?*
> *Nil proficit caſſis vacillanti nitens,*
> *Lorica iam nec commode fuſum (l) tegit:*
> *Armis ouemus interemto filio:*
> *Cuius mori me cogit imminens amor,*
> *Charo ſuperſtes ne relinquar pignori,*
> *Vtraque ferrum comprimi iuuat manu.*
> *Nunc bella, praeter ſcuta, nudo pectore*
> *Exerceamus fulgidis mucronibus.*
> *Ferocitatis fama noſtrae luceat,*
> *Audacter agmen obteramus hoſtium.*
> *Nec longa nos exaſperent certamina,*
> *Fugaque fractus conquieſcat impetus.*

Alterum

(*k*) in L. I. p. 13. (ed. Soroenſ. 1644.)   (*l*) Tantum non fuſum, fere peremtum, et cui fixa ſtat animo ſententia. non diutius vſura huius lucis frui. St.

Alterum (*m*) cecinit Roluonis Regis ſtrenuus pugil,
Hialto, inſidiis rege circumuento, dormientis adhuc
Biarconii cubiculum praetergreſſus (*n*):

Ocyus euigilet, quisquis ſe regis amicum
Aut meritis probat, aut ſola pietate fatetur.
Diſcutiant ſomnum proceres, ſtupor improbus abſit;
Incaleant animi vigiles: ſua dextera quemque
Aut famae dabit, aut probro perfundet inerti:
Noxque haec aut finis erit (o), aut vindicta malorum.
Non ego virgineos iubeo cognoſcere ludos,
Nec teneras tractare genas aut dulcia nuptis
Oſcula conferre et tenues adſtringere mammas:
Non liquidum captare merum tenerumue fricare
Foemen et in niueos oculum iactare lacertos.
Euoco vos ad amara magis certamina Martis.
Bello opus eſt, nec amore leui: nihil hic quoque facti
Mollities eneruis habet, res praelia poſcit.
Quisquis amicitiam regis colit, arma capeſſat.
Penſandis animis belli promtiſſima laus eſt.
Ergo viris timidum nihil aut leue fortibus inſit
Deſtituatque animos armis ceſſura voluptas.
In precio iam fama manet, laudis ſibi quisque
Arbiter eſſe poteſt, propriaque niteſcere dextra.
Inſtructum luxu nihil aſſit, plena rigoris
Omnia praeſentem diſcant exoluere cladem.

Non

(*m*) in L. II. p. 32.   (*n*) conf. Er. Pontoppidani
Annal. Eccleſ. Dan. Diplom. P. I. p. 255.   (*o*) Melius:
Haec aut finis erit nox, aut vindicta malorum. K.

Non debet laudis titulos aut praemia captans
Ignauo torpere metu, sed fortibus ire
Obuius et gelidum non expallescere ferrum.

Tertium et quartum est e L. VII. (*p*). Nempe vulneratis lethaliter Gunnone patre, et Filio Grimore ab Olone, Grimo supremi spiritus vix potens ac toto pene vigore defunctus carmen hoc extremo vocis singultu contexuit:

Simus nempe licet corpore debiles
Elapsusque cruor robur obhauserit;
Quum nunc elicitus vulnere spiritus
Vix sensim lacero pectore palpitet;
Discrimen, moneo, temporis vltimi
Per nos intrepidis clareat ausibus
Nec conflictum aliquis fortius editum
Pugnatumue magis dixerit vspiam.
Et certamen atrox arma gerentibus
Quam per busta caro fessa quieuerit,
Famae conciliet praemia perpetis.
Prima hostis scapulas sectio comprimat,
Et ferrum geminas abripiat manus,
Vt quum nos Stygius Pluto receperit,
Olonem quoque par exitus occupet
Et commune tribus (q) funus inhorreat,
Vna trium cineres vrnaque contegat.

Hactenus

(*p*) pag. 145.   (*q*) Seruus Gunnonis etiam occisus erat.

Hactenus Grimo. Cuius inuictum pater fpiritum aemulatus, vt fortiffimam filii vocem mutua adhortatione profequeretur, fic coepit:

> *Quanquam defectis ad fummum fanguine venis*
> *Extet in occiduo corpore vita breuis;*
> *Taliter extremae vigeat contentio pugnae,*
> *Vt laudem noftri non finat effe breuem.*
> *Ergo humeros hoftis et brachia framea primum*
> *Impetat vt manuum debilitetur opus.*
> *Sic commune tribus dabitur poft fata fepulcrum,*
> *Et jocios cineres par tribus vrna teget.*

Hic dictis ambo genibus nixi (nam fati propinquitas vires hauferat) cominus cum Olone confligere fummopere niti etc.

Tranfeamus ad aliud carminum genus, quod cantatum fuiffe accepimus. De iis carminibus loquimur, quae ἐπινίκια dicuntur. quorum licet rationem explicare voluerit in libello de iis fcripto Io. Guil. Bergerus, nec tamen ille fatisfecit defiderio, nec exfpectationi refpondit. Nam ad tenuia delapfus nomina tantum, quibus illa carmina appellantur, collegit. nos exemplis vtemur illuftrioribus. Ἐπινίκια fpectauerunt ad victoriam, id quod ipfa verbi vis indicat, atque vel ipfo victoriae tempore decantata vel ferius etiam a poetis compofita fuerunt. Continuit

P

igitur

igitur eiusmodi carmen cum laudem victoris et virtutis militum, quorum opera victoria parta, tum gratias diis, quorum numine feliciter pugnatum esse credebant, relatas.

Antiquissimum pulcherrimumque ἐπινίκιον habent Hebraei. Quis enim ignorat nobilissimum carmen a Mose post transitum Israelitarum per mare rubrum cantatum (r)? Nullum omnium, quae ad nostram aetatem peruenerunt, carminum hoc vetustius est: nullum erumpentis pectore laetitiae sensus pulchrius exprimit. Tanta vbique vis apparet gaudii cum admiratione et amore Dei coniuncti: tanta membrorum orationis breuitas, immo repetitio interdum earundem sententiarum: adeo viuunt omnia et mouentur! Quam quidem carminis naturam et praestantiam copiose explicuit, praeter Robert. Lowthium (s), Hersanus (t). Librum quoque Iustorum, cuius fit mentio in Iosuae libro (u), Grotius putat ἐπινίκιον carmen fuisse. Clericus (x) autem collectionem existimat fuisse hymnorum de rebus gestis

(r) vid. *Exod.* XV. (s) *de poesi Hebraeor. sacra* Prael. XXVII. (t) in Rollini libro: *La maniere d'enseigner & d'etudier les belles lettres.* P. IV. (u) cap. X, 13. adde II *Samuel.* I, 18. (x) in *Commentar.* p. 24. ed. Tubing. add. Huetium in *demonstrat. Euangel. Propos.* IV. p. 190.

ſtis Hebraeorum, forte non vno tempore factam.
Certe librum illum poeticum fuiſſe oſtendit clare locus
de retardato ſolis curſu, cuius in interpretatione fruſtra
omnem operam pones, ſi hiſtoricum loqui ibi putes.
Quodſi vero hanc particulam e carmine decerptam
ita explicueris, vt fecit Cl. Michaelis (*y*) illiusque
auctorem dixeris audacius expreſſiſſe ſententiam illam, noctem fulminibus illuſtratam fuiſſe, facile nos
expediemus omnibus difficultatibus, quae nobis de re
miraculoſa cogitantibus non poſſunt non ſuboriri.
Certius ἐπινίκιον eſt illud, quo Dauidem Goliatho oc-
ciſo populus proſequebatur (*z*), et diuinum carmen Deborae iure habetur (*a*). Eſt enim in illo
mirifica ſententiarum ſublimitas et elocutionis magnificentia incredibilis, vt pulchre oſtendit Lowthius (*b*).
Quid poteſt autem magnificentius cogitari iis, quae
Witſius de hoc carmina dicit (*c*): *Carmen Deborae*
tanta verborum magnificentia, tanta figurarum va-
rietate, tam aptis auresque implentibus numeris. tam
eleganti translationum audacia, tam natiua et ni-
tida affectuum, quos res exigebat, repraeſentatione
concinnatum eſt, vt neque Pindaricis neque Venu-

P 2 *ſini*

(*y*) ad Lowthium p. 459. (*z*) I *Reg.* XVIII. (*a*) in
libro Iudic. c. V. (*b*) l. c. *Prael.* XXVIII. p. 559
(*c*) in *Miſcell. Sacr.* L. I. c. 23. p. 351.

fini vatis odis poftponi debeat, et vel ex folo hoc fpe-
cimine appareat, quanta poefeos vis antiquiffimis
temporibus fuerit apud Hebraeos. Vt hoc vnum
addamus, non fine caufa viri docti exiftimant, locum, quem Mofes profert (d) ex Annalibus Amorhaeorum, decerptum effe ex carmine ἐπινίκιῳ, cum
Sehon, rex Amorhaeorum, victoriam a rege Moab
reportaffet, cantato. Initium illius eft: *Venite in
Hefebon: aedificetur et conftruatur ciuitas Sehon:
ignis egreffus eft de Hefebon, flamma de oppido
Sehon etc.*

Pergamus ad Graecos, quibus primum ἐπινίκιον
ceciniffe videbatur Apollo, qui, Saturno pulfo et
regno exuto, Iouis victoriam celebrauit. Habitum
canentis defcribit Tibullus (e), qui Apollinem his
verfibus inuitat:

> — *nitidus pulcherque veni: nunc indue veftem*
> *Sepofitam, longas nunc bene pecte comas.*
> *Qualem te memorant, Saturno rege fugato,*
> *Victori laudes concinuiffe Ioui.*

vide Voffium (f). Luculentum eiusmodi carminis
exemplum feruauit Paufanias (g). Bello enim Mef-
feniaco

(d) *Num.* XXI, 27.   (e) L. II. El. 5, 7.   (f) in
Inftit. Orat. III, 7, 2. p. 417.   (g) in L. IV. c. 16.
p. 319.

feniaco fecundo Ariſtomenem Andaniam reuerſum
poſt victoriam reportatam a Lacedaemoniis accepe-
rūnt matronae gratulabundae, taenias in eum et flores
fructusque, vt anni tempeſtas ferębat, proiecerunt,
atque cecinerunt:

Ἔς τε μέσον πεδίον Στενυκλήριον ἐς τ᾽ ὄρος ἄκρον
Εἶπετ᾽ Ἀριςομένης τοῖς Λακεδαεμονίοις.

Dicitur etiam Callimachus ἐπινίκιον ſcripſiſſe in honorem Sofibii, qui ſummae rei praefuit in aula Pto-
lemaeorum.   Athenaeus ſcribit (*b*): Θεόφραςος ἐν
τῷ πρὸς Κάσανδρον περὶ βασιλείας, εἰ γνήσιον τὸ
σύγγραμμα· πολλοὶ γὰρ αὐτό Φασιν ἔναι Σωσιβίου,
εἰς ὃν Καλλίμαχος ὁ ποιητὴς ἐπινίκιον ἐλεγειακὸν
ἐποίησεν. vide Fabricium (*i*) et Fragmenta Callimachi
à Bentleio collecta (*k*).

Latina lingua tale carmen conſcriptum eſſe non
memini, (niſi velis huc referre Horatii carmen IV.
libri IV. quo Druſi, Auguſti priuigni, victoria de
Rhaetis Vindelicisque celebratur, et c. XIV. eiusdem
libri in honorem Claudii Tiberii Neronis compoſitum, qui adiutor fuerat fratri in Vindelico bello)
praeter verſiculos a Flauio Vopiſco in vita Aureliani
P. 3   ſeruatos.

(*b*) *Deipn.* L. IV. p. 144.   (*i*) in Bibliothec. Gr
L. III. c. 19. p. 485.   (*k*) n. LXIX. p. 441.

feruatos (*l*). *Refert*, inquit ille, *Theoclius* (Salmafius coniicit: Theo Chius) *Caefarianorum temporum fcriptor*, *Aurelianum manu fua bello Sarmatico vno die quadraginta et octo interfeciffe*, *plurimis autem et diuerfis diebus vltra nongentos quinquaginta*: *adeo vt etiam baliftea* (cod. Palat. balliftia) *pueri et faltatiunculas in Aurelianum tales componerent*, *quibus diebus feftis militariter faltitarent*:

> *Mille, mille, mille decollauimus,*
> *Vnus homo mille decollauimus,*
> *Mille viuat, qui mille occidit,*
> *Tantum vini habet nemo*
> *Quantum fudit fanguinis.*

Haec video effe perfriuola, *fed quia fupra fcriptus auctor ita eadem*, *vt funt Latine*, *fuis fcriptis inferuit*, *tacenda effe non credidi*. Idem apud Moguntiacum *tribunus legionis fextae Gallicanae Francos irruentes*, *quum vagarentur per totam Galliam*, *fic adflixit*, *vt trecentos ex his captos feptingentis interemtis fub corona vendiderit*. *Vnde iterum de eo facta eft cantilena*:

> *Mille Sarmatas, mille Francos*
> *Semel et femel occidimus*
> *Mille Perfas quaerimus.*

Exercuit

Exercuit hic locus paullum ingenia interpretum,
e quibus Salmasius bene nobis de verbo balliftia feu
baliftea difputare videtur.   Explicat vero verbum
per choreas et cantilenas, ad quas faltatur. quam
certe interpretationem firmat Suidas (*m*) Βαλλίζειν,
τὸ κύμβαλα κτυπεῖν καὶ πρὸς τῶν ἐκείνων ἦχος
ὀρχεῖσθαι.   Quod vero ad verfus ipfos attinet, poetas dicit vulgares in componendis eiusmodi canticis
et faltatiunculis legis metricae nullam rationem habuiffe, fed folius modulationis et numerofae compo-
fitionis verborum, quae ita ad aurem accidit, vt formam videatur habere veri et legitimi rythmi.   Nempe, vt fcribit Quintilianus (*n*) de primo carminum
genere, ita etiam hoc *imperito quodam initio fufum*
et aurium menfura, et fimiliter decurrentium fpa-
tiorum obferuatione.   Comparat hos rythmos cum
politicis verfibus, qui medio aeuo a Graecis inuenti
et a Latinis expreffi fuerunt: quos Heumannus, ὁ νῦν
ἐν ἀγίοις (nam ex beatorum coetu nulli illum clamo-
res exturbabunt, nullae accufationes eiicient, quae
nunc praela hominum exercent) ita appellatos effe
credidit (*o*), quia politici homines, haud alte im-
merfi litterarum ftudiis, facile tales potuerint confi-

(*m*) T. I. p. 414.   (*n*) *Inft. Orat.* IX, 4.   (*o*) in
Confpect. Reip. litterar. c. 5. p. 262.

cere, cum a fcholafticis tantum hominibus iufti verfus trochaici exfpectari debeant.   Sed probabilius fere
Lambecius dicit, politicos hos verfus appellatos, quia
vulgo Conftantinopoli per compita cantata fint: eam
πόλιν vocatam effe κατ᾽ ἐξοχήν et fermonis contractio-
nem (p).   Plurima, quae eiusmodi verfibus politicis
contexta funt, fcripta recenfet Cafpar Barthius (q),
qui nec prorfus folutae nec penitus ligatae orationis
genus hos verfus conftituere dicit.   Confule etiam
du Fresne (r) et Leon. Allatium (s), qui ideo eos
dictos ita effe exiftimat, quod communes omnium
ciuium fint eorumque vfui accommodati.

Tranfeo ad Germanos.   Sed antea locum dabo
Diodori Siculi de Gallis (t), vbi dicit, Gallos fpo-
lia fanguine polluta famulis velut in triumpho pro-
ferenda dediffe et hymnum victorialem ceciniffe: τὰ
δὲ σκῦλα τοῖς θεράπεσι παραδόντες ἠμαγμένα λαφυ-
ραγωγῦσι, παιανίζοντες καὶ ἄδοντες ὕμνον ἐπινίκιον.
Exftat etiam vetuftum carmen Theotifcum, quod
huc pertinet, a Io. Schiltero (u) hoc titulo editum:
Επινικιον Ryhmo Teutonico Ludouico Regi acclama-
tum,

(p) v. Melange d'hiftoire & litterature p. Vigneul Mar-
ville, T. II. p. 334.   (q) ad Claudian. Mamert. p. 364.
(r) in Gloffario med. & Inf. Latin. T. II. p. 337.   (s) v.
Fabric. Bibl. Gr. T. X. p. 318.   (t) L. V. p. 352.
(u) in T. II. Thef. Antiqu. Teutonicar.

tum, *cum Nortmannos an. DCCCLXXXIII. viciſſet.*
Defcripſit carmen e codice monaſterii Elnonenſis ſiue
S. Amandi in Belgio Io. Mabillonius, doctiſſimo-
que commentario illud Schilterus illuſtrauit, cui nos
quoque aliquot locorum indicium debemus. Quia
vero de primae Strophae antiquitate dubitatio quaedam eſt, adferamus ſpecimen e medio carmine, quod,
neſcio quomodo, valde nobis placet.

> *Tho nam herſkild indi ſper*
> *Ellianlicho reit her.*
> *Vrold her uuarer rabchon*
> *Sina uuidarſahchon,*
> *Tho ni uuas iz buro lango,*
> *Fand her thia Northmannon.*
> *Godeſhob. ſageta.*
> *Her ſiht thes her gereda.*
> *Ther kunig reit kuono*
> *Sang lioth.frono.*
> *Joh alle ſaman ſungun*
> *Kyrieleiſon.*
> *Sang uuas geſungen*
> *Uuig uuas bigunnen,*
> *Bluot ſkein in uuangon*
> *Spilodunder Vrankon*
> *Thar raht thegeno gelih,*
> *Nichein ſoſo Hluduuig.*
> *Snel indi kuoni.*
> *Thas uuas imo gekunni. &c.*

P .5   Quae

Quae quidem Schilterus ita interpretatus eſt: Tunc arripuit ſcutum et lanceam feſtinanter equitans. Volebat is vere vindictam ſumere de ſuis aduerſariis: Tunc nec erat interuallum longum: inueniebat Normannos. Deo ſit laus! dicebat, videns id quod deſiderabat. Rex currit audacter, procinit canticum publicum atque omnes coniunctim cantabant: Kyrie eleiſon. Canticum erat decantatum, praelium coeptum. Sanguis apparuit in genis exultantium Francorum. Hic vindictam ſumſit miles pariter, nemo ſic vt Ludouicus: Alacer et audax: hoc ipſi erat congenitum etc.

De ἐπινικίοις recentiori aetate factis, quorum exſtat non exiguus numerus, nolumus quidquam dicere. Nec enim cantata, ſed a poetis compoſita fuerunt. Vt tantum pauca addamus, exſtant Iani Lernuti *Epinicia honori et Virtuti Ducis Ambroſ. Spinulae dicata, etiam aduerſantium nonnullorum pallori et inuidiae* (x): ſed in quibus elatiorem ingenii vim fruſtra quaeres. Nec deſunt alia, ob victorias variorum ducum a poetis cantata carmina. Tale eſt illud Io. Cargae *de victoria ducis Albae apud Belgas:*

Laetitiae

(x) Antuerp. 1607.

Laetitiae bona figna cauis date turribus aera
Et pia follicito foluite corda metu,
Et vos facra cohors diuinas carmine laudes
Perque domos diuûm dicite perque vias. (y) etc.

Talis oda Ioannis Cottae de victoria Liuiani (z),
tale ipfius Tofcani *Epinicion Chriftiani orbis Tur-
carum claffe apud Lepantum profligata.* Quid dicam de Boilauii oda Pindarica in expugnationem
Namurcae, olim quae non paruas turbas in Gallia excitauit (a)? fed de his plura dicere nolumus.

Vltimo loco collocamus ea carmina, quibus olim
res bellicas, fortitudinem, praeclaraque facta heroum
et maiorum fuorum celebrabant varii populi. Lacedaemonios, narrat Plutarchus (b), modulationibus
et cantilenis operam dediffe, quae ad excitandum
augendumque animum ftimulum haberent, impe-
tumque et quafi inftinctum quendam ad agendum in-
generarent: dictionem fuiffe fimplicem, minimeque
fucatam, materiam laudes eorum, qui praeclare vixif-
fent ac pro Sparta occubuiffent, item vituperationem
eorum, qui timide fe geffiffent. Idem fere inftitu-
tum

(y) in Io. Matth. Tofcani *Carmin. Illuftr. poetar. Italor.*
T. I. p. 5. (z) *Ib.* p. 80. (a) v. *la Vie de Boileau*
p. *Mezerai.* p. 177. (b) *In inftit. Lacon.* p. 237.

tum apud Arcadas viguiffe narrat Athenaeus (*c*), παρὰ γὰν μόνοις Ἀρκάδων οἱ παῖδες ἐκ νηπίων ἄδειν ἐθίζονται κατὰ νόμον τὰς ὕμνους καὶ ἕκαςοι κατὰ τὰ πάτρια τὰς ἐπιχωρίους ἥρωας καὶ θεὰς ὑμνῦσι.

Huc pertinere nobis videntur illa carmina, quae σκόλια appellabantur. De his poft Hadrianum Iunium (*d*) fat copiofe nec indocte expofuit Goenfius (*e*). Nos, quae ad illuftrationem rei pertinere credimus, e noftris commentariis adferemus.

Σκόλιον appellat Hefychius παροίνιον ὠδήν. quam interpretationem et apud Suidam inuenimus (*f*) et apud Pollucem (*g*). Καὶ παροίνια δὲ ἄσματα ἦν καὶ σκολία (*h*), καὶ μυρίνην δέ τινες ἐπὶ δεξιᾷ περιφέροντες καὶ ἔκπωμα καὶ λύραν ἄδειν ἠξίουν. Nominis vero horum in conuiuiis cantatorum carminum variae caufae afferuntur a Criticis, inter quos, qui probabilius reliquis difputat, illud inde deducit Iof. Laurentius (*i*) quia, quae circumferri folebat, lyra obliquo et finuofo circuitu in menfa ambulans pectinatim quodammodo, non feriatim et per ordinem accubitus,

conuiuis

(*c*) L. XIV. c. 5. p. 626.   (*d*) in *Animaduerfion.* L. III. c. 7. p. 121.   (*e*) in *Obferuationum Mifcellanearum* (Traiect. Batau. 1764.) c. 4. p. 22.   (*f*) T. III. p. 334.   (*g*) in *Onomaft.* L. VI. c. 19.   (*h*) vide de accentus ratione Seberum in notis p. 91.   (*i*) *de Conuiu. Veter.* p. 171. in T. IX. *Thef. Gronou.*

conuiuis tradita fuerit. Certe hoc et nominis ratio et alia veterum scriptorum loca docent: quanquam ab his discrepare videtur Scholiastes Aristopha-
nis (*k*), qui recte notauit: σκολιὰ λέγονται τὰ παροίνια ᾄσματα, deinde addit: ἡ περίοδος σκολιὰ ἐγί-
γετο διὰ τὴν θέσιν τῶν κλινῶν σκολιάν· quod scholion
iisdem fere verbis datur alio loco (*l*). Nos certe illud teneamus, cantata fuisse ad lyram ea carmina
obliquo ordine a musicae peritis, reliquos, lyram non
pulsantes, cantantesque myrti ramum aut lauri folium
manu tenuisse, cantataque fuisse omnibus iam appo-
sitis. quanquam triplex genus eiusmodi carminum
constituit Athenaeus (*m*), vbi potes videre Casaubonum (*n*), quibus addes ea, quae disputat Ludouicus de la Nauze in libello de cantionibus Graecorum (*o*). Argumenti fuerunt varii haec carmina:
alia enim seuera pertinebant ad vitam recte instituen-
dam, laudesque virorum fortium continebant: alia
laetitiam commendabant atque amoris etiam suauitati-
bus imbuta erant. Erant quoque Scolia in Deorum honorem, hoc vno diuersa a Paeanibus, quod

ἐπίρρημα

(*k*) *ad Ran.* 1337. (*l*) *ad Vespas* 1231. (*m*) L. VI.
c. 14. p. 693. (*n*) in *Animaduers.* p. 981. 982. (*o*) *sur
les Chansons de l'ancienne Grece* dans *les Memoir. de l'Academ.
des Inscript.* T. XIII. p. 496.

ἐπίῤῥημα Παιανικὸν non habebant, id eſt, ἰὴ Παιάν (*p*).
Inuentorem horum carminum facit cum aliis Plutarchus (*q*) Terpandrum, de quo, auctorum locis collectis, copiofe egit Dorvillus (*r*), atque Athenaeus
Alcaeum et Anacreontem eiusdem generis verfus com-
pofuiffe fcribit. Peruenerunt quaedam σκόλια ad
noſtram aetatem, feruata illa a Graecis fcriptoribus,
quae immenfum defiderium reliquorum in animis noſtris relinquunt. Spirant inprimis duo, quae addere
hic iuuat, admirabilem animi virtutem, nec, nifi incredibili cum voluptate, legi poffunt ab omnibus,
quibus paullo generofiorem indolem benignior natura dedit. Dabimus primum, quod Athenaeus feruauit, carmen Ὑβρίου τοῦ Κρητὸς, vt illud ab Hen-
rico Stephano editum fuit (*s*). Sed humile vulgus
arceo et procul abeffe iubeo!

Ἔςι μοι πλοῦτος μέγας δόρυ καὶ ξίφος
Καὶ τὸ καλὸν λαιϲήιον πρόβλημα χρωτός.
Τούτῳ γὰρ ἀρῶ, τούτῳ θερίζω,
Τούτῳ πατέω τὸν ἁδὺν οἶνον ἀπ᾽ ἀμπέλω,
Τάτῳ δεσπότας κέκλημαι. τοὶ δὲ
Μὴ τολμῶντες ἔχαν δόρυ καὶ ξίφος καὶ τὸ καλὸν λαιϲήιον
Πάντες

(*p*) vid. Sam. Petitum in *Mifcellan*. L. VI. c. 5. p. 159.
(*q*) *de Mufica* p. 1140. (*r*) in *Vanno Critic*. p. 649.
(*s*) in *Carminum Poetarum nouem fragmentis* (a. 1560.)
p. 398.

Πάντες γόνυ πεπτηότες ἐμοὶ κυνέοντι
Δεσπόταν καὶ βασιλέα μέγαν φωνέοντι.

Esine credibile, fortium Graecorum aliquem hoc carmen inter pocula audire potuisse, quin armorum gloriam sibi perpetuo conseruare constitueret, quin, nisi
mortuo sibi clypeum ablatum iri, iuraret? Maiorem etiam spiritum admiramur in illo Callistrati
σκολίῳ, admodum celebri Athenis et in omnibus
conuiuiis decantato, de necato ab Harmodio et Ari-
stogitone Hipparcho Atheniensium tyranno, seruato
ab Athenaeo, et a viro summo, Robertho Lowth, ad
numeros suos reuocato et a Goensio commentariolo
illustrato (t).

Εἰς Ἀρμόδιον καὶ Ἀριστογείτονα Σκόλιον.

Ἐν μύρτου κλάδι τὸ ξίφος φορήσω
Ὥσπερ Ἁρμόδιος κ' Ἀριστογείτων
Ὅτε τὸν τύραννον κτανέτην
Ἰσονόμας τ' Ἀθήνας ἐποιησάτην.

Φίλταθ' Ἁρμόδι' ἔτι που τέθνηκας
Νήσοις δ' ἐν μακάρων σε φασὶν ἄναι,
Ἵνα περ ποδώκης Ἀχιλεὺς,
Τυδείδην τε φασιν Διομήδεα.

(t) l. c. Prael. I. p. 18.

Ἐν μύρτῃ κλάδι τὸ ξίφος φορήσω,
Ὥσπερ Ἁρμόδιος κ' Ἀριστογείτων,
Ὅτ' Ἀθηναίης ἐν θυσίαις
Ἄνδρα τύραννον Ἵππαρχον ἐκαινέτην.

Ἀεὶ σφῶν κλέος ἔσσεται κατ' αἶαν
Φίλταθ' Ἁρμόδι κ' Ἀριστογείτον
Ὅτι τὸν τύραννον κτάνετον
Ἰσονόμους τ' Ἀθήνας ἐποιήσατον.

Iuuat ſententiam noſtram de hoc carmine, non tam noſtris, quam Lowthii verbis exponere, qui, illo exhibito, ſtatim addit: *Quod ſi poſt Idus illas Martias e Tyrannoctonis quiſpiam tale aliquod carmen plebi tradidiſſet, inque ſuburram et fori circulos et in ora vulgi intuliſſet, actum profecto fuiſſet de partibus deque dominatione Caeſarum: plus mehercule valuiſſet vnum* Ἁρμοδίου μέλος *quam Ciceronis Philippicae omnes.* Aliud σκόλιον memini me legere apud Suidam in (*u*): ἐπὶ Λειψυδρίῳ μάχῃ Sed et hoc praetereo et alia iucundioris argumenti carmina, quae nunc ad nos nihil pertinent. Liceat vero aliam coniecturam proponere de carmine ſimili aut, ſi vis illud σκολίον appellare, nihil impedio, quod mihi in libro Sap. Siracid. (*x*) inueniſſe videor. Lege mihi verſiculos hos:

Σφραγὶ

(*u*) in T. I. p. 819.   (*x*) cap. XXXV, 4.

Σφραγὶς ἄνθρακος ἐπὶ κόσμῳ χρυσῷ, σύγκριμα μουσικῶν ἐν
συμποσίῳ οἴνε,

Ἐν κατασκευάσματι χρυσῷ σφραγὶς σμαράγδου μέλος μουσικῶν
ἐφ᾽ ἡδεῖ οἴνῳ.

et dic mihi, an inepte fufpicer, eos e carmine aliquo
Hebraeorum decerptos effe.   Si, quae praecedunt,
quaeque fequuntur, confideraueris, infigniter ex reliqua oratione hos verfus eminere cognofces.   Redo-
let ipfum dicendi genus Hebraicae poefeos genium,
quem qui de carminibus recte iudicare poffunt facile obferuant.   Practerea puto hos verficulos e carmine fumtos effe, quod alternis canitur ita, vt, qui
alteri fuccinat, refpondeat quidem priori, fed maius
aliquid addat, qualia carmina funt apud Theocritum
et Virgilium.   Vfu vero obtinuiffe, vt hymnos
faepe alternis choris inuicem cantarent Hebraei, lucu-
lentis exemplis oftendit Lowthius (*y*) atque inprimis cantiunculae de Saulo et Dauide (*z*), vbi alteris
praecinentibus: *Percuffit Saulus millia fua*, alterae
refpondebant: *Et Dauid fuas myriadas*.   Quam quidem rationem in vniuerfa fere Hebraeorum poefi ita
obtinuiffe vir doctiffimus addit, vt de Mufis Hebraeis
verius, quam de aliis quibuscunque, dici poffit:

Amant alterna camoenae.

Poteftne

(*y*) in *Prael. XIX.* p. 356. fequ.   (*z*) 1. *Sam.* XVIII, 7.

Q

Potestne vero in eiusmodi carmine amoebaeo elegantius alterum membrum inueniri, quam in his versiculis obseruamus? Certe me delectat valde mea coniectura, quae si metaphysicis theologorum quorundam ingeniis minus arriserit, sciant illi, me haec iis scripsisse, qui magnam partem codicis Hebraici poeticam censent, atque eo felicius in interpretatione illius quemque versari posse credunt, quo mitiori eum nascentem lumine Musae adspexerint. Fere simile institutum floruit apud antiquissimos Romanos, de quibus haec narrat Cicero: *grauissimus auctor in Originibus dixit Cato, morem apud maiores hunc epularum fuisse, vt deinceps, qui accubarent, canerent ad tibiam clarorum virorum laudes atque virtutes (a).*

Tale institutum floruit etiam apud Gallos veteres et Germanos, qui maiorum fortium memoriam carminibus renouarunt. Hoc munere functos fuisse Bardos notum est, quos *fortia virorum illustrium facta heroicis composita versibus dulcibus lyrae modulis cantitasse* Ammianus Marcellinus scribit (b) et

de

(a) Tusc. Quaest. IV. 2. adde I, 2. et Perizonium in *Animaduers. Historicis. c. 6. p. 205.* (b) XV, 17.

de quibus, licet alia adfint (*c*), Lucani tantum verfus adfcribam (*d*):

Vos quoque, qui fortes animas belloque peremtas,
Laudibus in longum, vates, dimittitis aeuum
Plurima fecuri fudiftis carmina Bardi.

Tacitus etiam narrat Arminium illum Vari victorem
cani adhuc apud barbaras gentes (*e*), quemadmodum Auentinus etiam dicit (*f*): *Complura apud nos*
exftant de virtutibus Attilae carmina, patrio fer-
mone more maiorum fcripta. His addamus locum
memorabilem Trithemii (*g*): *Mos hic erat maio-*
ribus noftris Francis atque Germanis, vt heroum
dicta vel facta memoratu digna per facerdotes tem-
plorum patriis commendarentur carminibus, in qui-
bus difcendis, memorandis et decantandis iuuenum
excitarentur ingenia. *Quae confuetudo multis du-*
rauit annis, donec poftremo defecit. Talia carmina
collegit Carolus M. vt Eginhartus memoriae pro-
Q 2
didit:

(*c*) vid. Athenaeum L. VI. p. 184. Diodor. Sicul. L. V
p. 308. Aelian. *Var.* Hift. XII, 23. Bochartum in *Geogr*
Sacr. P. II. l. 1. c. 42. *Monumenta Paderbornenfia* p. 78
Io. Chrift. Wagenfeil. *von der Meifterfinger holdfeeligen*
Kunft. p. 496. (*d*) *Pharf.* I, 447. (*e*) in *Annal.* II.
extr. add. de *Mor. Germ.* II, 3. (*f*) in *Annal. Boior.*
L. II. p. 130. (*g*) in *Compend. Annal.* L. I. p. 11. ed.
Francof. 1601. add. Iornandem *de rebus Getic.* c. 5.

didit (*h*): *Item barbara et antiquiſſima carmina, quibus veterum regum actus et bella canebantur*, ſcri- pſit (i. e. deſcripſit) *memoriaeque mandauit*, ad quem locum lege, quae Beſſelius et Goldaſtus notauerunt. Sed interciderunt ea, nec leue deſiderium ſui reli- querunt nobis, quibus ſaepiuſcule cum Georg. Hicke- ſio (*i*) dicendum et optandum eſt. *O vtinam iam extaret Auguſta Caroli M. bibliotheca, in qua deli- cias has ſuas repoſuit Imperator! O quam lubens, quam iucundus ad extremos Caroli imperii fines pro- ficiſcerer ad legenda antiqua illa aut barbara car- mina!*

(*h*) in *Vita Caroli M.* c. 29. p. 130.   (*i*) In *Grammat. Franco-Theotiſc.*

Kriegslieder

DES TYRTAEVS.

Aus dem Griechischen.

I.

*W*ie schön! wenn für das Vaterland

    Ein Mann kämpft, und als Held

Mit blankem Schwerd in hoher Hand

    Im Vordertreffen fällt!

Allein, wie elend! wenn er hier

    Die feisten Aecker flieht,

Und dort um Brod vor fremder Thür

    Demütig sich bemüht.

Ihm schleicht der graüen Aeltern Paar,

    Vom Alter krumm und schwach,

Sein Weib, das seine Wollust war,

    Und kleine Söhne nach.

Verachtend folgt ihm jeder Blick,

    Wo er voll Mangel geht,

Und weißt gehäffig ihn zurück,

    Wenn er die Gabe fleht.

Q 4

Und

Und sein Geschlecht deckt ewge Schmach
    Und sein Gesicht wird alt,
Und ihm folgt Angst und Kummer nach
    In jeglicher Gestalt.

Und wenn er lang genug geirrt
    Ganz abgezehrt von Gram,
Verliert er jede Zier, verliert
    Er endlich selbst die Schaam. —

Doch für das Vaterland, für dieß
    Kämpft, Jünglinge, mit Muth!
Für euch, und eure Kinder fließ
    Eur edles Heldenblut!

Ja, schließt euch, steht, und kämpft vereint!
    Des Schreckens bleich Gesicht,
Der Wunsch, vor einem stolzen Feind
    Zu fliehn, ziemt Krieger nicht.

Nein, feuert eure Seelen an
    Mit einer edlen Wuth,
Dann trozt dem Tod, und lauft die Bahn
    Des Ruhms voll Heldenmuth. —

                                      Wie?

Wie? sollen diese Greise hier
   Mit unbiegsamen Knien
Itzt für Euch streiten? aber ihr
   Wollt sie verlassen? fliehn?

Wie schändlich, wenn der Kraft beraubt,
   Ein Greis im ersten Glied,
Mit grauem Bart und weissem Haupt
   Das Schwerd vor Söhnen zieht,

Und kämpft und fällt: wenn dann im Staub,
   Der edle Geist verraucht,
Da hinter ihm, des Schreckens Raub,
   Der feige Jüngling haucht:

Wenn ihn, vom dürftigen Gewand
   Entblößt, der Tod hier streckt,
Und er nur mit der blutgen Hand
   Den nackten Körper deckt!

O Schande! wendet das Gesicht
   Von ihm! — doch nein, seht hin,
Er weicht dem schönsten Jüngling nicht
   Und Frühling schmücket ihn.

Q 5   Er

Er ist der Männer Stolz, die Gluth
    Der Weiber, lebt der Held,
Und beyder Lob, wenn er mit Muth
    Im Vorder-Treffen fällt.

O Glück! wer angeheftet steht,
    Unwankend wie sein Geist,
Zuerst in Kampf frolockend geht
    Und seine Lippen beißt.

II.

Stammt Ihr von dem Alcides nicht,
    Ein unbesiegt Geschlecht?
Noch gönnt euch Zeus sein Angesicht,
    Traut auf ein göttlichs Recht!

Was ist die Menge, die euch droht!
    Erzittert nicht vor ihr? —
Ergreift den Schild, und sucht den Tod
    Und kämpft voll Ruhmbegier.

Ist euch das Leben nicht verhaßt?
  Ihr kennt ja die Gefahr
Des Kriegs? des Kriegers Müh und Last?
  Was fliehn und schlagen war!

Nicht wahr? da fiel ein kleiner Theil,
  Wo mit vereinter Macht
Den Angrif Ihr gewagt, und Heil
  Auf euer Volk gebracht?

Ja, ein Verzagter! auf einmal
  Verliehrt der alle Kraft!
Kein Wort erschöpft das Unglück all,
  Das niedre Feigheit schaft.

O welche Schande! welch ein Greul!
  Wenn hin in Staub gestreckt
Auf blutgen Rücken noch ein Pfeil
  Tief in der Wunde steckt!

Er traf ihn auf der Flucht. — Der Held
  Faßt aber sichern Grund
Rückt unerschüttert in das Feld
  Und beißt sich in den Mund;

Hebt

Hebt seine Schenkel hoch empor,
  Und hält den breiten Schild
Den Schultern und dem Busen vor,
  Den hoher Ehrgeiz schwillt:

Er wirft den Spieß, o Feind, auf dich
  Mit starkem Ungestüm!
Indessen winket fürchterlich
  Die Feder über ihm! —

So lern er Thaten thun im Streit,
  Und fecht und streite gern
Und wo der Feind mit Pfeilen dräut,
  Da sey sein Schild nie fern.

Doch naht er sich ihm allzusehr,
  So greif er herzhaft an,
Bald mit dem Schwerd, bald mit dem Speer,
  Und such ihn selbst zu fahn.

Er messe donnernd Mann auf Mann
  Und Fuß auf Fuß, und Schild
Auf Schild, und Helm an Helm und dann
  Schlag er von Wuth erfüllt.

Bald ſey der lange Spieß bereit,
  Und bald das breite Schwerd,
Und ſeine Bruſt ſey jederzeit
  Dem Feinde zugekehrt!

Du aber, leichtes Kriegsvolk, du,
  Dich ladt der Krieg auch ein,
Eil unter deiner Tartſche zu
  Und wirf den mächtgen Stein.

Und deinen Wurfſpieß ſäume nicht
  Oft auf den Feind zu drehn,
Ja, geh ſelbſt denen ins Geſicht,
  Die ſchwer bewafnet gehn.

———————————

III.

Nicht der iſt mir des Nachruhms werth,
  Werth, daß man ihn beſingt,
Der ſchnell zu laufen iſt gelehrt,
  Im Spiele muthig ringt:

Und

Und wär so groß und stark, wie er,
   Nicht der Cyclopen Chor,
Flöh er, wie Boreas daher,
   Und flöh er ihm selbst vor;

Und wär an reizender Gestalt
   Ein Thiton ihm nicht gleich:
Wich ihm ein Pelops an Gewalt,
   Wär Midas nicht so reich,

Adrast nicht so beredt, wie er,
   Und wenn auch was die Welt
Als groß erhebt, sein eigen wär,
   Und er wär nicht ein Held! —

Denn, wer nicht von Begierde glüht,
   Den blutgen Tod zu sehn,
Nicht gern dem Feind ins Auge sieht
   Und nah ihm wünscht zu stehn:

Der ist es nicht — Ein tapfrer Muth,
   Der dieses Ruhms begehrt,
Ist Sterblichen das größte Guth,
   Des Jünglings Wünsche werth.

Doch

Doch wer, das Schwerd in kühner Hand,
  Sich an die Spitze drängt,
Ist seinem Volk und Vaterland
  Von einem Gott geschenkt.

Er steht: vergißt der niedern Flucht,
  Beut kühn sein Leben dar,
Und unerschrocknen Muthes sucht
  Er trotzend die Gefahr:

Ruft seinen Nachbar muthig auf,
  Nicht Wund und Tod zu scheun,
Und bricht mit ungehemten Lauf
  In die Phalangen ein:

Sie fliehn: und er verfolget sie,
  Regiert den Sturm der Schlacht,
Und zeiget seinen Rücken nie,
  Und kämpft mit List und Macht:

Und stirbt in einer kühnen That,
  Fällt forne vor dem Heer,
Ist seinem Vater, seiner Stadt
  Und Volk Triumpf und Ehr,

Sein

Sein Panzer und sein runder Schild,
   Der ihn bedecken soll,
Und Busen, der von Blute quillt,
   Ist tiefer Wunden voll.

Um ihn weint Jüngling, Greiß und Mann;
   Die ganze Stadt voll Ach
Erzählt, was er für sie gethan
   Und folgt der Leiche nach:

In hohen Ehren bleibt sein Grab
   Und sein Geschlechte blüht
Von Kind zu Kindes-Kind hinab,
   Bis in das spätste Glied.

Es stirbt sein Lob zu keiner Zeit
   Und seines Nahmens Ruhm!
Verweßt er gleich: Unsterblichkeit
   Verbleibt sein Eigenthum: —

Doch fällt dem Held das Loos beglückt,
   Dem Tode zu entfliehn,
Dem Tod, dem ewgen Schlaf; und schmückt
   Der Sieges-Lorber ihn:

So liebt ihn jedes: ihn erhebt
  Der Jüngling und der Greiß,
Und wenn man ihn einst spät begräbt,
  Folgt ihm der Nachwelt Preis:

Alt ist er seinen Bürgern werth,
  Gefürchtet und geliebt,
Ein jeder thut, was er begehrt,
  Und flieht, was ihn betrübt.

Er kömmt, und Jung und Alte sehn
  Ihn gern, und jeder zeigt.
Ihm seinen Sitz, und alle stehn,
  Stehn da vor ihm gebeugt. ——

Wer von euch diesen Ruhm begehrt,
  Den Heldenruhm, den Sieg!
Der sey durch Muth auch dessen werth,
  Sey stark, und suche Krieg!

R   IV.

IV.

*W*ie lange schlaft ihr? wenn erwacht
  Des Krieges Ungestüm?
Seht! wie der Nachbar spöttisch lacht!
  Auf! schämet euch vor ihm!

Ihr träumt euch Frieden um euch her!
  Doch Jünglinge? wie? hört
Und seht Ihr nicht den Krieg? da er
  Das Land umher verheert?

Ergreift den Schild und haltet ihn
  Dem Feinde vor, und bald
Laßt noch einmal den Wurfspieß fliehn,
  Indem Ihr rühmlich fallt!

Wie glänzend ist es! o wie schön!
  Von edlem Muth entbrannt
Für Weib und Kind in Streit zu gehn,
  Noch mehr, fürs Vaterland!

So bald die Parcen es beſtimmt,
  Iſt euer Loos der Tod.
Drum auf! erhebt das Schwerd ergrimmt
  Und trotzt dem, der euch drebt!

Und waffnet unter euerm Schild
  Die Bruſt mit Tapferkeit,
Und kämpft von Heldenmuth erfüllt,
  So bald die Schlacht gebeut.

Des Schickſals ſichern Todtes-Streich
  Entflieht kein Sterblicher,
Und ſtammte ſein Geſchlecht auch gleich
  Von Göttern ſelber her.

Wie oft ergreift den, der der Schlacht,
  Der Pfeile Sturm entrinnt,
Der Tod in einer ſichern Nacht,
  Wenn er auf Freude ſinnt!

Allein kein Vaterland, kein Freund
  Liebt und vermißt den Mann;
Doch leidet jener, o ſo weint
  Und trauert jedermann!

Das ganze Volk wünscht ihn zurück,
  Wenn es den Held begräbt:
Er war sein Gott, er war sein Glück,
  So lang er hier gelebt.

Denn vieler Helden Thatenzahl
  That er allein: Im Sturm
Sahn all auf ihn, und allemal,
  War er ihr Schutz und Thurm.

IN-

INDEX
VETERVM AVCTORVM, QVI AVT EMENDANTVR,
AVT EXPLICANTVR COPIOSIVS.

INDEX
RERVM MEMORABILIVM.

Κύρια

INDEX

πάσχειν

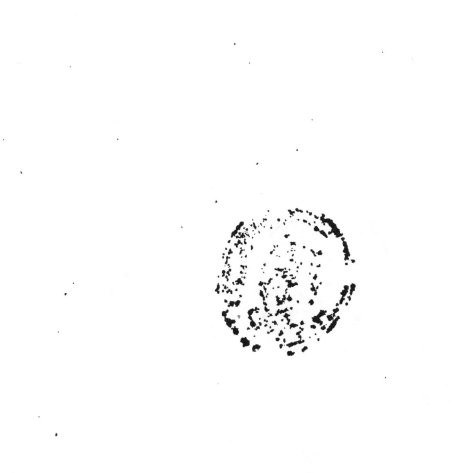

CPSIA information can be obtained at www.ICGtesting.com
Printed in the USA
BVOW10s2256251113

337350BV00012B/710/P

9 781286 514337